내면의 혁명

하나님이 이미 당신 안에 심어놓으신
초자연적인 삶을 찾아 누리기

목차

추천의 글 : 새로운 꿈을 꾸라 | 8
들어가는 글 : 당신을 향한 진짜 계획 | 17

01 은혜를 흘려보낼 준비 | 23
02 소중한 것을 먼저 | 45
03 영적으로 도발하는 존재 | 65
04 철저한 의존으로의 여행 | 79
05 새로운 정결함 | 100
06 위험하지만 모험할 가치가 있는 것 | 126
07 새로운 정체성 | 147
08 모습을 드러내는 자아 | 165

09 새로운 기질 | 180

10 믿음과 감정 모두를 | 196

11 새로운 능력 | 210

12 역동적인 의존 | 225

13 새로운 관점 : 하나님과의 교제 | 238

14 새로운 관점 : 그리스도 안에서의 자유 | 250

15 새로운 관점 : 공동체 | 265

16 새로운 관점 : 섬김 | 282

나가는 글 : 혁명을 위한 시간 | 301

추천의 글
새로운 꿈을 꾸라

그리스도의 재림이 일어나기 전에 성령님은 다시 한 번 놀라운 능력으로 교회를 부흥시키실 수 있을까? 하나님 앞에서 두려워 떨며 그분을 간절히 사모하도록 교회를 감동의 도가니로 몰아넣는 대각성운동이 다시 한 번 일어날 수 있을까?

이런 일이 일어나기 위해서는 분명 상한 심령이 필요하다. '상한 심령'이라고 해도 우리는 과거로부터 받은 상처를 직면하는 것 정도로 대수롭지 않게 여기고 있지만 말이다. 또 부흥을 위해서는 진정한 회개도 필요하다. 오늘날 많은 사람들에게 회개는 그저 주위의 도움과 상담이 필요하다는 것을 솔직히 인정하는 정도를 뜻할 뿐이지만, 우리의 삶이 얼마나 얄팍하고 무기력해졌는지, 또 우리가 얼마나 자아도취에 빠져 있으며 명예욕에 사로잡혀 있는지 깨닫는다면, 우리는 이를 계기로 안락한 (또는 그렇게 되려고 애쓰는) 공동체에서 벗어나 상한 심령의 공동체로 변화될 것이다. 그리고 그런 일이 일어난다면, 분명 성령께서는 우리를 또 한 번의 강력한 부흥을 바라며 간절히 기도하는 희망의 공동체로 변화시켜 그분의 사역을 이어가실 것이다.

권세가 무궁하신 주님은 지금 이 순간에도 그분의 몸된 교회에 좌정해 계신다. 그런데 세상 사람들 눈에 그분은 우리 삶의 진정한 토대가 아니라 우리 삶을 화려하게 하는 장식품 정도로 보이는 것 같다. 성령님은 지금도 그리스도의 몸된 교회를 신실하게 세우고 계신다. 하지만 어떤 목회자가 최근 내게 털어놓았던 것처럼 우리 신앙생활에서 중요한 무언가가 빠져 있는 것 같다. 그는 이런 얘기를 했다.

지금 우리가 누리고 있는 삶은 주님이 축복하신 결과입니다. 분명 하나님의 도우심 때문이죠. 하지만 때로는 성령께서 분명 그분의 백성 가운데 일으키기 원하시는 무언가가 더 있으리라는 아쉬움을 떨칠 수 없습니다. 정말 놀라운 그 무엇은 아직 일어나지 않았다는 느낌이 듭니다. 이나마도 주님의 축복입니다. 하지만 이보다 더 놀라운 무언가가 일어날 수 있을 텐데요.

우리는 과연 끔찍한 고난 중에도 그리스도를 바라보면서 '나는 그분만으로 만족해요'라고 진심으로 말할 수 있을까? 혹은 소중한 꿈이 산산조각났을 때에도, 그분을 더 알고자 하는 원대한 꿈을 꾸며 새롭게 힘을 내어 살아가는 것을 성도의 특권으로 담대하게 받아들일 수 있을까? 과연 배신당하고 거절당하는 고난을 주님처럼 달게 받을 수 있을까? 우리를 핍박하는 자들에게 그리스도를 닮는다는 것이 어떤 것인지 보여줄 좋은 기회가 생긴 것이라 생각하면서, 모든 고난을 기쁨으로 받아들일 수 있을까? 또 우리 삶을 조금 더 부유하게 하기 위해 그분을 의지하거나 이용하는 것이 아니라, 우리 삶에 무슨 일이 일어나든 하나님을 알고 그분을 영화롭게 하는 것을 가장 소중한 것으로 여길 수 있을까?

나는 우리가 십자가의 메시지를 변질시킨 것은 아닌지 염려스럽다. 십자가는 우리가 천국에 이르는 여정에서 물질적으로 영적으로 위안과 안락거리를 제공해 주는 담보물에 지나지 않는다고 생각하는 것은 아닌지. 우리가 저 천국에서 영원한 행복을 누리기까지 이 땅에서도 상당한 행복을 누리는 것이 하나님이 하실 일이라고 생각하는 건 아닌지. 이렇게 성경적 형태로부터 변질된 오늘날의 기독교는 전부 우리 자신에게만 집중하고 있다.

하나님이 내게 개인적으로 말씀하신 적은 없지만, 그분은 참된 부흥운동과 관련해 교회 안에 혁명의 불꽃을 일으킬 또 다른 종교개혁을 준비하고 계시다는 느낌이 든다.

첫 번째 종교개혁을 계기로 교회는 인간이 어떻게 하나님과 올바른 관계를 맺으며, 어떻게 하나님의 영생을 영원토록 누릴 보증을 얻는지에 대한 진리를 발견했다. 오늘날 우리에게 필요한 두 번째 종교개혁은, 주께서 우리에게 영생을 주신 이유가 무엇인지, 그리고 예수께서 그렇게 생명을 내어주신 궁극적인 목적이 무엇인지 깨닫게 할 것이다. 주께서는 이렇게 말씀하셨다. "내가 이렇게 행함은 너희를 위함이 아니요 나의 거룩한 이름을 위함이라."(겔 36:22)

주께서는 스스로 영광을 취하시려고 우리를 구원하셨음을 분명히 하기 위해, 자아도취에 빠진 우리의 견고한 성곽을 무너뜨리실 것이다. 주님은 우리가 스스로에 대해 좋은 느낌을 갖게 하려고, 또 우리를 신나는 삶 속으로 인도하려고 우리를 구원하신 것이 결코 아니다. 새로운 종교 개혁이 또 다시 일어난다면 그리스도의 보혈로 용서받은 우리는 더 이상 주께서 우리의 삶을 계속 보듬어주시리라고 예전처럼 기대할 수 없게 될 것이다. 그보다는 우리의 삶이 산산조각나더라도 변함없이 하나님을 신뢰할 수 있음을 깨닫게 될 것이다. 또 캄캄한 어둠 속에 빛이 비치면 우리 자신의 욕망을 넘어 새로운 것을 바라볼 수 있게 될 것이고, 우리의 삶 ― 건강, 은행 예금, 인간관계, 시간 등등 ― 은 결코 우리 자신을 위한 것이 아니라는 사실도 깨닫게 될 것이다. 이 모든 것은 궁극적으로 하나님을 위한 것이다. 그분이 드라마의 주인공이시다. 우리는 드라마의 극히 일부분을 맡은 단역에 지나지 않는다는 사실에 전율하게 될 것이다. 또 우리가 당하는 고난 덕분에 그리스도께서 영광을 얻으신다면 이를 견디는 것은 전혀 부당하지 않다는 것도 깨닫게 될 것이다. 이것이 주께서 우리에게 허락하신 복음이며, 복음에 대한 이러한 이해가 시작될 때 우리는 새로운 전환점에 이르며 일종의 혁명이 가능해진다.

부흥은 자연스레 뒤따른다. 성령께서는, 주의 백성들과 맺은 새로운 약속을 따라 — 오래 전 시내산에서 시작된 옛 언약을 대신해 오순절에 시작된 새 언약에 따라 — 생각할 수 있는 것 이상의 놀라운 일을 행하셨음을 우리가 깨닫게 하실 것이다. 성부 하나님은 새 언약 아래서 우리 죄를 완벽하게 용서하셔서 회심 이후 매 순간 우리를 바라보실 때마다 크게 기뻐하실 뿐만 아니라, 우리의 모든 것을 강력하고 심오하며 영구적으로 변화시켜 놓으셨다. 새 약속 아래서 우리는 단지 하나님을 영화롭게 하라는 명령만 받은 것이 아니라, 이를 간절히 추구하고픈 소원을 품게 된다. 게다가 우리는 이렇게 할 수 있는 자원도 부여받는다. 이것이 실제로 가능해졌다. 하나님을 중심으로 우리 삶을 꾸려가는 것을 가장 큰 특권이자 즐거움으로 여기게 되는 것이다.

또 우리는 우리 안에 죄의 즐거움보다 성결의 즐거움을 더 추구하고픈 갈망이 자리잡는 것도 발견하게 될 것이다. 어거스틴처럼 우리 역시 성적인 방종이 가져다주는 즐거움과 비교할 수 없는 하나님의 깊은 사랑을 알아가는 즐거움도 경험할 것이고, 그래서 잘못된 탐닉을 극복하고 도덕의 경계선 안에서 올바르게 성을 표현할 수 있게 될 것이다. 또 다른 즐거움과 특권을 능가하는, 그분과 동행하는 즐거움과 그분을 섬기는 특권을 받은 것에 감사하게 될 것이다. 그렇게 성숙해 가면서 우리는 그리스도를 닮아가게 될 것이다. 또 (비록 여전히 불완전하지만) 변화된 삶을 살아가면서 주위 사람들도 어리둥절해할 새로운 능력으로 주님을 영화롭게 할 것이다.

무엇보다 우리는 하나님을 영화롭게 하기 위해 구원받았다. 이 한 가지 진리를 깨닫는 것이 오늘날 우리 교회가 실제로 경험해야 할 종교개혁의 핵심이다. 그런데 우리가 얻은 구원은 이를 실제로 체험하는 데 필요한 모든 자원을 우리에게 공급해 주고 있다. 이 진리를 깨닫고 이를 위한 자원을 발휘하는 법을 배우면서부터 부흥은 시작된다. 우리 삶의 모든 것은 우리 자신을 위한 것이 아니라 하나님을 위한 것이다. 다가올 새로운 종교개혁의 핵심이 바로 여기에 있다.

당신의 마음이 새로운 꿈을 꾸게 하라! 자기 집착에 허덕이지 말고 하나님을 경배하는 사람이 되고자 하는 꿈을 꾸라! 사람을 기쁘게 하려고 애쓰는 사람이 아니라 하나님을 기쁘시게 하는 데 우선순위를 둔 사람이 되는 꿈을 꾸어보라! 그 꿈을 꾸기 시작할 때 남성들은 음란함을 버리게 될 것이며, 외로운 여성들도 더 이상 유부남을 만나지 않게 될 것이다. 그 꿈이 있을 때 물질에 부족한 사람이라도 친구가 부자가 되면 함께 기뻐해줄 것이다. 또 아이들은 나이 든 노인들과 함께 있으려 할 것이며 이것을 특권으로 여기게 될 것이다. 그 꿈이 있을 때 우리도 지독한 이기심을 버리고, 희생을 감수하면서 자신보다 남에게 관심을 쏟게 될 것이다. 상한 심령들에게 관심을 보이지 않던 교회 역시, 자만심에 사로잡힌 경쟁자들의 집단이라는 오명을 벗고 일어나 은혜라는 열정에 지배받는 감사의 공동체로 변화할 것이다. 우리 모두가 진정한 공동체로 거듭날 것이다.

성령께서, 우리를 구원하시려고 무던히도 애쓰신 하나님의 본래 목적이 무엇인지에 대한 예전의 이해를 바꾸어주신다면, 또 지금 당장의 안락한 삶보다는 먼저 그분을 위해 살려는 열정을 우리 안에 다시금 되살려 주신다면, 우리가 바라는 혁명은 즉시 시작될 것이다. 그 때 비로소 교회는 다시 한 번 참된 교회로 일어설 것이며, 물론 완벽하지는 않겠지만, 아마도 사도행전의 교회가 걸었던 그 길을 따라가게 될 것이다.

당신이 지금 손에 잡은 이 책은 바로 이러한 혁명을 가져올 수 있는 책이다. 나의 절친한 벗이자 동료인 드와이트 에드워즈가 저술한 내면의 혁명(Revolution Within)은 아주 유익한 책이다. 하나님으로부터 부여받은 사명에 대한 열정과 아울러, 작가로서 키보드를 따라 손을 움직일 때 성령의 말씀을 민감하게 들을 줄 아는 능력을 지닌 드와이트는 이 책에서 오늘날의 교회에게 절실히 필요한 새로운 종교개혁과 부흥 운동 모두를 위한 기반을 제시하고 있다.

언젠가 그는 텍사스에서 나에게 전화를 걸어왔다. "래리 박사님! 방금 제게 무슨 생각이 떠올랐는지 아세요? 하나님은 새 언약이 바로 진흙탕에 빠진 그분의 이름을 밖으로 끄집어내기 위한 것임을 알려주셨어요. 예전에도 에스겔서를 읽다가 그 내용을 접한 적이 있었거든요. 그 때는 무덤덤했는데 이제 분명히 알겠어요. 복음은 언제나 하나님의 영광을 말하고 있어요. 복음은 우리 인간의 성취에 대한 것이 결코 아닙니다. 그분의 영광을 위한 삶만이 우리를 온전케 합니다." 그는 거의 소리 지르고 있었다.

몇 개월 후 그에게서 또 전화가 걸려왔다. "박사님! 저는 요즘 복음이 하나님 앞에서 우리의 법적 지위뿐 아니라 우리의 존재 자체를 실제로 바꾸어놓는다는 사실을 깨닫고 있습니다. 복음 안에서는 더 이상의 강요는 없습니다. 이제 저는 복음 안에서 진정 있는 그대로의 나를 발현시킴으로 하나님을 영화롭게 할 수 있습니다. 래리 박사님! 그동안 새 언약에 따른 삶의 감격을 별로 이해하지 못했던 것 같아요. 그것은 생각했던 것 이상입니다. 그동안 목회자로서의 제 임무는, 사람들더러 전혀 원하지 않는 것을 실천하고, 실상은 전혀 그런 존재도 아닌데 그런 사람처럼 행동하도록 설득하는 것이라고 생각했습니다. 하지만 이제 보니 제 소명은 하나님이 이미 행하신 것들을 성도들에게 알려주고 그들 속에 있는 거룩한 갈망을 자극하고 이에 대한 몇 가지 기본 지침을 제공해서 그들을 정말로 자유롭게 해 주는 것이더군요."

이 책을 읽어보라! 친구들에게도 권해서 읽게 하라! 이 책은 신학적인 내용을 담고 있지만, 읽다보면 정말 재미있는 이야기라는 생각이 들 것이다. 물론 그것이 바로 신학이 의도하는 것이기도 하다. 이 책은 하나님이 누구시고 그분이 무엇을 행하셨는지, 특히 우리와 함께 무슨 일을 하고 계시는지에 대한 한 편의 신나는 이야기를 담고 있다.

하지만 이 책을 무턱대고 읽지는 말라. 한 장 한 장 천천히 넘기면서 당신의 마음을 성령님께 열어 놓으라. 그래서 이 책이 당신의 삶 속에서, 또는 당신이 속한 작은 모임에서나 교회에서 그동안 갈망해 왔던 변화를 가져오는 불씨가 되게 하라. 그렇게 한다면 전에 겪어보지 못했던 놀라운 초자연적인 삶을 경험하게 될 것이다. 그 삶은 전적으로 하나님을 위한 것이며, 강요 때문이 아니라 자원하는 마음으로 당신이 누구인지를 보여주는 자유로운 삶이 될 것이다. 내면의 혁명은 이미 일어났다. 이 책은 당신에게 그 사실을 더욱 분명하게 각인시켜 줄 것이다. 이 책의 메시지를 잘 소화한다면, 당신은 그 혁명이 자신의 삶에서도 불타오르기를 간절히 원하게 될 것이다.

_래리 크랩 박사

들어가는 글
당신을 향한 진짜 계획

아메리칸 인디언들 사이에 전해오는 옛이야기 하나가 있다. 한 젊은이가 우연히 검독수리 둥지를 발견했다. 누군가를 웃겨보려는 심산으로 이 젊은이는 검독수리 둥지에서 알을 하나 꺼내 뇌조(닭목 들꿩과에 속한 날지 못하는 새로 독수리에 비해 몸집도 작은 편이다 — 옮긴이) 둥지로 옮겨 놓았다.

알에서 부화한 뒤, 바꿔친 검독수리 새끼는 뇌조 새끼들과 함께 자랐다. 이 새끼 독수리는 자기가 뇌조라고 여기며 그 믿음대로 행동했다. 뇌조처럼 꼬꼬댁 꽥꽥 소리를 지르고 씨앗이나 벌레를 찾아서 흙 속을 뒤적였다. 날개에 비해 몸집이 비대한 뇌조는 몇 미터 이상은 높이 날아오를 수 없는 까닭에 새끼 독수리 역시 그 이상 난다는 것은 꿈도 꾸지 못했다.

시간이 흘러 어느덧 힘차고 당당한 몸집으로 성장한 검독수리는 여느 때처럼 뇌조들과 함께 흙더미를 뒤적거리고 있었다. 그때 한 그림자가 이들 위를 쏜살같이 지나갔다. 모두들 고개를 들어 하늘을 올려다보았다. 창공 위에 검은 형체가 바람을 타고 미끄러지듯 치솟고 있었다.

"야! 정말 멋진 새구나!" 검독수리가 탄성을 질렀다.

"저건 독수리야!" 옆에 있던 뇌조가 알려주었다. "검독수리라고 부르지! 저 새가 바로 하늘의 왕이야! 저 독수리와 겨룰 수 있는 새는 없어." 뇌조는 고개를 떨구며 한 마디 덧붙였다. "꿈도 꾸지마, 너는 결코 저런 새가 될 수 없으니까."

이들은 다시 흙더미를 뒤적거리기 시작했다. 사실 뇌조들과 함께 있던 검독수리는 그렇게 높이 치솟아 올라가는 장면을 두 번 다시 보지 못했다. 전하는 이야기에 따르면, 그 검독수리는 뇌조가 뛰어오르는 높이 이상은 결코 날아보지 못하고 그렇게 살다가 죽었다고 한다.

비극적이지만 이와 똑같은 이야기가 성도들의 삶에서도 벌어지고 있다. 검독수리처럼 우리 역시 하나님이 주신 날개로 하늘을 높이 날 수 있게 창조되었고 또 그런 목적으로 구원받았다. 특권으로 부여받은 우리의 소명은, 바람을 가르고 하늘 높이 날아올라 우리 하나님을 보다 깊고 친밀하게 알아가며, 속박이나 얽매임 없이 활력이 넘치는 예배의 감격을 체험하며, 하나님나라를 위한 숭고한 모험에 기꺼이 자신을 희생하는 것이다.

이것이 하나님이 우리를 위해 품으신 계획이며, 우리는 그것이 아닌 다른 어떤 것으로도 진정한 만족을 누리지 못한다. 이 때문에 우리는 육적인 삶이나 속된 영성으로 흙더미를 헤집는 것으로는 우리 영혼이 갈망하는 성취감을 결코 맛보지 못한다. 우리 모두는 회심의 순간부터 위로 날아오르도록 만들어졌으며 이를 위한 모든 자원도 우리 안에 갖추어졌다.

우리를 향한 하나님의 참된 계획에 보조를 맞출 때 비로소 우리가 영원한 기쁨을 맛볼 수 있다는 것을 우리는 이 책에서 확인하게 될 것이다. 우리는 하나님의 영광에까지 날아오를 수 있는 놀랍고도 삶을 뒤바꾸는 진리를 발견하게 될 것이다. 이러한 비상과 활공을 감행할 수 있는 것은 모두가 하나님의 풍성한 은혜 덕분이다.

우리는 하나님의 은혜가 얼마나 놀라운지 깨닫게 될 것이다. 그분이 과거에 우리를 구원해주셨다는 사실뿐 아니라, 우리를 위해 부족함 없이 베푸시는 일상의 풍성한 삶을 통해서도 말이다.

하나님의 안전망

미국의 금문교를 건설하던 초기에 23명의 인부들이 북태평양으로 이어지는 샌프란시스코 만의 차가운 강물에 하나 둘씩 빠져 죽어갔다. 공사 감독관들은 고민 끝에 인부들의 안전을 위해 공사 중인 교각 아래에 커다란 안전망을 설치했다. 놀랍게도 안전망이 설치된 이후 아래로 떨어진 사람은 10명에 불과했으며, 그나마 모두들 그물 덕분에 목숨을 건졌다. 게다가 인부들의 작업 능률도 25퍼센트나 높아졌다. 자신들의 안전에 대해 더 이상 염려할 필요가 없게 된 인부들은 예전보다 자유롭게 작업에만 집중할 수 있었던 것이다.

이것이 하나님이 우리를 위해 베푸신 일이다. 하나님의 완벽한 은혜의 그물은 우리 아래로 영원한 과거에서 영원한 미래까지 광대하게 펼쳐져 있으며, 우리는 그분의 사랑에서 결코 끊어지지 않는다는 확신을 계속 보여주고 있다. 실수로 비틀거려 넘어지거나 아래로 떨어지더라도, 하나님의 은혜의 그물은 우리를 결코 놓치지 않는다. 이 책을 통해 우리는 일상적인 삶에 부어주시는 하나님의 희석되지 않고 무제한적으로 쏟아지는 은혜의 물줄기를 좀더 분명하게 파악하고자 한다. 그렇게 하는 가운데 우리는 은혜의 물줄기가 우리의 순결하고 거룩한 삶을 위해 얼마나 놀랍고도 예기치 못한 결과를 가져오는지를 깨닫게 될 것이다.

우리는 또 거룩한 삶을 향한 가장 강력하지만 쉽게 간과되었던 동기들(motivations), 즉 내가 배워온 가장 자유케 하는 진리 가운데 하나를 탐구하고자 한다. 우리가 명심해야 할 위대한 진리가 하나 있다. 하나님이 그분의 뜻을 실천하려는 강렬한 열망을 우리에게 선물로 주셨다는 사실이다. 지난 수년 동안 나는, 하나님이 나에게 요구하시는 것이라고 생각되는 것에 대한 열망을 고조시키려 무던히도 애를 썼으며 하나님이 내 마음을 그쪽으로 바꿔주시길 간절히 기도했다. 그러나 앞으로 우리가 자세하게 살펴보겠지만 정말로 복된 소식은 하나님이 이미 우리 마음을 그렇게 바꾸어 놓으셨다는 사실이다.

스테이크 나왔습니다

지난 몇 년간 목회자와 교사로 하나님의 말씀을 전하면서, 나는 내 앞에 앉은 대부분의 사람들이 하나님의 뜻을 실천하길 꺼린다는 전제를 갖고 있었다. 내 임무는 그들이 하고 싶지 않은 일들을 하도록 애써 강요하는 것이라고 생각했다. 나는 이것을 '채소 좀 먹어라' 식의 접근 방법이라고 부른다. 하나님이 명령하신 것들은 싫지만 결국은 자기에게 이롭기 때문에 어찌됐든 따라야 한다는 식의 가르침이었다.

하지만 이제 나는 전혀 다른 전제를 갖고 있다. 비록 상당수가 그것을 깨닫지 못하고 또 그것을 실현하는 데도 애를 먹고 있지만 진정한 성도는 마음 깊은 곳에 하나님의 뜻을 행하고 싶은 갈망이 있다는 것이다. 그래서 나는 이제 '스테이크 나왔습니다' 식의 접근 방법으로 사역하려고 한다. 우리 모두는 하나님이 주시는 의를 위해 지음받았으며, 회심하는 순간 우리는 이 의를 행하고자 하는 갈망을 얻게 된다는 것을 성도들이 깨닫게 하는 데 사역을 집중하고 있다.

앞으로 우리는 하나님이 우리 마음에 부어주신, 하나님의 뜻을 실천하고픈 새로운 열망뿐만 아니라 성령의 도우심으로 우리 안에 형성된 새로운 기질대로 살아갈 수 있는 새로운 가능성에 대해서도 살펴볼 것이다.

그래서 우리 안에 부어진 새로운 정결함과 새로운 정체성, 새로운 기질, 그리고 새로운 능력을 차례로 살펴보면서, 이와 병행하여 하나님이 우리 안에 의도하시는 새로운 결과들, 즉 하나님과의 새로운 친교와 일상생활에서의 새로운 자유함, 성도들과의 새로운 공동체, 그리고 성령을 통한 새로운 섬김에 대해서도 단계적으로 탐구하려고 한다.

이제 하나님이 우리를 부르실 때 의도하신 이러한 새로운 현실에 대해 자세히 알아보자! 주께서 우리 마음에 부어주신 간절한 소망과, 우리가 이를 능히 잘 감당할 수 있도록 주께서 공급하신 능력을 찾도록 당신을 초대한다.

01
은혜를 흘려보낼 준비

> 제자의 삶은 전적으로
> 하나님의 초자연적인 은혜 아래에서만 가능하다.
> _오스왈드 챔버스

많은 그리스도인들이 회심을 마치 자동차 세차와 같은 것으로 생각한다. 회심이란 더러운 상태로 세차장에 들어가 그 안에서 죄를 말끔히 씻어버리고는 깨끗해진 상태로 나오는 것이라고.

물론 우리가 그리스도인이 될 때 그렇게 정결케 하는 일이 일어난다. 하지만 회심 때는 이보다 훨씬 놀라운 일들이 일어난다. 굳이 비유로 들자면 더러운 얼룩을 씻어내는 고압세척 과정과 광택을 내는 과정 사이에 새 배선과 함께 새로운 엔진을 장착하는 과정도 포함된다. 물론 낡은 엔진을 싣고 달리던 차체가 새 엔진에 적응을 못해 한동안은 어리석은 선택을 하거나 예전과 똑같은 생활을 할 수도 있다. 하지만 우리 안에서 일어난 혁명 때문에 이제 더 이상 그럴 필요가 없다.

이것이 바로 우리가 은혜 아래에서 누리는 혁명이며, 내가 믿기로 하나님의 모든 말씀 가운데 가장 강력하면서도 우리가 종종 간과해온 사실의 일부분이다.

내 머리에 겨눈 총

15년 전 어느 날, 나는 탁월한 은사를 지닌 상담가 친구와 대화를 나누고 있었다. 대화 중간에 그는 나에게서 이상한 점 하나를 발견했다. "드와이트! 자네는 마치 머리에 총구를 겨누고서 잠시도 쉬지 않고 '해야 한다'(should)는 말을 입에 달고 사는 것 같구만." 나는 그의 말이 칭찬인지 책망인지 이해하지 못했다. 당시만 해도 나는 그리스도인이 보여줄 수 있는 최선의 삶은 헌신과 순종이며, 성경에 가득 차 있는 모든 '해야 할 것들'을 그대로 실천하는 것이라는 생각을 갖고 있었기 때문이다.

그 당시 나의 영적인 삶을 묘사해 주는 또 다른 단어는 '압력'(pressured)이었다. 나는 나에게 가차 없이 퍼부어지는 하나님의 엄청난 기준들에 맞춰 살려고 무던 애를 쓰고 있었다. 내가 내 자신에게 요구했던 기준들은 대부분 타당한 것이며 하나님의 말씀에 기초한 것들이었다. 하지만 당시 내가 결코 들어보지 못했으며, 그래서 나중에는 정말로 깜짝 놀랄 수밖에 없었던 소식은, 하나님이 '해야 할 것들'에 대한 당연한 열망과 아울러 이를 실행에 옮길 능력까지 우리에게 베풀어주셨다는 점이다.

하나님은 그 친구와의 대화뿐만 아니라 래리 크랩 박사가 제작한 '자유'에 관한 영상 자료를 사용하셔서, 성경에서 새 언약이라고 부르는 은혜의 세계 속으로 나를 인도하기 시작하셨다. 그 길을 따라가는 동안 나는 오늘날의 그리스도인이 살아가는 데 필요한 새로운 희망을 발견했다. 사실 예전에는 이런 것들이 있음을 알지 못했다. 이후 "그의 계명들은 무거운 것이 아니로다"(요일 5:3)와 같은 까다로운 구절들도 서서히 이해되기 시작했다. 새 언약 덕분에, 다시 말해 그분의 기준대로 살도록 하나님이 우리 안에 부어주신 새로운 기질과 새로운 능력 덕분에, 우리의 무거운 짐이 사라졌다는 사실도 새롭게 깨달았다.

물론 이 사실을 온전히 깨달으려면 나는 아직 멀었고 이 땅에 사는 날 동안은 항상 그럴 것이다. 하지만 하나님이 지금까지 베푸신 은혜들을 되돌아보면서, 새 언약이라는 놀라운 선물을 통해 우리에게 부어지는 영혼의 참된 안식과 심령의 즐거움, 그리고 억압받지 않는 참으로 자유로운 영성이 존재한다는 사실을 나는 깊이 확신할 수 있었다.

무엇이 새로운가?

이쯤 되면 당신은 이런 질문을 던질 것이다. 도대체 새 언약에서 무엇이 그리 대단하단 말인가? 나는 과거 수많은 세월 동안 한 사람의 성도이자 목회자로서 새 언약이 무엇인지 나름대로 잘 알고 있다고 생각했다. 새 언약이란 예수께서 우리의 죄를 위해 보혈을 흘리셨고 그분의 의로 우리를 의롭다고 해주신 것이 아닌가? 하지만 내가 미처 깨닫지 못했던 사실은 새 언약이 그보다 훨씬 많은 것을 우리에게 제공해 주었다는 점이다.

이제 나는 새 언약의 풍성한 은혜가 우리의 일상생활에 얼마나 많은 차이를 가져오는지 계속 확인하고 있다. 우리가 어떻게 구원받았는가 하는 것보다는, 우리가 어떻게 살 것인가를 더 많이 다루는 새 언약의 진리들은 복잡한 신학 전문용어가 아니다. 이것은 삶을 뒤바꾸고 독수리처럼 하나님의 창공으로 솟아오르게 하는 진리 그 자체이다.

어느 늦은 밤, 신앙을 가진 지 몇 년이 안 된 스물다섯의 청년 그렉이 나를 찾아왔다. 당시 그는 자신을 사로잡고 있던 동성애의 욕망에 이미 몸을 내어준 후였다.

그날 밤 그렉이 자기 내면에서 벌어지는 치열한 전투에 대해 털어 놓을 때, 그의 얼굴에서 읽을 수 있었던 그 괴롭고 절망 가득한 표정을 아직도 잊을 수가 없다. 자기가 행한 일이 나쁘다는 것, 자기 역시 한편으로는 이를 증오한다는 사실, 그래서 이런 충동적인 욕망으로부터 정말로 자유롭고 싶다는 데는 그 역시 마음 깊이 동의하고 있었다. 하지만 이 욕망은 그를 너무나도 강력하게 사로잡고 있었기에, 그는 자신에게 변화가 일어날 수 있는가에 대해 깊은 회의를 품고 있었다.

그런데 나 역시 그렉에게 뭐라고 말해 주어야 할지 매우 당혹스러웠다. 그는 신실하게 그리스도를 따르려고 애쓰는 헌신적인 성도였다. 그는 경건한 삶을 위한 여러 권면들을 이미 잘 따르고 있었다. 매일 아침마다 말씀묵상과 기도시간을 갖고 정기적으로 성경을 공부하며 믿음의 사람들과도 친밀한 교제를 나누고 있었다. 사역에서는 또 얼마나 열심이었는지 모른다. 하지만 정작 가장 절실하게 도움이 필요한 순간 이 모든 것들은 죄를 이기는 데 무용지물이었다. 왜 복음은 진실로 변화되기를 원하는 사람의 삶 속에서 아무런 능력을 발휘하지 못할까? 당시 그렉의 문제를 해결하기 위해서 정말로 필요했던 것은 무엇이었을까?

이와 동일한 시나리오가 수많은 성도들의 삶에서 비슷한 형태로 재현되고 있다. 어떤 엄마는 자녀들을 향해 너무나도 자주 순식간에 분노를 터트린다. 어떤 남편은 포르노의 유혹을 뿌리치지 못하고 있다. 목회자는 목회자대로 당회원에 대한 불편한 마음을 털어내지 못하고 있으며, 십대 아이도 같은 친구들로부터 인정을 받으려고 자신의 양심을 속이고 있다. 그래서 어느 영역이든 우리 모두의 삶 속에서 무엇을 해야 하는지에 대한 지식과 실제 겉으로 나타나는 행동 사이의 분명한 괴리를 인정할 수밖에 없는 부분이 있다. 그리고 이런 잘못을 고쳐보기 위한 해답은 계속해서 우리를 교묘히 피해가고 있다.

고칠 것이 아니라 흘려보내라

그런데 우리가 스스로를 고쳐보려고 애쓸 때에는 이 문제의 해답을 결코 얻을 수 없다. 우리가 완전히 새로운 여행을 시작할 때 비로소 이 문제에 대한 새로운 돌파구가 열린다.

그 여행이 바로 이 책에서 다루려고 하는 것이다. 그것은 우리의 잘못을 고쳐보려는 것이 아니라 우리 안에 있는 것을 그대로 흘려보내는 데 집중하는 것이다.

그날 밤 절망에 싸여 나를 찾아왔던 그렉에 대해 좀더 이야기해 보자. 지금 그는 자랑스러운 남편이자 멋진 아빠로 행복한 결혼생활을 꾸려가고 있으며, 하나님과 동행하며 직장에서나 교회에서 중요한 사역을 감당하고 있다. 그 날 이후로도 그는 동성애에 대한 유혹을 받았을까? 물론 그렇다. 하지만 예전과는 완전히 달라졌다. 그렉은 프란시스 쉐퍼 박사가 '실질적인 치유'(substantial healing)라고 불렀던 것에 대한 놀랄 만한 사례를 보여준다. 그의 변화는 한 순간에 전적으로 이뤄지지는 않았지만 그것은 분명 실질적인 변화였다. 이런 치유를 위해 하나님은 유익한 상담과 사랑스러운 친구들, 그리고 교회를 포함해 여러 가지 수단들을 사용하셨다. 하지만 그렉은 이 모든 것들보다 훨씬 더 중요한 것이 따로 있었다고 주장한다. 그것은 바로 새 언약 안에서 하나님이 우리에게 주시는 영적인 자원들을 발견하고 각자의 처지에 맞게 활용하며 이를 다시 밖으로 흘려보내는 일이다.

내 자신의 영적인 순례에서도 이러한 자원들을 발견하고 다시 이를 밖으로 흘러나가게 하는 사역이 계속해서 나를 강건하게 지켜주고 있다. 물론 나는 지금도 육신과 계속해서 투쟁하고 있다. 또 죄책감과 욕망, 두려움, 또는 분노에 압도된 나머지, 내 안의 완고하고 악한 본성을 극복할 수 있을지 의심이 들 때도 있다. 하지만 새 언약을 통해 나는 또 다른 현실 세계에 대한 복된 소식을 깨달았다. 즉 나의 모든 죄와 과거의 모든 역기능적인 경험들, 모든 불안정한 요소들과 거스르는 것들 아래에는, 하나님이 손수 부어주시고 붙들고 계시는 전적으로 파격적인 새로운 본성이 자리하고 있다는 진리이다. 가끔 이 새로운 본성이 육체의 또 다른 치열한 욕망에 둘러싸일 때, 이 본성의 실체가 아주 모호하게 느껴지기도 한다. 하지만 그 본성이 실제가 아닌 것 같다고 해서 그것이 정말로 실제가 아니라는 뜻은 아니다. 하나님은 새 언약을 계기로 결코 사라지지 않고 제거될 수도 없는, 그분 자신이 직접 창조한 새로운 본성을 내게 심어놓으셨다.

이런 이유로 그리스도인의 삶에서 가장 중요한 문제는, 우리 스스로를 어떻게 고칠 것인가가 아니라 우리의 새로운 본성이 어떻게 밖으로 흘러나오게 할 것인가에 달렸다.

내보내는 어려움

이러한 사실을 염두에 두면서, 새 언약이라는 용어가 성경에서는 좀더 구체적으로 어떤 의미를 담고 있는지에 대해 살펴보자!

성경에서 언약이라는 단어는 종종 하나님이 노아와 아브라함, 그리고 다윗과 맺은 특정한 계약들처럼, 하나님이 인간과 맺은 거래나 약속을 언급할 때 사용된다. 주께서 맺은 언약 가운데 특별히 중요한 것으로는 애굽에서 탈출한 이후 시내산에서 모세와 이스라엘 백성들과 맺은 언약이 있다. 소위 옛 언약으로 불리는 이 언약은 성경에서 '율법'으로도 알려져 있다.

하지만 성경 뒷부분에 가면 우리는 하나님이 주시는 '새 언약'이라고 부르는 것을 접하게 되는데, 이 언약은 구약의 선지자들을 통해서 미리 알려졌으며 신약 성경이 좀더 자세하게 가르치고 있다. 그런데 이 언약이 처음 언급될 때부터 하나님은 이것이 기존의 율법과 전혀 다르다는 점을 분명히 강조하신다. 사실 새 언약에는 다음과 같은 두 가지 중요한 차이점이 있는데, 율법과는 근본적으로 다르다는 점과 율법에 대해서 근본적인 우위를 지니고 있다는 점이다.

그렇다면 이런 차이점들이 우리에게 중요한 의미를 갖는 이유는 무엇인가? 그것은 그만큼 우리 모두가 영성에 대한 율법 중심의 접근 방식을 좀처럼 포기하려 들지 않기 때문이다. 우리 육신은 본성상 성결에 대한 율법주의적인 접근 방식에 더 끌리며, 일말이라도 자신을 더욱 의존하려고 한다. 하나님이 우리를 도우실 뿐만 아니라 우리도 하나님을 도와드린다는 생각을 적절히 혼합한 것이 우리의 타락한 본성에도 더욱 타당하고 매력적인 것처럼 느껴진다. 타락한 본성은 또 그 어떤 영적인 성공에 대해서든 그 공적을 부분적으로나마 하나님과 공유하려고 한다. 타락한 본성은 무엇보다도 우리의 자존감을 고수하려고 한다.

분명한 전환점

그렇다면 옛 언약을 그래도 우리 삶에 적용시키는 것은 무엇이 잘못된 것인가? 그렇게 하면 사람들은 더욱 주님을 위해 살려는 자극을 받게 되지 않을까?

이와 관련해서 신약성경은 율법에 기초한 영성을 포기할 것과 아울러, 그렇지 않으면 영적으로 중대한 문제가 야기될 것이라고 경고하고 있다. 참된 영성을 위해서는 예전의 행동 방식으로부터 단호하게 돌아서는 일이 필요하며, 이전 방식은 하나님이 인정하시는 전적으로 새로운 삶의 접근 방식으로 모두 대체되어야 한다. 다음과 같이 말씀하실 때 예수님은 바로 이런 사실을 염두에 두고 있었다.

> 생베 조각을 낡은 옷에 붙이는 자가 없나니 만일 그렇게 하면 기운 새 것이 낡은 그것을 당기어 해어짐이 더하게 되느니라 새 포도주를 낡은 가죽 부대에 넣는 자가 없나니 만일 그렇게 하면 새 포도주가 부대를 터뜨려 포도주와 부대를 버리게 되리라 오직 새 포도주는 새 부대에 넣느니라 하시니라.(막 2:21-22)

여기에서 예수님은 율법이라는 예전의 삶의 방식과 자신이 어떤 관계에 있는지에 대해 두 가지 매우 중요한 사실을 암시하신다.

첫째로 예수님은 옛 언약을 수리하기 위해 이 세상에 오신 것이 아니다. 그분은 낡은 누더기를 기우기 위해서가 아니라 아예 새 의복을 가지고 오셨다.

둘째로 예수님은 옛날 방식에 맞추기 위해서가 아니라 아예 이를 완전히 대체하기 위해 오셨다. 그분은 마치 새 포도주처럼 예전의 낡은 가죽 부대에 그대로 담아두기에는 너무나도 강력하고 막강하시다.

이상의 두 가지 사실을 통해 강조하려는 메시지는 다음과 같다. 당신이 옛 언약과 새 언약이라는 두 가지 실체를 그대로 뒤섞으면 모든 것을 잃고 말 것이다. 그것은 마치 당신의 자동차에 가솔린과 디젤유를 혼합시키는 것이나 다름없으며, 그렇게 되면 기껏해야 탕탕거리다 엔진은 곧 망가지고 만다. 새 언약은 옛 언약으로도 할 수 있는 어떤 것을 돕는 것이 아니라 옛 언약을 완전히 새롭게 대체했다.

당신의 영적 엔진은 혹시 기름이 잘못 섞여서 탕탕거리고 있지는 않은가? 아니면 당신의 삶 속에서 그리스도의 내주하심으로 말미암아 새 언약의 핵심인 초자연적 능력이 흘러나오고 있는가? 다시 한 번 말하지만, 정상적인 그리스도인의 삶이란 내주하시는 그리스도가 밖으로 넘쳐나는 삶, 바로 그것이다!

"돌을 던지지 마시오"

그리스도인의 삶의 핵심이 하나님이 요구하시는 기준에 순종하는 데 있지 않다는 것도 바로 이 때문이다.

이러한 주장은 어찌 보면 이단의 교리처럼 보일 수도 있다. 그렇기에 하나님이 요구하시는 기준에 그대로 순종하는 것이 그리스도인의 삶에서 중요한 일부분이라는 것을 먼저 인정해 두어야겠다. 이러한 결론을 거부해 버리면 그 누구도 성경을 정직하게 읽어갈 수 없다. 하지만 참된 영성의 관점에서 볼 때, 하나님의 기준에 대한 순종은 이보다 더 중요한 어떤 것의 부산물이며 필연적인 결과라는 사실을 명심해야 한다.

율법이 요구하는 순종을 통해서는 하나님의 백성에게 바람직한 영성을 만들어낼 수 없는 것은, 율법이 우리 육신에게 끼치는 파급 효과 때문이다. 수년 전에 나는 어느 강가에서 야영을 즐길 참이었다. 그런데 그곳에 도착하자마자 내 눈에는 다음과 같은 안내 표지판이 들어왔다. "강에 돌을 던지지 마시오." 그 다음 무슨 일이 일어났는지 아는가? 그 표지판을 본 순간 갑자기 나는 최소한 돌 하나 정도는 강에 꼭 던져 보고픈 엄청난 충동에 사로잡히고 말았다. 그 표지판을 보기 전까지는 돌을 던져보겠다는 생각은 전혀 없었다. 하지만 야영장의 규정 때문에 내 안에서 반항심이 일어났다. (내가 실제로 돌을 던졌는지에 대한 판단은 당신에게 맡기겠다.)

하나님의 기준이 우리에게 부과되면, 우리 육신 안에서는 자연스럽게 반항심이 일어난다. 그래서 사도 바울은 "율법으로 말미암는 죄의 정욕이 … 역사하였다"고 말하고 있다.⁽롬 7:5⁾ 타락 이래로 우리 육신은 하나님의 법에 대해 항상 적대적인 입장을 취해 왔다. 율법은 이러한 적대감을 결코 바꾸지 못하며, 다만 이를 더욱 악화시킬 뿐이다.

이것이 바로 하나님이 우리 안에 참된 순종과 영성을 일으키기 위해 전혀 새로운 일을 하셔야만 했던 결정적인 이유이다.

그의 품 안으로

성도로서 당신과 나는 율법의 사슬에서 벗어나 그리스도의 품 안으로 구원을 받았다. 사도 바울이 말한 바와 같이 우리 모두는 "율법에 대하여 죽임을 당하였으니 이는 다른 이 곧 죽은 자 가운데서 살아나신 이와 한 몸을 이루기 위함"이다.⁽롬 7:4 참조⁾

얼마나 놀라운 사실인가! 이제 우리는 더 이상 죽은 율법을 따라 사는 것이 아니라 팔팔하게 살아 계시는 한 분을 따라서 살 수 있게 되었다. 이 우주에서 더 이상 필적할 데 없는 주권자이실 뿐만 아니라 우리 영혼의 가장 탁월한 친구가 되시는 영광의 구주 예수 그리스도를 따라서, 매 순간 우리에게 부활의 능력을 부어주시는 분을 따라서 살 수 있게 되었다.

당신의 인생을 향한 하나님의 최우선적인 소망은 그 아들 예수 그리스도 안에서 강렬하고도 심오한 사랑을 누리는 것이다. 그러할 때 하나님이 우리에게 요구하시는 기준은 스스로 해결된다.

하지만 이와는 반대로 율법에 얽매이면 필연적으로 절망에 빠질 수밖에 없다. 그런 삶은 완벽주의자의 삶과 비슷하다. 그는 절대로 실수하지 않으며, 지독히도 나쁜 하루를 보낼 일도 없으며, 무언가 탐닉할 것도 없다. 그는 항상 시간을 지키며 그가 하는 모든 것은 꼭 정곡을 찌른다. 게다가 그는 당신에게도 자신과 똑같은 수준을 기대한다. 당신이 인정받을 수 있는 유일한 기준은 완벽함뿐이며, 이를 달성하는 데 실패할 때마다 그는 당신에게 이 원칙을 들이밀 것이다. 그래서 열 번 중에 아홉 번 성공하더라도 한 번 실패하면 당신은 여전히 낙제생이다. 게다가 그가 당신에게 요구한 책임 목록을 수행하다가 그에게 어떤 도움을 요청하기라도 하면 문전박대하면서 '좀더 열심히 해보라'고 할 것이다. 모든 것은 당신에게 달렸다. 당연히 영원한 절망감에 빠지고 말 것이다.

그러나 우리 주님과 하나 된 삶은 얼마나 복된 것인가! 주님은 당신이 스스로의 힘으로 성취한 결과에 의해서 인정받을 수 있다는 생각 대신에, 무슨 일이 있어도 당신은 결코 그분의 사랑을 잃어버리지 않을 것이라고 확신을 주시며, 아울러 삶에 대한 영원토록 중요한 목적과 수단도 제공해 주신다. 그분은 또 당신으로 인하여 기뻐하시며, 때로는 당신이 죄를 범할 때 마음 상해 진노하시더라도, 그것 때문에 당신을 버리는 일은 결코 하지 않으신다. 그분은 당신의 연약함을 체휼하시며, 당신이 넘어질 때 다시 일으켜 세우신다. 당신더러 그분을 위해서 무언가를 행하라고 요청할 때면 주님은 당신을 그냥 내버려두지 않으시고 당신을 통해서 자신이 직접 그 일을 주도해 가신다.

블레이즈 파스칼이 표현한 것처럼, "율법은 율법이 줄 수 없는 것을 우리에게 요구하지만, 은혜는 은혜가 요구하는 모든 것을 우리에게 준다." 그래서 우리는 더 이상 일련의 도덕적 의무에 따라서 외부적으로 판단을 받지 않는다. 오히려 우리는 이제 우리 안에 내주하시는 분이 가져다주신 근본적이고도 거룩한 사랑으로 말미암은 삶의 방식에 의해 내면적으로 이끌려가게 된다.

물론 당신의 새로운 남편 되신 주께서 당신에게 새로이 요구하는 것들 대부분은 당신의 전 남편, 즉 율법이 요구했던 것과 동일할 수도 있다. 하지만 당신은 이런 것들을 예전과 비교할 수 없이 자유롭고 기쁘고, 심지어는 훨씬 훌륭하게 실행할 수 있다. 은혜는 항상 율법이 할 수 있는 것 이상의 것을 하려는 동기와 아울러 그 능력도 부여한다.

샘솟는 열망

율법 아래서 하나님의 계명은 — 돌판에 새겨지고 전적인 순종에 대한 요구와 함께 이스라엘에게 주어지면서 — 그의 백성들 외부에 주어졌다. 그래서 하나님의 백성들은 '너희는 … 해야 하고', '너희는 … 해서는 안 된다'는 반복적인 명령들을 귀에 못이 박히도록 들어왔다.

하지만 새 언약에서 하나님의 계명은 — "내가 나의 법을 그들의 속에 두며 그 마음에 기록하리라"(렘 31:33)고 약속하신 바와 같이 ― 그의 백성들 내면에 심겨졌다. 그래서 새 언약이 지배하는 하나님 나라의 표어는 더 이상 '너희는 … 해야 하리라'(You shall ...)가 아니라 하나님의 '내가 … 하리라'(I will ...)이다. "내가 나의 법을 그들의 속에 두리라 … 내가 그들의 하나님이 되리라 … 내가 그들의 죄악을 사하리라 … 내가 내 신을 너희 속에 두어 너희로 내 율례를 행하게 하리라."(렘 31:33-34, 겔 36:25-27 참조)

이러한 놀라운 진리가 실제적으로 의미하는 것은, 당신이 거듭난 순간 하나님은 당신 안에 일련의 새로운 경건한 성품, 즉 하나님의 뜻을 따르는 것을 항상 기뻐하는 거룩한 기질을 심어주셨다는 것이다. 그래서 당신 안에는 결코 사라지거나 희석될 수 없는 의로움을 향해 성령께서 주도해 가시는 새로운 성품이 자라고 있다. 때로는 육신의 욕망에 사로잡히기도 하지만, 주께서 새로 심은 나무는 결코 뽑히지 않는다. 성도들의 내면에 자리한 하나님의 뜻을 행하고픈 열망은 모두가 하나님이 주신 선물이다. 이 열망은 사람이 애쓰거나 상상으로 만들어낼 수 있는 것이 아니다. 이미 성도의 내면에 심겨져 있어서 이제는 다만 계속 자라게 하고 유용하게 활용하기만 하면 되는 것이다.

이 열망은, 성령께서 모든 성도들 안에 내주하시기 때문에 그 곳에 있는 것이다. 그래서 정상적인 기독교란 분명 초자연적인 사건인 동시에, 처음부터 끝까지 내주하는 부활의 능력에 전적으로 의존하는 삶이다. 옛 언약에서는 사람이 하나님을 위해 무엇을 할 수 있는지 증명해야 했다면, 새 언약에서는 하나님이 인간을 위해 그리고 인간을 통해 무엇을 하실 수 있는지 친히 증명하신다.

우리는 이 진리를 이렇게도 설명할 수 있다. 새 언약은 하나님이 그 백성과 친히 맺으신, 옛 언약과는 파격적으로 다르고 비교할 수 없을 정도로 좋은 약속으로서, 율법 아래서는 우리가 근본적으로 할 수 없었던 것을 우리 안에서 그리고 우리를 통하여 성취하시도록 하는 것이다. 그래서 새 언약은 우리의 '나는 할 수 없다'를 극복하시는 하나님의 '내가 하리라'이다.

새롭고도 참된 순종

새 언약 안에서 우리는 율법으로부터 자유하지만, 그렇다고 순종에 대해서도 자유로워진 것은 아니다. 사도 바울은 이 순종을 놀랄 만한 방식으로 묘사하고 있다.

그는 예를 들어 이 진리를 아이를 낳는 해산에 비유한다. 성도는 "하나님을 위하여 열매를 맺게 하려" 그리스도와 결혼했다(롬 7:4, 성경에서 열매는 종종 아이에 대한 비유로 쓰인다). 이 얼마나 놀라운 묘사인가! 우리의 순종은 그리스도로 말미암아 임신한 결과로 나타나는 것이며, 하나님이 우리 안에 심으신 생명의 가시적인 증거이다.

그래서 참된 순종이란 이를 악물고서 '옳은 일을 해내는 것'이 결코 아니다. 그것은 하나님과 협력하여 우리 내면으로부터 그리스도의 생명을 밖으로 흘려보내는 것이다. 그리스도께 우리가 드리는 이 열매로는 새로운 회심자뿐만 아니라, 경건한 성품과 선행, 그리고 예배 등도 포함된다.

우리의 순종을 묘사하는 바울의 또 다른 설명은 섬김에 대한 것이다. "우리가 영의 새로운 것으로 섬길 것이요 율법 조문의 묵은 것으로 아니할지니라."(롬 7:6) 하나님을 위한다면서도 곰팡내 나고 활력도 없고 온기도 느낄 수 없는 섬김이 있다. 그것은 모두가 옛 언약 아래서의 섬김이다. 이와는 달리 그 속에서 신선한 향기를 발산하며, 생명력과 뜨거움이 넘쳐나는 섬김도 있다. 이것이 바로 새 언약 아래서의 섬김이며, 그 언약 덕분에 우리는 '그리스도의 향기' 와 '생명에 이르는 향기' 를 계속 발산할 수 있다.

흘러나가기를 기다림

히브리서 저자는, 새 언약은 "더 좋은 약속으로 세우"셨으며 "더 좋은 소망"을 가져오기 때문에 율법보다 "더 좋은 언약"이라고 말한다.(히 7:19, 22, 8:6) 그럼에도 불구하고 우리가 얼마나 재빨리 옛 언약에 이끌리는지 보면 참 놀라울 지경이다.

우리는 이런 사례를 오늘날 기독교 공동체에서 널리 인기를 얻고 있는 영적 성숙에 대한 접근 방식에서 찾아볼 수 있다. 래리 크랩 박사는 자신의 책 「끊어진 관계 다시 잇기」에서 다음 몇 가지 사례로 정리하고 있다.

그는 첫 번째 사례를 가리켜서 '옳은 것 행하기'(Do what is right) 식 접근법이라고 부른다. 이것은 도덕주의적 모델로서, 사람들은 성경이 말하는 것을 실행하도록 재촉해야 할 필요가 있다고 주장한다. 그리고 사람들이 회개할 때 — 다시 말해 잘못된 것을 버리고 끈질기게 옳은 것을 추구할 때 변화가 일어난다는 입장을 갖고 있다. 이 입장은 특히 근본주의적이고 보수적인 복음주의자들 사이에서 널리 받아들여지고 있다. 하지만 그 중심에는 성화에 대한 옛 언약의 입장이 자리하고 있다. (여기서 성화란 성도가 경건하고 거룩한 방식으로 기독교적인 삶을 구현하는 것을 가리킨다.)

래리 박사가 설명하는 두 번째 사례는 '잘못된 것 고치기'(Fix what is wrong)이다. 이것은 치료적인 모델로서, 사람들은 과거에 받은 상처를 정확하게 파악하고 이를 치유하기 전까지는 옳은 것을 행할 수 없다고 주장한다. 그리고 사람들이 치유를 받을 때, 다시 말해 사람들의 내면에 진행되고 있는 것과 접촉하여, 그 고통과 실망을 그대로 직시하고 이를 극복하고 담대하게 앞으로 나아갈 때 비로소 변화가 일어난다는 입장이다. 이런 결과를 위해서는 복음에 의해 제공되는 것보다는 주변의 도움이 필요하다고 한다.

그런데 복음이 우리더러 옳은 것을 행하고 잘못된 것은 고칠 것을 요구한다는 점에서 볼 때 이상의 두 모델은 분명 진리의 일부분을 담고 있다. 하지만 이 두 가지 입장에서 고려하는 변화의 수단은, 성도의 삶 속에 있는 새 언약의 영적 실체를 애써 간과하거나 부인한다.

나는 널리 인기를 얻고 있는 이상의 두 가지 모델에, '놓친 것 붙잡기'(Get what is missing)라는 방법을 하나 덧붙이고 싶다. 이것은 능력 체험적 모델로서, 영적 성장의 핵심에서 하나님과의 기적적인 체험을 계속 추구할 것을 주장한다. 물론 여기에도 분명히 일말의 진리가 들어 있다. 사실 우리 모두는 하나님이 우리를 위해 베푸신 모든 것들을 기대하면서 그분의 최선을 열렬히 추구하도록 부름 받았다. 하지만 우리가 과연 하나님의 최선을 정의할 수 있을까? 게다가 표적과 기사에만 계속 집착하는 믿음은 결코 온전하게 성숙할 수 없다.

이보다 더 나은 모델은 래리 크랩 박사가 '선한 것 흘려보내기'(Release what is good)라고 부르는 모델이다. 이것은 새 언약의 영성에서 핵심에 해당한다. 새 언약 때문에 모든 성도들의 내면에는 초자연적인 자원들이 항구적으로 자리하고 있으며, 이것이 바로 모든 영적인 선을 위한 원천이다.

하나님이 우리를 통해 밖으로 흘려보내기 원하시는 선한 것은 무엇이든 이미 우리 안에 자리하고 있으며, 흘러 나가기만을 기다리고 있다.

이것이 바로 예수님이 "나를 믿는 자는 성경에 이름과 같이 그 배에서 생수의 강이 흘러나오리라"고 약속하실 때 함께 암시하셨던 것이다.(요 7:38) 좋은 것(생수)은 우리 안에서 계속적으로 흘러나도록 되어 있다.

숨기지 못하리라

찰스 스펄전은, 어느 가난한 여성도에게 꽤 많은 돈을 희사하려 했던 잉글랜드 북부의 어느 목회자에 대한 이야기를 들려 준 적이 있다. 이 목회자는 돈을 준비해서 그녀의 집을 방문했다. 그러고는 몇 번이고 문을 두드렸지만 아무런 응답이 없었다.

나중에 교회에서 이 여인을 만나게 되자 그 목회자는 집에 찾아갔다는 이야기를 했다. 그러자 그 여인은 반문한다. "언제 오셨나요?" 자신이 방문했던 시간을 말하자, 그녀는 실은 그 때 집 안에 있었다고 털어놓았다. 외상 수금원이 찾아온 줄로만 알았던 이 여인은 갚을 것이 하나도 없어 그냥 방 안에 숨어버렸던 것이다. 자신이 찾아간 이유는 돈을 빼앗기 위해서가 아니라 오히려 돈을 주기 위해서였다고 말하는 그 목회자는 얼마나 기분이 좋았을까?

오늘날 많은 수의 그리스도인들도 이와 비슷한 방식으로 하나님께 반응한다. 이들은 하나님을 우주의 도덕적 외상 수금원 정도로 여기고서는, 당연히 그분이 주장할 만한 순종을 요구하려고 자기들 인생의 문을 두드리는 것이라고 생각한다. 하지만 이들은 그러한 요구에 부응할 만한 자원이 자기 안에서 바닥났음을 느끼고서는, 그분의 명령을 수행할 수 없다는 절망에 빠진다. 죄책감과 절망감에 빠진 이들은 하나님의 음성을 좇아가기보다는 결국 이를 피하여 도망치거나 숨어버린다.

하지만 우리가 명심해야 할 진리는 하나님이 먼저 우리에게 주시려고 찾아오셨으며, 오직 그 다음에라야 비로소 돌려받으신다는 사실이다. 그분은 분명 그분의 이름을 높이는 생활 방식을 우리에게 요구하신다. 그리고 그분에게 순종하는 것은 너무나도 당연하다. 하지만 하나님은 우리에게 맡기지도 않은 것을 요구하시는 분이 결코 아니시다.

다시 한 번 강조하지만, 하나님이 우리에게 무언가를 요구하신다면 그것은 우리에게 이미 주신 것들뿐이다.

우리는 그분의 생수가 밖으로 흘러나가게 하기 위해, 즉 선한 일을 행하기 위해 부름 받았다. 이 선한 것에는 당신이 거듭나는 순간부터 당신 안에 영원토록 뿌리를 내리고서 당신의 일상적인 삶을 통해 끊임없이 품어 나오는 모든 초자연적인 자원들이 포함된다. 이 책의 중심부에서 우리는 새 언약으로 말미암은 네 가지 중요한 자양분을 자세히 살펴보고자 한다. 내가 간절히 기도하는 바는 당신 안에 있는 새 언약의 자양분을 더욱 풍성하게 발견하여 이것들을 밖으로 흘려보내는 일이 좀더 쉬워지는 것이다.

그런데 이러한 영적인 자양분을 잘 이해하고 또 이를 효과적으로 흘려보낼 준비를 하기 위해서는 먼저 이것이 주어진 가장 중요한 목적이 무엇인지 파악해야 한다. 그 다음에는 새 언약의 찬란한 빛을 반드시 그리고 열정적으로 활용해야 할 어두움에 대해서도 짤막하지만 핵심적으로 살펴볼 것이다.

그 전에 잠시 멈추어 당신 자신의 삶을 세심하게 살펴보라고 권하고 싶다. 지금 당신에게는 더 큰 자유와 더 강력한 영적 능력을 밖으로 쏟아내고픈 진정한 열망이 과연 있는가? 당신은 그런 가능성에 대해 어떤 입장을 갖고 있으며, 어떤 방식이든 부지불식간에 율법에 기초했거나 도덕주의적인 영성 때문에 하나님과의 교제가 방해받고 있지는 않은지 한 번 생각해 보라! 마지막으로 이 책을 계속 읽어가면서 당신 자신을 위해 이 책에서 강조하는 원리들을 꼭 성경적으로 점검하고 자세히 탐구해 보기를 권한다. 이를 위해 고린도후서 3장과 로마서 7장, 히브리서 8장을 기도하는 마음으로 읽고 묵상해 보라.

02
소중한 것을 먼저

> 가장 소중한 것을 먼저 붙잡고
> 둘째 것은 그 다음으로 밀쳐놓아야 한다.
> 둘째 것을 먼저 붙잡으면 첫째와 둘째 모두를 잃고 만다.
> _C. S. 루이스

새 교회 건물이 지어져 갈 때 나는 흥미로운 현상 하나를 발견했다. 맨 먼저 지어진 것은 하나같이 — 그 다음에 오는 모든 것들을 지지하는 요소들로 — 건물이 완공되기 전에 모두 시야에서 사라지더라는 것이다. 맨 밑바닥의 기초로부터 시작해서 그 위에 세워진 거대한 강철 대들보처럼 먼저 지어진 모든 것들은 공사가 진행되면서 서서히 제 모습을 드러내는 바닥이나 벽, 창문 그리고 천장과 같은 것들에 가려 사라졌다.

물론 공사가 그렇게 진행되리라는 것은 미리 알고 있었다. 하지만 나는 그런 과정을 차마 기다리지 못하고, — 그 안에 들어가 계속해서 눈으로 보고 만지며 사용할 수 있는 — 건물의 좀더 실용적인 것들을 빨리 보고 싶어 안달이 났었다.

　하지만 건물을 짓는 기술자들이 그런 기초 공사 과정을 생략해 버리면 어떻게 될까? 좀더 눈에 띄고 실용적인 모습을 보여주는 데 급급해서 하부 구조의 건축 과정을 대충 진행했다고 가정해 보자! 그렇게 되면 그 건물은, 비록 서 있더라도, 언제 쓰러질지 모르는 불안정하고 위험한 사상누각이 되고 말 것이다.

　나는 이러한 원리가, 그리스도 안에서 마치 독수리처럼 힘차게 날아오르는 성도의 삶을 가장 체계적으로 이해하려고 할 때에도 그대로 적용된다고 확신한다. 좋은 내용을 얻어내기 위해서는 — 다시 말해 가장 쉽게 확인할 수 있으며 그대로 적용할 수 있는 실용적인 지침을 마련하기 위해서는 — 먼저 좋은 신학이라는 올바른 기초가 필요하다.

　초자연적인 삶을 새롭게 이해하기 위해 무엇보다 견고한 성경적 기초를 마련해야 하는 이유가 바로 여기에 있다. 새 언약의 영성으로 말미암는 철저한 변화를 그대로 따르고자 한다면, 우리는 무엇보다 하나님의 말씀이 바로 이러한 변화를 요구하고 있다는 점에 대해 분명히 확신할 수 있어야 한다. 그래서 '소중한 것을 먼저 하라'는 원칙은 여기에서도 그대로 유효하다.

하나님은 당신 편인가?

　그렇다면 하나님의 관점에서 볼 때, 그분의 말씀에 비추어 볼 때, 가장 소중한 것은 정확히 무엇인가? 하나님이 가장 중요하게 여기시는 것은 무엇인가? 그분의 가장 강력한 열망이 담긴 목적이나 문제가 무엇인가?

남북전쟁 초기에 아브라함 링컨을 지지하는 어떤 사람은 주께서 북부 사람들 편에 서 주시기를 소망한다고 말했다. 그러자 링컨은 이렇게 대답했다. "주께서는 항상 옳은 쪽 편에 서신다는 것을 잘 알고 있습니다." 그러고는 이런 말을 덧붙였다. "하지만 제가 계속해서 염려하고 기도하는 것은 제 자신과 이 나라가 과연 주님 편에 서 있는가 하는 것입니다."

링컨 대통령의 이야기는 오늘날의 교회를 괴롭히는 여러 가지 문제를 잘 묘사하고 있다. 오늘날 기독교는 좋으신 하나님을 자기 편으로 끌어들일 최선의 방법들, 말 그대로 하나님의 도움을 얻어내기 위한 실용적인 방법들을 교회와 세상에서 판매하는 데 점점 더 혈안이 되고 있다. 기독교 서점에 진열된 책들을 대충 훑어보면 상당한 비율의 책들이 주로 하나님을 어떻게 이용할 것인가 하는 문제에 집중하고 있음을 알 수 있다. 이런 부류의 책들이 제시하는 메시지는 어느 정도 예측할 수 있다. 즉 당신의 삶을 제대로 꾸려가려면 하나님이 절대적으로 필요하다는 것이다. 재정과 가족, 건강, 경영, 그리고 개인적인 성취를 위해서는 당신의 전략 속에 하나님과 그분의 원리들을 포함시켜야 한다는 것이다.

하지만 이러한 메시지는 좀더 중요한 진리를 도외시하고 있다. 성경에 의하면 영성의 핵심은 하나님의 영광을 더욱 높이는 것이지, 우리의 삶을 개선하는 것이 아니다. 즉 우리를 위해 하나님이 존재하는 것이 아니라 그분을 위해 우리가 존재하는 것이다.

그래서 문제는 그분이 우리 편에 서 계시는가, 또는 그분이 우리의 간구에 응답해 주시는가가 아니다. 정말로 우리가 고민해야 할 질문은, 나는 진정 그분의 편에 서 있는가, 나는 과연 그분의 부르심에 응답하고 있는가 하는 것이다. 우리가 하려는 일에 어떻게 하나님을 이용할까 하는 것이 아니라, 그분이 하시는 일에 우리 자신을 어떻게 이용할까 하는 것이다. 그분은 창조주이시고 우리는 그의 피조물이다. 그분이 지배자이시고 우리는 그분의 피지배자이다. 그분이 주인이시고 우리는 종이며, 그분이 우주를 운행하고 계시며 우리는 그에 맞추어야 한다.

하지만 죄로 인해 우리 안에는 이러한 원칙을 비틀거나 심지어는 뒤집을 수 있다는 어리석은 전제가 자리하고 말았다. 그래서 만일 하나님을 내쫓아버릴 수 없다면 그분을 잘 이용이라도 해보겠다는 것이다. "하나님은 나의 부조종사"(혹은 조수, God Is My Copilot)라는 자동차 범퍼 스티커의 표어는 이를 잘 말해 준다. 우리는 흔히 인생의 조종실과 같은 곳에 하나님을 모시고서는, 삶이라는 비행기를 부드럽고도 성공적으로 몰아가는 데 그분의 능력을 활용하며, 위급한 상황에서는 물론 즉시 그분께 의지함으로써 하나님을 영화롭게 한다고 생각한다. 하지만 진정 살아계신 하나님은 그 누구의 부조종사가 결코 아니시다. 오히려 우리가 궁극적으로 도달할 곳을 향해 우주를 운행하시는 절대적이고 유일한 조종사이시며 그곳에 도달하는 것에 대해서는 그 누구의 조언도 듣지 않으신다. 그리고 우리 각자의 인생 속에서도, 그분의 나라의 목표를 향해 그리고 필연적이고도 영광스러운 대단원의 결론을 향해 모든 것들을 이끌어가신다.

가장 중요한 것

창세기로부터 계시록까지 살펴보면 하나님은 천지 만물과 인류에 대한 한 가지 중심적인 목표를 가지고 계심을 알 수 있다. 이것은 다양한 방식으로 표현될 수 있겠지만, 결국 한 가지 제일 중요한 결론, 즉 그분 자신의 영광으로 귀착된다.

하나님께는 그분 자신의 이름이 영광을 얻는 것보다 더 중요한 것은 아무것도 없다. 그분은 자신의 명성에 대한 완벽하고도 가장 순수한 질투심을 품고 계신다. 그분은 이와 관련해 모세에게 이렇게 말씀하셨다.

나는 나를 가까이 하는 자 중에서
내 거룩함을 나타내겠고
온 백성 앞에서
내 영광을 나타내리라 (레 10:3)

하나님을 올바로 이해하고자 할 때 명심할 점은, 하나님께는 무엇보다도 그분의 영광을 인정하는 데 실패하는 것이 가장 치명적인 죄라는 사실이다. 우리는 그저 사소한 경범죄 정도로 처리하고 싶어하지만 하나님께는 이것이 가장 중대한 범죄이다. 그래서 사도 바울도 로마서 첫 장에서 하나님이 범죄한 인류에게 진노하시는 근본적인 이유는 이들이 하나님으로 영화롭게 하지 않기 때문이라고 지적하고 있다.(롬 1:21)

하나님을 영화롭게 하는 데 실패했기 때문에 모세는 약속의 땅에 들어가지 못했고, 아론의 두 아들은 죽임을 당했으며, 느부갓네살 왕은 짐승과 같은 삶을 살아야 했고, 헤롯은 벌레에 먹혀 죽음을 맞이해야 했다. 그런 사례는 성경 곳곳에 계속 나타난다. 하나님이 자신의 이름과 영광을 위해 품고 계신 뜨거운 질투심에서 예외가 될 수 있는 사람은 아무도 없다.

우리의 구원 역시 그로 말미암아 우리에게 주어지는 유익보다는, 이를 계기로 하나님께 돌려드리는 영광과 더 밀접한 관련을 맺고 있다. 사도 바울이 에베소서 1장에서 그리스도 안에 있는 우리의 구원에 대해 그토록 고무되어 설명할 때에도, 그 구원의 배후에 있는 목적, 즉 '영광의 찬송'(엡 1:6, 12, 14)을 계속적으로 강조하고 있다. 당신과 나의 구원에서 가장 중요한 것이 있다면 그것은 바로 하나님께 돌려드리는 경배와 찬양이다.

이와 마찬가지로 우리의 사역 역시 그것을 통해 다른 사람들이 큰 유익을 얻기 때문에 고귀한 것이다. 사도 베드로 역시 우리 모두가 서로를 위해 각자 받은 은사를 사용해야 하는 이유를 이렇게 전하고 있다. "이는 범사에 예수 그리스도로 말미암아 하나님이 영광을 받으시게 하려 함이니 그에게 영광과 권능이 세세에 무궁하도록 있느니라 아멘."(벧전 4:11)

계속해서 성경은 이렇게 말씀한다. "무엇을 하든지 다 하나님의 영광을 위하여 하라."(고전 10:31) 각기 나뉘었지만 모두가 그리스도의 한 몸에 속한 우리의 삶은, 무엇보다 하나님의 영광과 이름을 드높이는 데에서 가장 중요하고도 최우선적인 의미를 발견해야 한다. 이것이 우리가 존재하는 근본적인 목적이며 우리에게 부여된 최우선적인 소명이다.

장엄한 하나님의 영광

그렇다면 여기서 하나님의 '영광'이란 정확히 무엇인가? 나는 이것을 가리켜 그분의 '장엄함'(spectacularness)이라 말하고 싶다. 그분의 영광은 무엇보다도 찬란히 빛나는 광선과도 같으며, 견줄 데 없는 최상의 탁월함과 아름다움이 압도적으로 빛을 발하는 가운데 드러난다. '영광'에 대한 히브리 단어는 '무겁다' 또는 '무게가 나가다'라는 어원에서 파생되었다. 그래서 하나님의 영광은 그분의 모든 속성을 아우르는 무게감을 지니고 있다. 성경은 그 영광을 눈이 멀 정도의 빛과 맹렬한 불, 가공할 만한 천둥, 번쩍이는 번개, 그리고 장엄한 무지개와 같은 이미지들에 비교한다. 그것이 무엇이든 한 가지 사실만큼은 분명하다. 즉 하나님의 영광은 인간의 눈으로 보기에 참으로 두려우며, 인지하지 못하고 그냥 지나치기에는 너무나 장엄한 모습으로 나타난다는 사실이다.

그리고 그분은 땅 위의 모든 이들이 자신에게 주의를 기울일 것을 원하신다. 인류 역사의 궁극적인 지향점은 항상 하나님의 영광을 향하고 있으며, 자신의 백성들을 선택하고 복 주시는 최고의 목적도 그분의 영광스러운 이름 때문이다. 이사야 선지자를 통해 우리는 "내 이름으로 불려지는 모든 자 곧 내가 내 영광을 위하여 창조한 자"들을 부르시는 하나님의 음성을 듣게 된다.(사 43:7) 계속해서 우리는 주께서 이렇게 주장하시는 말씀도 만날 수 있다. "이 백성은 내가 나를 위하여 지었나니 나를 찬송하게 하려 함이니라."(사 43:21) 그래서 이사야는 기도 가운데 다음과 같이 고백한다. "주께서 이와 같이 주의 백성을 인도하사 이름을 영화롭게 하셨나이다."(사 63:14)

이스라엘을 향한 하나님의 궁극적인 목적은, 이들로 하여금 열방 가운데 자신의 영광을 드높이도록 하는 것이었다. 하나님의 백성들이 그 명령에 따라 살아갈 때, 온 열방은 자비와 공의, 그리고 의로움이 충만한 이들의 행위를 통해 그들 앞에 드러나는 하나님의 성품에 주목하게 되는 것이다. 그래서 이스라엘의 가시적인 삶의 방식은, 이들뿐만 아니라 온 열방을 통치하시는 비가시적이지만 여전히 위대하신 하나님의 영광을 밝히는 등불이다. 이스라엘이라 불리는 보잘것없이 작은 한 지역 민족의 삶을 통해 주님은 하늘에서는 이미 분명히 알려졌던 진리를 — 즉 그분만이 참 하나님이시며 모두가 기쁨에 넘친 예배와 섬김으로 헌신할 가치가 있는 분이라는 사실을 — 이 땅 위에 분명히 알리셨다.

시내산에서 주님은 그분의 백성들에게 이렇게 말씀하셨다. "너희가 내게 대하여 제사장 나라가 되며 거룩한 백성이 되리라."(출 19:6) 제사장 나라의 임무는 온 세상에 하나님을 나타내며 그분의 말씀을 전하는 것이다. 그래서 거룩한 나라로서 이들에게 무엇보다도 중요한 것이 바로 합당한 성품이다. 즉 그들은, 주변 나라 사람들로 하여금 예전에 한 번도 생각해 본 적 없던 하나님에 대해 심각하게 생각해 보도록 자극하면서 '따로 구별된' 사람들로 살아가야만 했다.

하늘과 땅의 구주께서 그 자녀들의 행위에 자신의 모든 영광과 명성을 내맡기신 것이다. 혈육을 가진 이스라엘 사람들은 거룩하신 하나님을 위한 신임장으로서, 오직 그분만이 하나님이시라는 산 증거 역할을 해야만 했다. 하나님의 장엄함과 놀라운 위엄이, 이와는 가장 어울리지 않는 허약하고 위태로운 인간을 통해 드러나게 된 것이다. 이것이 바로 하나님을 영화롭게 하는 것의 본질적인 의미이다.

여전히 위태로운 하나님의 영광

신약성경을 펼쳐보면 우리는 이스라엘의 소명과 그리스도의 몸의 지체인 우리 자신의 소명 사이에 놀랄 만한 유사점을 발견할 수 있다. 예를 들어 사도 베드로는 시내산에서의 하나님의 말씀과 사실상 동일한 이미지를 사용하면서 이렇게 말씀한다. "그러나 너희는 택하신 족속이요 왕 같은 제사장들이요 거룩한 나라요 그의 소유가 된 백성이니 이는 너희를 어두운 데서 불러 내어 그의 기이한 빛에 들어가게 하신 이의 아름다운 덕을 선포하게 하려 하심이라."
(벧전 2:9)

즉 하나님은 다시 한 번 자신의 모든 영광과 명성을 혈육을 가진 인간에게 맡기신 것이다. 그리하여 오늘날의 불신자들은 철저한 거룩함을 따라 초자연적인 공동체 안에서, 그리고 넘치는 은혜 안에서 살아가는 하나님의 백성들을 바라볼 때, 그리스도에 대해 진지하게 생각하는 계기를 갖게 된다. 수많은 책으로도 결코 할 수 없는 일이 이들을 통해 이루어지는 것이다.

1871년 초, 기독교를 믿지 않았던 신문기자 헨리 스탠리는, 수년간 본국과는 연락이 두절된 유명한 탐험가이자 의료 선교사인 데이비드 리빙스턴을 찾아낼 목적으로 아프리카의 허가되지 않은 밀림 지역으로 들어갔다. 그리고 리빙스턴을 만난 후 10달 동안 스탠리는 그와 함께 지내며 그로부터 무언가를 더 찾아내려고 했다. 그는 그 때 일을 이렇게 회고했다.

당시 나는 런던에서 가장 유명한 무신론자에 버금가는 편견을 갖고 아프리카로 들어갔다. 하지만 그곳에서 지내면서 상당 기간 반성의 시간을 갖게 되었다. 그곳에서 이 고독한 노인을 만나게 된 나는 스스로에게 이런 질문을 던졌다. "도대체 어떻게 해서 그는 여기에 와 있는가? 정신이 나간 건가, 그도 아니면 무엇 때문인가? 무엇이 그를 이렇게 하도록 감동시키고 있는가?" 우리가 서로 만난 지 몇 달이 지났을 무렵 나는 그 노인이 성경에 기록된 말씀 그대로 생활하는 것을 보고 깜짝 놀랐다. 그는 '모든 것을 버리고 나를 따르라'는 말씀을 그대로 실천하고 있었다. 타인에 대한 그의 긍휼의 마음이 나에게도 조금씩 전이되었고, 내 안에도 같은 긍휼의 마음이 일었다. 그의 경건한 태도와 온유함, 열정과 성실, 그리고 그가 자기 일을 얼마나 열심히 감당하는지 지켜보던 나는 결국 회심하기에 이르렀다. 그가 의도한 일은 결코 아니었지만 말이다.

나중에 스탠리는 또 이렇게 기록하고 있다. "나를 회심시킨 것은 리빙스턴의 설교가 아닌 그의 삶이었다."

이것이 바로 그리스도의 신임장으로서 하나님을 섬긴다는 의미이다. 우리는 주변의 사람들로 하여금 우리가 그렇게 행동하는 이유에 대해서 호기심이 생기도록 살아야 한다.

존 칼빈은 다음과 같이 쓰고 있다. "그리스도인의 첫 번째 의무는 보이지 않는 하나님나라가 보이도록 하는 것이다." 이런 결과는, 새 언약으로 말미암은 신령한 자원들이 우리의 삶을 통해 흘러나오게 될 때 비로소 가능해진다.

하나님이 묻히신 곳

그런데 불행히도 이스라엘은 자신의 소명을 감당하는 데 그만 실패하고 말았다. 그분의 이름과 성품, 명성, 그리고 권위를 영화롭게 하기는커녕 정반대로 치닫고 말았다. 그래서 하나님은 에스겔 선지자를 통해 이들을 고소하신다. "내 거룩한 이름이 그들로 말미암아 더러워졌나니."(겔 36:20)

'더럽히다' 또는 '모독하다'(profane)로 번역되는 히브리어 단어는 기본적으로 "어떤 특별한 것을 평범하거나 일반적인 것으로 다루다"는 의미를 담고 있다. 이스라엘은 자신들의 삶에서 하나님을 평범한 것으로 만들었으며, 그래서 하나님의 비교할 수 없는 명성을 땅에 떨어뜨려 짓밟고 말았다. 눈에 보이는 이스라엘의 삶을 통해서는 당대의 수많은 평범한 우상들보다 비교할 수 없이 뛰어난 하나님의 이름을 높일 만한 것이라고는 하나도 찾아볼 수 없었다. 물론 이스라엘 사람들은 그분만이 참되고 유일한 하나님이라고 주장했었다. 하지만 그들의 삶에서는 이러한 주장을 심각하게 받아들이도록 자극하는 것은 하나도 없었다.

'모독하다'에 해당되는 히브리 단어는 '상처를 입히다'는 뜻으로도 번역할 수 있다. 엄밀한 의미에서 볼 때 이스라엘은 하나님의 명성에 깊은 상처를 내고 말았으며, 그분의 이름이 열방 가운데에서 왜곡되고 말았다.

이스라엘은 어떻게 이런 우를 범했을까?

다시 한 번 하나님은 에스겔을 통해 그 답을 알려주신다. "그들이 땅 위에 피를 쏟았으며 그 우상들로 말미암아 자신들을 더럽혔으므로 내가 분노를 그들 위에 쏟아."(겔 36:18) 이스라엘은 하나님이 자신들에게 주신 두 가지 위대한 명령, 즉 전심을 다해 하나님을 사랑하고 이웃을 제 몸과 같이 사랑하라는 명령에 치욕스러울 정도로 불순종하고 말았다.

이스라엘은 하나님께 전적인 신뢰와 경배를 드리기보다는 주변 나라의 우상에게로 향했다. 그러고는 주변의 모든 열방 앞에서 다음과 같은 메시지를 분명하게 선포하고 말았다. "하나님은 우리의 삶을 맡기고 의탁할 정도로 그렇게 믿을 만하거나 강력한 존재가 아니다. 그분도 전혀 정신이 없어서 아무 일도 하지 못하는 무능한 존재다."

우상을 숭배한 것 외에도 하나님의 백성 이스라엘은 그분의 공의와 사랑을 반영할 수 있도록 서로 하나가 되지 못하고 오히려 모두가 무제한적인 이기심에 집착했다. 피를 부를 정도로 맹렬한 분노가 서로에 대한 경건한 관심과 애정을 대신해 버렸다.

그래서 이스라엘은 더 이상 하나님을 보여주는 전시장이 되지 못했다. 대신 이들은 어떻게 보면 하나님을 파묻은 매장지가 되고 말았다. 홍해를 가르고 자신들을 구원하신 하나님이 지금도 살아 계시다는 설득력 있는 증거를 이들에게서 전혀 찾아볼 수 없었기 때문이다.

아름다운 벽과 같았던 이스라엘 땅은 그만 추악한 낙서로 얼룩진 난장판이 되고 말았으며 이 벽에서 확인할 수 있는 것이라고는 다음 두 가지 메시지뿐이었다. 첫째, 하나님은 결코 신뢰할 만한 분이 아니며 둘째, 사람은 중요하지 않다.

하나님만으로 충분한가?

오늘날 하나님의 백성들의 삶 속에서도 이와 동일한 메시지가 흘러나오는 것은 아닌가? 지역 교회는 하나님이 세상에 자신을 드러내시는 도구이다. 즉 교회는 복음의 진리에 대한 이야기만 나누는 곳이 아니라 복음의 매력이 가시적으로 드러나는 곳이다. 프란시스 쉐퍼 박사가 말한 것처럼 지역 교회는 "의로워야 하지만, 그와 동시에 아름다워야 한다." 하나님은 그 어떤 방법보다도 오직 성령께서 내주하시는 성도들의 공동체를 통해 이 어두워진 세상 속에 자신의 모습을 드러내기를 원하신다.

그래서 하나님의 백성된 우리는 두 가지 중요한 소명을 품고 있다. 하나는 우리의 삶을 통해 "전적인 신뢰와 무제한적인 경배를 받으시기에 합당한 분은 오직 하나님 한 분밖에 없다"고 당당히 선포할 수 있도록 살아가는 것이다. 성경은 이것을 가리켜 믿음이라고 한다.

두 번째 소명은 불신자들이 놀라워할 정도로 성도들이 서로를 아끼고 돌보는 것이다. 성경은 이를 사랑이라고 한다.

이 두 가지가 결합될 때, 다시 말해 보이지 않는 하나님에 대한 철저한 의존과 다른 사람들(특히 함께하는 성도들)에 대한 비범한 관심과 사랑이 결합될 때, 비로소 하나님의 모습은 세상 앞에 분명히 드러난다. 바울은 이것을 가리켜 '사랑으로써 역사하는 믿음'이라고 말한다.(갈 5:6)

하지만 예전의 이스라엘처럼 우리도 아름다운 땅을 더럽힐 수 있다. 다른 신들(예를 들어 돈과 인기, 성취, 물질적인 소유, 포르노, 또는 그 어떤 것이든)을 동원하여 자신의 필요를 채우려 할 때, 우리는 주위 사람들을 향해 이렇게 소리지르는 셈이다. "하나님만으로는 충분하지 않다!" 그리고 서로에 대해 무관심하거나 서로를 경멸할 때, 함께하는 성도들보다는 율법적인 기준을 더 중시할 때, 교회가 일종의 가족보다는 기업처럼 운영될 때, 우리는 세상을 향해 이렇게 소리지르는 셈이다. "사람은 결코 중요하지 않다!"

쉘던 베너컨(Sheldon Vanauken)은 그러한 역설을 이렇게 묘사한다.

기독교를 위한 최상의 변증 도구가 바로 그리스도인들이다. 그들의 기뻐하는 모습과 확신, 그리고 온전함을 보라. 하지만 기독교를 무너뜨리는 가장 강력한 논증의 도구 역시 그리스도인들이다. 그들이 우울하고 전혀 즐거워하지 않을 때, 또 편협하고 공격적일 때 기독교는 수천 번도 더 죽는다.

우리가 범하는 죄 가운데 가장 비참하고 흉악스러운 것은, 그 죄로 말미암아 우리 삶에 초래되는 파멸이 아니라 그로 말미암아 하나님의 이름에 미치는 해악이다. 성도가 죄를 범할 때마다 — 그것이 율법주의로 가득찬 차가움이든 불경건하고 방탕한 쾌락이든 — 그로 말미암은 가장 나쁜 결과는, 바로 그 순간 하나님의 영광이 가려졌다는 점, 그의 이름이 땅에 떨어져 짓밟혔다는 점이다. 우리의 행실이 하나님의 위대함에 대한 신앙고백을 파기해 버릴 때, 우리의 삶이 현존하는 부활의 능력을 반영하는 데 실패했을 때 결국 모욕을 받는 것은 하나님의 이름이다.

자신의 이름을 구하시려고

자신의 이름을 모독하고 그 땅을 더럽힌 이스라엘을 책망하고 있는 같은 구절에서 하나님은 또 자신의 거룩한 이름을 스스로 "아꼈노라"고 말씀한다.(겔 36:21) 그런데 이 단어의 본래 히브리어 의미는 '긍휼히 여기다' 또는 '불쌍히 여기다'는 뜻이다. 바로의 딸이 갈대 상자에 담겨 강물에 떠내려오는 아기 모세를 발견했을 때 이 아이를 구해 주게 했던 그녀의 동정심을 표현할 때에도 같은 단어가 사용되었다. 하나님은 자신의 거룩한 이름이 이스라엘에 의해 훼손을 당해 땅에 뒹굴고 있는 것을 보시면서, 더 이상 멸시당하지 않도록 자신의 이름을 구해 내야겠다는, 그 이름에 대한 강력한 동정심을 느끼신 것이다.

그러면 하나님은 어떻게 이 일을 행하셨는가? 에스겔서의 같은 장에서 하나님은 새 언약에 대한 약속을 이렇게 쏟아놓고 계신다.

내가 너희를 여러 나라 가운데에서 인도하여 내고 여러 민족 가운데에서 모아 데리고 고국 땅에 들어가서 맑은 물을 너희에게 뿌려서 너희로 정결하게 하되 곧 너희 모든 더러운 것에서와 모든 우상 숭배에서 너희를 정결하게 할 것이며 또 새 영을 너희 속에 두고 새 마음을 너희에게 주되 너희 육신에서 굳은 마음을 제거하고 부드러운 마음을 줄 것이며 또 내 영을 너희 속에 두어 너희로 내 율례를 행하게 하리니 너희가 내 규례를 지켜 행할지라. (겔 36:24-27)

다음 장에서 우리는 이러한 믿기 어려운 약속들에 대해 좀더 자세히 살펴볼 것이다. 하지만 먼저 하나님이 이렇게 하시는 이유를 생각해 보자! 하나님은 에스겔을 통해 이렇게 말씀하신다. "이스라엘 족속아 내가 이렇게 행함은 너희를 위함이 아니요 너희가 들어간 그 여러 나라에서 더럽힌 나의 거룩한 이름을 위함이라." (겔 36:22) 하나님이 이렇게 직접 개입하셔서 새 언약을 제정하시는 이유는, 그의 백성을 구원하기 위함이 아니라 바로 그분 자신의 이름을 구하기 위함인 것이다.

하나님의 불 같은 열정과 최상의 염려, 그리고 결코 빛을 잃지 않는 탁월함이 그분의 이름을 스스로 보존한다. 그래서 잠시라도 비교할 수 없는 그분의 이름이 오만한 자들에 의해 멸시를 당하고, 이를 바르게 대신하지 못하는 자들에 의해 더럽힘을 당하며, 어리석은 자들에 의해 모멸 받게 되지만, 얼마 못 되어 하나님은 스스로 자신의 이름을 구원하신다. 그리고 그 구원은 최종적으로 성공을 거두고 말 것이다.

하나님은 그저 우리가 언젠가 그 이름에 합당한 경배를 돌려드릴 날을 기다리고만 계시지 않는다. 하나님은 적극적인 역사하심을 통해 이를 추구하시며, "모든 무릎을 예수의 이름에 꿇게 하시고 모든 입으로 예수 그리스도를 주라 시인하여 하나님 아버지께 영광을 돌(릴)"(빌 2:10-11) 날을 향해 모든 역사를 이끌어가신다. 그리고 오직 그분만 아는 때에 오직 그분만이 가능한 수단을 동원하여 오직 그분의 이름에 속한 무한한 영광을 영원토록 그분에게 돌리도록 하실 것이다. 그리고 지금 바로 이 순간에도 복음은 전파되며, 자기 백성들의 예배와 증언을 통해 하나님은 열방 가운데 영광을 거두고 계신다.

그런데 그리스도께서 자신의 나라를 완성하기 위해 이 땅에 재림하시기 전까지는, 하나님의 총체적인 승리는 완전히 이뤄지지 않을 것이다. 그동안 당신과 나는, 그분의 거룩한 이름이 높이 찬양받을 날을 바라보면서 하나님과 함께 쉼 없는 행진을 계속하는 것을 중심 목표로 삼는 공동체의 한 일원으로 살아가는 것이다.

놀라운가? 아니면 불쾌한가?

그렇다고 해서 이상의 모든 내용들은 하나님이 사람을 전혀 중요하게 여기지 않으신다는 뜻이 결코 아니다. 그분은 우리를 창조하셨으며, 우리를 찾으시며, 우리에게 필요한 것을 제공하시고, 심지어는 우리를 위해 죽으셨다. 성경은 처음부터 끝까지 우리를 향한 하나님의 헤아릴 수 없는 사랑이라는 놀라운 진리에 대해 증언하고 있다. 우리는 하나님께 아주 중요하다. 다만 명심할 점은 우리가 하나님께 가장 중요하지는 않다는 점이다. 우리는 그럴 수도 없고 또 그래서도 안 된다.

당신도 알다시피 무한히 완벽하신 하나님은 가장 가치 있는 것을 가장 존중하셔야 한다. 그렇게 하지 않으신다면, 그 하나님은 더 이상 완벽한 분이 아니다. 하나님이 자신의 거룩한 이름보다 사람을 더 귀히 여긴다면, 그 역전으로 말미암아 하나님의 자격은 박탈되고 말 것이다.

그런데도 상당수의 그리스도인들은 하나님에게 있어서 가장 귀한 것이 우리가 아닌 그분의 영광이라는 사실에 당황하거나 심지어는 불쾌해한다. 우리 중 대다수는 하나님이 우리를 사랑하시기 때문에 우리도 하나님을 최우선으로 여겨야 한다는 말을 들으면서 자라왔다. 하지만 엄밀히 말해, 이 말은 결코 진리가 될 수 없다. 그리고 이것이 진리가 아니기에 우리의 가장 고귀한 복락 또한 보장받는 것이다.

그래서 C. S. 루이스의 말은 너무나도 옳다. "가장 소중한 것을 먼저 붙잡고 두 번째 것은 그 다음으로 밀쳐놓아야 한다. 만일 두 번째 것을 먼저 붙잡으면 첫째와 둘째 모두를 잃고 만다." 하나님을 우리 인생의 위대한 해결사로 간주할 때 또는 우리의 필요를 위해 그분의 능력을 동원하려고만 할 때, 우리의 삶은 그분의 영광을 반영하는 데 실패할 뿐만 아니라 그분의 능력으로 말미암은 변화와 성취를 가장 깊고도 풍부한 의미에서 체험하는 데에도 실패하고 말 것이다. 하지만 우리가 무엇보다도 하나님의 장엄하심을 가장 기뻐하고 그분의 영광이 우리에게 가장 시급한 관심사가 될 때, 우리 영혼을 감동시키는 깊은 맛을 느낄 수 있을 뿐만 아니라, 우리 삶 속에서 끊임없는 변화를 체험하게 될 것이다.

이 장에서 언급한 이상의 내용들을 고려할 때, 당신은 그동안 어떤 식으로 하나님을 부당하게 이해해 왔었는가? 이 질문을 염두에 두면서 에베소서 1장과 골로새서 1장, 베드로전서 2장을 더 묵상해 보라.

03
영적으로 도발하는 존재

> 항상 복음을 전하라.
> 필요하다면 말을 사용하라.
> _아시시의 프란시스

나에게는 특별히 아끼는 선글라스가 하나 있다. 이 선글라스 렌즈는 정확히 어떤 종류의 염색으로 가공되었는지는 잘 모르지만, 이걸 써 보면 모든 것이 달리 보인다. 초록빛은 더 강렬한 초록빛으로, 노란색은 더 진한 노란색으로 보인다. 모든 색깔이 좀 더 생생하게 보이는 것 같다. 그래서 이것을 벗기가 싫을 정도다.

우리가 하나님의 영광에 사로잡힐 때 그것은 마치 이런 선글라스를 낀 것과 흡사하다. 모든 것이 달리 보이는 것이다! 인생의 목표는 더욱 선명해지고 그 초점 역시 명확하게 눈에 잡히며, 삶은 새로운 활력으로 가득 차고 그분의 영광에 사로잡힌 자들에게서만 맛볼 수 있는 심령의 전율을 느낄 수 있다. 게다가 우리를 영적으로 온전할 뿐만 아니라 영적으로 도발적이게 만드는 하나님의 목표를 우리의 새로운 인생을 위하여 기쁜 마음으로 받아들일 수 있다.

우리 인생을 위한 하나님의 가장 시급한 관심사는 우리가 그저 선하고 도덕적이며 책임 있는 존재가 되는 것이 아니다. 오히려 다른 사람에게 하나님에 대한 호기심을 자극할 수 있는, 심지어는 영적으로 신비로운 존재가 되는 것이다. 사도 바울이 말한 바와 같이 하나님은 우리가 "그의 아들의 형상을 본받"기를 원하시는데(롬 8:29), 그리스도를 닮은 인생이란, 사람들의 마음을 끌다가도 당혹스럽게 하며, 매혹시키면서도 논란을 일으키고, 심사를 불편하게 만들다가도 위로를 베풀지만, 무엇보다도 주위 사람들을 철저히 사랑한다. 그래서 그리스도에게 붙들린 인생은 다른 사람들에게 하나님에 대한 새로운 생각을 자극한다.

그래서 중요한 관심사는 우리가 어떻게 순종해야 하나님이 우리의 삶을 좀더 편하고 성공적인 인생으로 바꾸어 주실까 하는 것이 아니다. 정말로 성도가 고민해야 할 문제는 우리가 어떻게 순종해야 하나님의 탁월하심이 우리 삶의 현장에서 좀더 분명하게 나타날 수 있을까 하는 것이다. 그러한 순종은 당신이나 나에게서는 구체적으로 어떤 모습으로 나타나야 할까?

구체적인 적용

세례 요한이 광야에서 많은 군중들에게 회개에 대해 설교하자,

이들은 '그러면 우리가 무엇을 하리이까?' 하고 물었다.

이때 세례 요한은 '하나님을 사랑하고 옳은 것을 행하라' 는 식의 막연한 대답을 줄 수도 있었다. 하지만 그는 좀더 구체적인 답변을 내놓았다. " 옷 두 벌 있는 자는 옷 없는 자에게 나눠 줄 것이요 먹을 것이 있는 자도 그렇게 할 것이니라."(눅 3:11)

세례 요한의 이러한 도발적인 답변은 보이지 않는 하나님에 대한 철저한 신뢰와 타인의 필요에 대한 순수한 관심을 이끌어내려는 것이었다. 자신에게 남는 것을 부족한 사람들에게 거저 줌으로써 이들은 자신의 신앙이 결코 겉치레가 아닌 살아 계신 하나님을 향한 참된 신앙임을 증명할 수 있었다. 필요한 사람들에게 베풂으로써 이들은 타인에 대한 하나님과 같은 경건한 염려의 마음을 그대로 보여줄 수 있었던 것이다.

다시 일단의 세리들과 한 무리의 군인들이 세례 요한을 찾아왔는데, 이들은 서로 성격이 달랐을 뿐만 아니라, 이전의 군중들과도 상당히 다른 무리였다. 하지만 이전의 군중들처럼 세리들과 군인들도 세례 요한에게 동일한 질문을 던졌다. "우리는 무엇을 하리이까?"

이때도 세례 요한은 일반적인 답변을 던지거나 아니면 최소한 이전과 동일하게 대답할 수도 있었다. 하지만 그는 각각의 무리에게 적용되는 특별한 메시지를 주의 깊게 생각해 냈다. 왜 이렇게 했을까? 그 이유는 각 집단이 서로 뚜렷이 구분되는 세력권에 속해 있었으며, 그래서 하나님의 영광을 드러냄에 있어서도 각자 구별

되는 영역 속에서 독특한 기회를 갖고 있었기 때문이다.

그래서 세례 요한은 세리들에게는 "부과된 것 외에는 거두지 말라"고 말해 주었고, 군인들에게는 "사람에게서 강탈하지 말며 거짓으로 고발하지 말고 받는 급료를 족한 줄로 알라"고 대답했다.(눅 3:13-14) 사실 세례 요한은 두 무리에게 당시로서는 거의 들어보지 못한 사항들을 요구했다. (그래서 공정하게 세금을 거두는 세리나, 약자를 괴롭히지 않고 뇌물을 받지 않는 군인은 주위 모든 사람들의 관심을 끌 수밖에 없었다.)

세 무리에게 각기 다른 권면이 주어졌다. 그래서 각각의 질문자들은 이제 자신들의 삶을 예전에 평범했던 방식과 전혀 다른 급진적인 방식으로 살아야만 했으며, 그래서 하나님의 사람들에 대한 기존의 생각에 동요를 일으킬 수 있게끔 했다.

결국 세례 요한이 의도했던 핵심은 다른 사람들에게 하나님에 대한 좀더 분명한 시야를 가져다주려는 것이었다.

우리는 어떻게 해야 할까?

이것은 바로 우리 인생의 핵심이자 궁극적 목적이기도 하다. 우리 각자는 직업의 목적을 무엇이라고 여기는가? 돈을 벌거나 출세하기 위한 수단으로 생각하고 있지는 않은가? 사도 바울은 당시 종이나 일꾼들에 대해 다음과 같이 교훈했다, "모든 참된 신실성을 나타내게 하라 이는 범사에 우리 구주 하나님의 교훈을 빛나게 하려 함이라."(딛 2:10) 그런 점에서 하나님의 영광을 드높이려는 마음이 있다면 시장터는 무엇보다도 복음의 빛을 드러내기에 알맞은 무대가 될 수 있다.

우리는 권력자에게 어떻게 반응하는가? 우리가 권력자들에게 복종하고 예우를 갖추는 것은, 그렇게 함으로써 삶의 문제를 모면해 보기 위함인가? 우리의 목적이 하나님을 영화롭게 하려는 것이라면 권력자에 대한 올바른 존경과 복종이 자연스럽게 우러나올 것이고, 이를 통해 세상은 인간의 그 어떤 권위보다 무한히 위대하신 한 분 하나님을 향한 우리의 확신에 주목할 것이다. 이것이 바로 불신자들이 성도들로부터 영향을 받아 하나님의 권고하시는 날, 다시 말해 하나님이 이들을 가까이 부르시는 날에 주께 영광을 돌릴 것이라고 베드로가 말하는 바로 그러한 삶의 방식이다.(벧전 2:12)

결혼 생활도 마찬가지다. 남편과 아내가 하나님을 영화롭게 하려는 목적을 갖고서 성령께 결혼 생활의 주도권을 내맡긴다면, 그들은 혼인 관계를 자신들의 필요를 충족시키는 일종의 주유소가 아니라 부활의 능력을 세상에 드러낼 수 있는 한 가지 방편으로 이해할 것이다. 또 상대방이 자신의 필요를 채워주지 않을 때에라도 이것을 행복을 가로막는 장애물이 아니라 하나님의 소명에 초자연적으로 반응할 좋은 기회로 받아들이면서 하나님의 영광을 더욱 드높여갈 것이다.

우리의 기도 생활은 어떠한가? 기도에서 가장 중요한 사안이 하나님의 이름과 관심사일 때, 우리의 기도는 더 이상 "하늘에 계신 우리 아버지여! 제가 말씀드리는 필요들을 공급해 주옵소서"가 아니라 다음과 같은 내용을 더 간구할 것이다. "이름이 거룩히 여김을 받으시오며 나라가 임하시오며 뜻이 하늘에서 이루어진 것 같이 땅에서도 이루어지이다." 우리는 기도할 때 개인적인 필요들을 말씀드리기 전에 먼저 그분의 이름과 그분의 나라를 최우선으로 구해야 한다.

자녀들을 위해

독자들 가운데에는 자녀를 둔 부모도 있을 것이다. 자녀를 양육하는 문제에서 하나님의 영광에 최우선을 둔다는 것은 구체적으로 무슨 뜻일까?

말라기 선지자에 의하면, 하나님은 우리의 결혼 생활로부터 경건한 자손을 얻고자 하신다고 한다.(말 2:15) 우리뿐만 아니라 우리 자녀들을 향한 하나님의 계획은, 그들이 교육을 잘 받아 이 사회에 무언가 기여할 수 있는 구성원이 되는 것이 아니라, 그분께서 이들을 이 땅 어디에 보내시든 하나님이 영광과 능력을 생생하게 증거하는 자가 되는 것이다.

나의 세 아들들을 생각해 보면 이러한 관점은 엄청난 의미를 갖는다. 아버지로서 이들의 장래에 대해 고민하고 또 위하여 기도할 때, 나 역시 앞에서 말한 대로 세속적인 출세에 대해 초연해야 한다. 나 역시 이들의 삶에서 안락이나 복지보다 훨씬 더 중요한 무언가가 있다는 사실, 세상으로부터 얻는 모든 즐거움과 고통을 능가하는 무언가가 있다는 사실을 분명히 인식해야 한다.

나는 이들에 대해 무엇을 바라는가? 좋은 성적을 거두고, 좋은 대학에 들어가, 안정적인 직장을 얻고, 행복한 결혼 생활과 가정을 꾸리고, 즐거운 교회 생활에 참여하다가, 마지막으로 편안히 은퇴해 노후를 보장받고 사는 것? 내 아들들 모두가 이렇게 살아가는 것을 지켜보는 것은 분명 즐거운 일일 것이다. 하지만 이들의 인생을 하나님의 영광이라는 렌즈로 바라보려면 이런 것들보다 더 위대한 어떤 것을 염두에 두어야만 한다.

이 가운데 내가 가장 기대하는 것은 바로 하나님의 명성과 영광을 드높이기 위해 그들 각자가 갖고 있는 모든 독특한 잠재력을 최대한 발휘하는 것이다. 이 세 아이들은 하나님이 만드신 작품들이며, 그리스도 예수 안에서 선한 일을 위해 지으심을 받은 자들로 하나님이 전부터 예비한 아이들이다.(엡 2:10, 참조) 세 아이들 각자에 대한 하나님의 독특한 계획이 무엇이든, 또 이들 각자가 받은 운명적인 역할이 무엇이든, 이 모든 것은 하나님의 위대하심을 세상에 알리는 것에 집중되어 있다. 그래서 이들에게 가장 중요한 문제는, 이 어두운 세상에 하나님의 영광을 찬란히 비추기 위해 하나님이 미리 준비해 놓으신 각자의 영역을 발견하고 그 일에 동참하는 것이다. 오직 이것만이 그들 인생의 성공 여부를 올바로 결정할 것이다.

이러한 관점은 아빠로서 이들 각자의 약점을 올바로 다룰 수 있도록 하는 데도 아주 중요하다. 내 두 아들은 심각한 학습 장애가 있는데, 그 중 한 아이는 경증 뇌성마비를 앓고 있다. 아버지로서 이들을 키워오면서 나는 전에 C. S. 루이스가 말했던 내용을 계속해서 상기했다. "모든 장애 속에는 하나님의 소명이 들어 있다." 이 말은 아이들의 장애 배후에는 하나님이 원하시는 영원히 중요한 목적, 즉 그분을 영화롭게 하라는 분명한 소명, 이 세상의 그 어떤 성공을 초월하는 소명이 자리하고 있음을 나 자신에게 계속 상기시켜 준다.

이 소명이라는 것이 대학에 들어가는 것일 수도 있지만 … 그렇지 않을 수도 있다. 때로는 편안하고 안정적인 직장을 의미할 수도 있지만, 반대로 해고당하는 것을 의미할 수도 있다. 그리고 행복하고 성공적인 결혼을 의미할 수도 있지만, 꼭 그러리라는 보장은 없다. 또 하나님을 사랑하고 섬기는 바람직한 자녀들을 잘 양육하는 것일 수도 있지만, 반대로 탕자에 대한 아픔을 안고서 살아가는 것일 수도 있다. 결국 하나님이 이들을 데려다 놓으신 장소가 어느 곳이든, 가장 중요한 사안은 각자의 독특한 삶을 통해 하나님의 위대하심을 보여주는 것이다.

부모로서 나는 세 아들이 그저 내가 원하는 기준에 부응하도록 하는 것보다는 하나님의 소명을 듣고 그에 응답할 수 있도록 돕는 데 더 많은 관심을 쏟아야 한다. 즉 단순히 행복하고 성공적이며 존경 받는 삶을 초월하여 하나님의 영광을 향한 꿈과 열망을 품어야 하는 것이다. 세 아이들 각자가 하나님이 준비하신 자리로 나아가며 점차로 하나님의 영광에 붙들리도록 하는 데 아빠로서 내가 이들에게 도움이 된다면, 나는 결국 이들에게 아빠로서 줄 수 있는 최고의 선물을 선사한 셈이다.

두 편의 기차

그래서 우리는 영적인 삶에 대한 두 가지 상반된 입장이 있음을 알 수 있다. 하나는 하나님을 위해 산다고 하지만 그분의 축복을 최대한 이용하면서 사는 삶과, 다른 하나는 하나님을 위해 살되 그분의 이름이 온전히 드러나도록 하는 삶이다.

몇 해 전 나와 아내는 뉴욕을 출발하여 코네티컷의 뉴 헤이븐으로 가는 기차를 탄 적이 있었다. 중앙역에 대기 중인 기차에 오르고 보니 바로 옆에는 뉴 헤이븐에서 수백 마일 떨어진 한 도시로 향하는 또 다른 기차가 대기 중임을 알게 되었다. 출발지에서 두 기차는 같은 방향을 향해 서 있었다. 하지만 기차가 출발하고 우리도 앞으로 나아가면서, 같은 시각에 출발한 두 기차간의 거리는 빠른 속도로 벌어졌다. 처음에는 동일한 방향으로 출발했지만 두 기차의 종착지는 수백 마일 떨어져 버린 것이다.

이와 동일한 현상이 오늘날의 교회 안에서도 일어나고 있다. 교회는 각기 독특한 영적인 목적지로 가는 두 기차 가운데 하나에 올라타라고 사람들을 부르고 있다.

첫 번째 기차는 오늘날 가장 인기를 끌고 있다. 이 기차는, 기독교란 근본적으로 그 백성들에게 유익을 가져다주시는 하나님이 대한 것이라고 선전하며, 하나님께 가장 중요한 것은 바로 사람들이라고 가르친다. 그것이 영적이든 육체적이든, 아니면 심리적이든 사람들의 복리가 바로 하나님의 행동을 주도하며 하나님의 우선순위를 결정한다는 것이다. 그래서 이 기차에 오른 승객들은 '하나님의 축복을 얻어내기 위해서는 내가 무엇을 해야 하나요?' 라는 질문을 계속 던진다.

유진 나이다(Eugene Nida)는 이렇게 말했다. "오늘날 북미권의 교회들이 성공지상주의에 너무나 깊게 물든 탓에 하나님을 이용하는 방법에 대한 세미나에는 사람들이 몰리지만, '하나님은 어떻게 나를 사용하시는가?' 라는 거룩한 질문을 다루는 세미나에는 거의 참석하려 들지 않는다."

두 번째 기차는 이보다 덜 인기가 있지만 분명히 더 성경적이다. 이 입장은, 기독교란 근본적으로 자신의 이름을 영화롭게 하시려는 하나님에 대한 것이라고 가르친다. 이것이 바로 그분이 하시는 모든 일들의 핵심적인 동기라는 것이다. 이 기차에 오른 승객들은 계속해서 '하나님의 영광을 더 잘 드러내기 위해서는 내가 무엇을 할 수 있을까?' 하고 묻는다.

처음에 이 두 가지 입장은 상당히 비슷해 보인다. 하지만 여행이 계속될수록 그 차이점은 더욱 뚜렷해지며, 특히 고난과 희생, 복종, 기도, 그리고 사역과 같은 주제에서 그 강조점은 너무나도 다르다.

파급 효과에 주목하라

우리가 삶 속에서 먼저 하나님의 영광을 최우선의 목표로 삼으면 어떤 실제적인 변화가 나타날까? 그 파급 효과는 먼저 겸손과 상한 마음으로 나타난다.

이사야서 앞부분에서 선지자는 당시 이스라엘 사람들에 대한 통곡을 쏟아놓는다. "거짓으로 끈을 삼아 … 죄악을 끄는 자는 화 있을진저 … 악을 선하다 하며 선을 악하다 하는 자들은 화 있을진저."(사 5:18, 20) 그런데 바로 그 다음 장에서 이사야는 "높이 들린 보좌에 앉으신" 주님을 보게 된다.(사 6:1) 하나님의 불꽃 같은 거룩함을 뿜어내는 강렬한 빛 앞에서 이사야의 통곡은 이제 자기에게로 향한다. "화로다, 나여 망하게 되었도다."(사 6:5) 이사야는 전에 자기가 저주했던 사람들과 자기 자신이 결코 다르지 않다는 사실을 깨달았다.

밝은 햇빛이 창문을 통해서 비춰기 전까지는 방 안의 공기는 깨끗해 보인다. 햇살이 방 안으로 쏟아지면 어둠 속에 감추어져 있던 수많은 먼지 입자들이 제 모습을 드러낸다. 이와 마찬가지로 하나님의 거룩한 빛이 비춰기 전까지는 우리 안의 은밀한 죄는 그대로 감추어진 채 남아 있다.

하나님의 영광에 직면하게 될 때 비로소 우리 마음은 자기 이름을 드높이려는 그분의 거룩한 열망에 사로잡히게 된다. 어린 다윗이 골리앗과 대결하여 외칠 때에도 마찬가지였다. "나는 만군의 여호와의 이름 곧 네가 모욕하는 이스라엘 군대의 하나님의 이름으

로 네게 나아가노라."(삼상 17:45)

그로부터 오랜 세월이 흘러 다윗의 자손 예수께서는, 성전에서 노끈으로 채찍을 만들어 양과 소를 내어쫓으며 돈 바꾸는 사람들의 돈을 쏟고 그들의 상을 엎으시면서 당시 종교 지도자들과 대결하셨다. 당시 예수님은 무엇 때문에 그렇게 분노하셨을까? 예수님의 이런 행동 때문에 나중에 제자들은 성경에 기록된 "주의 전을 사모하는 열심히 나를 삼키리라."(요 2:17)고 한 말씀을 기억했다. 예수님으로 하여금 이렇게 극심한 분노를 표출하게 한 것은, 바로 성부 하나님의 이름과 영광에 대한 그분의 불 같은 열심 때문이었다.

하나님의 영광에 사로잡히면 우리의 삶을 정결케 하는 결과로 나타나며, 그래서 사도 바울이 말한 바와 같이 "영광에서 영광에" 이르도록 변화하게 된다.(고후 3:18) 우리는 우리 스스로를 변화시킬 수 없다. 사도 바울이 설명하는 것처럼 다만 우리가 거울을 보듯 주의 영광을 바라볼 때 비로소 하나님의 성령께서 직접 우리를 변화시켜 주신다. 변화되기 위해 우리가 할 일은, 기독교적인 의무나 우리의 능력이 아닌 하나님의 위대하심에 우리의 영적인 초점을 집중시키면서 하나님의 영광을 바라보는 것, 즉 계속 이것을 묵상하는 것이다.

그리스도를 닮은 사람들

하나님의 위대하심과 임재하심으로 압도되는 것보다 더 우리의 영혼에 활력을 주고 우리의 심령에 만족이 되며 모든 염려를 불식시키고 우리의 존재를 고상하게 만드는 것은 아무것도 없다. 당신과 내가 지음 받은 목적도 바로 이것이다.

바로 이런 이유 때문에 하나님을 영화롭게 하고 우리도 함께 만족을 얻는 윈윈(win-win)이 가능한 것이다. 사실 존 파이퍼가 설명한 바와 같이, 우리가 하나님을 영화롭게 할 때, 자신의 영광을 향한 하나님의 간절한 열망과 우리의 간절한 열망은 서로 상충되지 않고 오히려 동시에 성취될 수 있다. 이것이 바로 파이퍼가 '복음의 불가사의'라고 부르는 것으로서 그가 발견한 것 가운데 가장 자유케 하는 복음이었다.

하지만 이러한 초자연적인 결과를 위해서는 먼저 초자연적인 자양분이 밖으로 흘러나와야 한다. 즉 불신자들로 하여금 이 땅에 임재하신 하나님을 바라볼 수 있도록 하려면 먼저 하나님의 백성들 속에 말 그대로 하나님에 대한 어떤 것이 자리하고 있어야 한다. 이것이 바로 하나님이 새 언약을 통해 우리와 약속을 맺으시고 우리 안에 거하시면서 그리스도를 닮은 남자들과 여자들이 모인 전혀 새로운 공동체를 세우시는 진짜 이유이다.

이것이 그럴 수밖에 없는 이유는, 우리 육체만의 힘으로는 하나님이 우리에게 기대하시는 거룩한 업적을 전혀 이룰 수 없기 때문이다. 오직 우리 안에 내주하시는 하나님만이 죄의 권세를 이기고 하나님의 이름에 합당한 권세를 보여주실 수 있다. 오직 하나님이 우리에게 공급하신 것만으로 가능할 뿐이다.

이제 잠시 책을 덮고서 당신의 삶에서 하나님의 영광을 최우선으로 정하는 것이 구체적으로 무슨 의미인지, 또 이런 원칙을 당신이 관계하는 권력자들에게는 어떻게 적용시킬 수 있는지, 결혼과 가정생활에, 그리고 기도생활에는 어떻게 적용시킬 수 있는지 스스로에게 질문해 보길 바란다. 그리고 가능하다면 에스겔서 36장에서 하나님이 자기 백성을 다루시는 모습에 대해서도 묵상해 보라!

04
철저한 의존으로의 여행

우리를 두렵게 하는 것은 원자폭탄의 파괴력이 아니라
인간의 마음속에 깃든 사악한 힘이다.
_알버트 아인슈타인

몇 년 전 텍사스의 걸프 코스트(Gulf Coast)로 휴가를 떠난 어떤 가족의 아이들이 물에 흠뻑 젖어 털이 삐죽삐죽한 조그마한 개를 우연히 발견했다. 개 주인을 찾을 수 없었던 아이들은 부모에게 졸라 개를 집으로 데려왔다.

집으로 돌아오자마자 아이들은 새로 얻은 애완동물을 깨끗이 씻기고 예쁘게 단장을 했다. 다음 날 아침에 가족들은 이 애완견을 위해 사료와 물을 준비해 놓고는 전부터 기르던 고양이들과 함께 집에 두고 모두 외출했다. 저녁에 집에 돌아왔을 때, 가족들은 기르던 고양이들이 모두 죽어 있는 것을 발견했다. 그것도 아주 끔찍하게. 이 모든 비극을 일으킨 범인은 새로 들어온 애완견이었다.

다음날 부모는 이 개를 조사해 보는 것이 좋겠다는 판단에 즉시 수의사에게로 데리고 갔다. 그런데 수의사가 이들에게 알려준 소식은 참으로 충격적이었다. 이들이 데리고 온 동물은 사실 개가 아니라 아프리카 쥐였다! 걸프 코스트에 정박해 있던 화물선에서 도망쳐 나온 게 분명했다.

쥐는 뭐래도 쥐다. 깨끗이 씻기고 단정하게 하든 더럽고 털이 삐죽삐죽하든 상관없다. 또 하수구에서 살든 궁전에서 살든, 사람들이 돌봐주든 버림을 받은 쥐든, 쥐는 어떻게 해도 쥐다. 어디에 살든, 생김새가 어떻든 상관없이 쥐는 쥐일 뿐이다.

같은 진리가 성경이 소위 우리 인간의 육체라고 언급하는 것에도 그대로 적용된다. 이것은 우리 안에서 하나님에 대하여 적대적이며 이기적인 부분으로서, '타락한 본성'이나 '악한 본성' 또는 '육적인 본성'으로 불리기도 한다. 교회를 들락거리든 아니면 술집을 들락거리든, 신앙 훈련을 잘 받았든 아니면 방종을 일삼든, 종교적 성취에 집착하든 아니면 술을 탐닉하든 관계없이 그 안에 있는 것은 여전히 육체일 뿐이다. 겉으로 보기에 얼마나 존경스럽고 품행이 얼마나 단정하든, 그 행동거지가 얼마나 종교적이든, 그 밑바닥의 근본적인 성향은 여전히 바뀌지 않은 채 남아 있다. 육체는 철저하게 죄로 얼룩져 있으며 얼마나 개선됐든 그 자체로는 결코 희망을 찾아볼 수 없다.

이것이 바로 예수님께서 제자들에게 "육은 무익하니라."(요 6:63)고 말씀하신 이유이다. 그분이 '거의 유익하지 않다'고 말씀하지 않으셨다는 점에 주목하라. 유익한 것은 아무것도 없다고 하셨다. 정신교육이나 상담, 치료요법, 명상, 또는 그밖의 어떤 훈련으로도 육체의 본성을 근본적으로 개선할 수는 없다. 육은 항상 육일 뿐이고 우리의 영성에 공헌할 만한 것이라고는 하나도 없다. 그런데도 우리는 이러한 사실을 전혀 인정하려 들지 않으며, 그것이 바로 그리스도인으로서 우리가 안고 있는 심각한 문제이다.

하나님의 출발점

당신이 지금 나와 함께 어느 방에 있고 내가 당신에게 구명조끼를 건네준다면 당신은 아마도 이 조끼를 불필요한 것쯤으로 생각할 것이다. 기껏해야 잠깐 공손하게 들고 있다가 내가 방을 떠나자마자 옆으로 치워 놓을 것이다. 하지만 우리가 대양 한 가운데에서 가라앉는 배를 함께 타고 있다면 당신은 그 구명조끼를 아주 다급하게 받아들일 것이다.

그런데 사실 우리 모두는 가라앉는 배와 같은 세상에 태어나 죄의 노예로 붙들려 살고 있다. 이런 상황에서 하나님은 우리에게 구명조끼, 즉 새 언약의 은혜를 베풀어주셨다. 하지만 우리 앞에 놓인 운명이 참으로 절망적이라는 사실을 깨닫기 전까지는 하나님이 베푸시는 것을 결코 받으려고 하지 않는다.

물론 처음에는 다급한 마음에서 구원을 얻기 위해 그리스도께 나아가는 것이 사실이다. 하지만 구원을 얻은 다음 그리스도인으로 살아갈 때에는 우리 가운데 얼마나 많은 사람들이 구명조끼를 내던지고 다시 자기 혼자 수영해서 살아남으려고 애쓰고 있는가?

그리스도인인 우리조차 하나님이 베푸시는 초자연적인 자양분은 전혀 거들떠보지 않다가, 급기야 자신의 육적인 자원에 대한 모든 희망과 확신이 산산이 부서지는 것을 보게 된다. 누군가가 말했듯이 "우리 자신이 끝나는 지점이 바로 하나님의 출발점이다."

우리 내면의 어두움을 탐구하는 이번 장의 여정은 그리 유쾌하지는 않지만 절대적으로 중요하다. 우리 내면의 파멸에 대해 더 잘 이해할 때 비로소 우리는 더욱 신속히 그리고 철저하게 하나님과 그분 안에서의 초자연적인 가능성만을 의지할 수 있다.

주께서 찾으시는 마음

수십 년 전 〈런던 타임즈〉의 한 기고가는 자신의 기사를 다음과 같은 말로 끝맺곤 했다. "세상은 무엇이 잘못되었는가?" 들리는 이야기에 따르면, 영국의 작가 G. K. 체스터튼이 신문사에 다음과 같은 답장을 보냈다고 한다.

편집장님께
세상은 무엇이 잘못되었냐고요? 잘못된 건 접니다.
_G. K. 체스터튼으로부터

체스터튼은 인간의 결정적인 문제에 대한 성경의 가르침을 잘 이해하고 있었다. 문제는 우리다. 좀더 구체적으로 말하자면 우리 안에 있는 것이 문제이다.

모세가 시내산에 강림하신 하나님으로부터 율법을 받을 때 이스라엘 사람들은 모세에게 이렇게 부탁했다. "우리 하나님 여호와께서 당신에게 이르시는 것을 다 우리에게 전하소서 우리가 듣고 행하겠나이다."(신 5:27) 이들의 다짐에 어떤 위선이 들어 있지는 않다. 당시 이들은 하나님의 뜻을 모두 준행하기로 굳게 결심했다. (당신과 나 역시 얼마나 자주 이와 똑같이 결심하는가? 교회에 있을 때나 말씀을 묵상할 때나 또는 기도할 때 우리는 분명히 우리에게 명하시는 하나님의 말씀을 듣는다. 그리고 강렬한 소망과 최선의 의지를 갖고 이제부터 우리의 삶을 바꿔보겠다고 다짐한다.)

이스라엘 백성들의 다짐을 들은 하나님은 이렇게 응답하셨다. "그들이 항상 '이 같은 마음'을 품어 나를 경외하며 내 모든 명령을 지켜서 그들과 그 자손이 영원히 복 받기를 원하노라."(신 5:29) 사실 주께서는 자신의 계명에 순종하는 데 필요한 그 같은 마음을 그들 모두에게서는 찾아볼 수 없음을 잘 알고 계셨으며 이런 사실은 이후의 여정에서 즉시, 그리고 비극적으로 증명되었다.

그래서 40년이 지나고 이스라엘 백성들이 약속의 땅으로 들어가기 직전에 하나님은 이들에게 다음과 같이 새 언약에 대한 처음 약속을 허락하신다. "네 하나님 여호와께서 네 마음과 네 자손의 '마음에 할례를 베푸사' 너로 마음을 다하며 뜻을 다하여 네 하나님

여호와를 사랑하게 하사 너로 생명을 얻게 하실 것이며." (신 30:6)

골목길의 진흙탕

마음(heart)은 성경에서 우리 내면의 총체적인 삶을 묘사할 때 자주 사용되는 단어이다. 마음은 우리의 통제실(control center)과 다름없으며, 성경에서는 우리의 지성과 감정, 의지, 그리고 양심을 가리킨다.

마음은 또 우리의 영적인 열망을 가리키기도 한다. 하나님은 우리를 마음 깊은 곳에 관계를 맺고 영향력을 끼치는 데 대한 강한 열망을 지닌 존재로 지으셨다. 우리는 인정받기 위해 무언가 수행하지 않아도 될 만큼 한결같고 무조건적인 사랑을 받고 싶어한다. 또한 이 세상에 중요한 영향을 미치고 강한 인상을 남겨 오랜 시간이 지나도 절대 지워지지 않을 영향력 있는 삶을 살고 싶어한다.

우리의 마음속에 들어 있는 이상의 다섯 가지 요소들, 즉 지성과 감성, 의지, 양심, 그리고 영적인 갈망은 하나님이 우리 내면에 주신 것으로 그 자체로는 선한 것들이다. 이 모두는 하나님을 영화롭게 하려는 의도로 우리에게 주어졌지만 타락 때문에 다섯 가지 모두 그만 죄로 얼룩지고 말았다.

먼저 우리의 마음은 하나님의 성품과 진리를 발견하고 이를 간직하기 위해 주어졌다. 하지만 우리는 거꾸로 해로운 철학과 자기중심적인 합리적 변명을 만들어내고 이를 신봉하는 데 마음을 사용해 버렸다. 우리의 지성 역시 신약에서 사용하는 표현을 빌리자면 '어두워지고' 말았다.(롬 1:21) 그 결과 우리는 하나님이 사고하시는 대로 사고하지 않는다. 우리의 생각이 원죄로 물들어버려서 하나님을 영화롭게 하는 데 우리의 지성을 사용할 수 없게 된 것이다.

우리의 감정은 하나님을 사랑하고 이웃을 사랑하라고 주어졌지만, 사도 바울이 말한 것처럼 '여러 가지 정욕과 행락에 종 노릇' 할 (딛 3:3) 정도로 변질되고 말았다. 그 결과 마땅히 미워해야 할 것을 사랑하고 반대로 사랑해야 할 것을 미워하게 되었다.

우리의 의지는 하나님이 원하시는 길을 택하고 따라가기 위한 그분의 놀라운 은사이지만, 오히려 이에 대하여 반항적인 상태가 되고 말았다. 그래서 이사야는 다음과 같이 탄식했다. "우리는 다 양 같아서 그릇 행하여 각기 제 길로 갔거늘."(사 53:6)

양심은 우리가 도덕적인 위험에 직면했을 때 경고하기 위해, 그리고 우리가 옳을 것을 행할 때 더 큰 확신을 심어주기 위해 하나님이 주신 내면의 경보장치이다. 하지만 우리의 양심 역시 부패해 버렸으며 그 결과 도덕에 대한 나침반 역할이 되어주지 못한다.

마지막으로 우리의 영적인 열망도 사도 바울이 "하나님을 찾는 자도 없고"(롬 3:11)라고 말할 정도로 변질되어버렸다. 사실 이러한 열망은 완전히 사라진 것이 아니라 오히려 다른 방향으로 변질돼 버렸다. 그래서 우리는 갈증을 해소하고자 진흙탕 물을 들이키는가 하면 굶주림을 해소하고자 냄새 나는 쓰레기를 삼키고 있다. C. S. 루이스는 우리의 비참한 상태를 가리켜 "마치 휴가 때 바닷가에 가서 신나게 놀자는 약속이 무엇을 의미하는지 몰라서 대신 동네 골목길 진창에서 진흙으로 파이를 만들면서 놀고 싶어하는 어리석은 아이"로 묘사했다.

결국 죄란 하나님이 주신 이러한 열망들을 가졌음에도 불구하고, 이를 충족하기 위해 하나님이 배제된 방향으로 치닫는 것이다. 한 남자가 매춘 굴의 문을 두드릴 때 사실 그는 하나님을 향하여 문을 두드리는 것이라는 조지 맥도날드(George MacDonald)의 대담한 표현은 이 사실을 잘 지적하고 있다.

간단히 말해 우리 마음은 모두가 죄라는 치명적인 질병에 감염되고 말았다. 그래서 경건한 의와 즐거움을 우리에게로 끌어올 배선이 완전히 끊기고 말았다.

두말할 필요도 없이 마음에 대한 이러한 견해는 오늘날 우리 문화권에서 널리 받아들여지는 입장은 아니다. 하지만 누군가 인정한 바와 같이 우리가 타락한 상태에서는 예수 그리스도보다 오히려 아돌프 히틀러를 닮았다는 사실을 이해하기 전까지는 인간과 죄에 관한 성경의 입장을 결코 받아들이지 못한다.

우리가 그렇게 나쁜가?

그렇다면 우리의 본래 마음이 정말로 그렇게 나쁜가? 분명 우리가 타락했음을 인정하더라도 '뒤틀리다'나 '어두워지다', '타락하다', 그리고 '더럽혀지다'와 같은 단어들이 과연 우리의 내면적인 본성을 표현하는 데 너무 심하거나 과장된 것은 아닐까? 그리고 비록 그리스도인은 아니더라도 타인을 성심껏 도와주며 세상을 더 좋게 만들기 위해 애쓰는 선해 보이는 사람들은 어떻게 된 것인가? 그들도 정말 사악하고 뒤틀렸으며 더러워졌다고 말할 수 있을까? 이에 대한 해답은 판단을 내릴 때 동원되는 기준에 달려 있다. 선함과 의로움에 대한 참된 기준은 오직 하나님뿐이다. 사실 하나님 자신이 바로 기준이다. 이 사실을 염두에 두지 않으면 우리는 우리 자신과 타인의 도덕적인 능력에 대해 그만 순진한 낙관주의에 빠지고 만다.

우리는 선(善)을 판단함에 있어서 자칫 통속적인 기준에 빠지기 쉽다. 이는 마치 시내를 걷다가 옆을 지나가는 사람들의 키를 가늠해 보는 것과 같다. 185센티미터가 훨씬 넘는 사람은 군중들 속에서 쉽게 눈에 띌 것이다. 하지만 같은 장면을 100층 높이의 빌딩 위에서 내려다본다면 지나가는 모든 사람들은 사실상 조그만 점으로밖에 보이지 않을 것이다.

하나님이 하늘에서 모든 인류를 내려다보신다면 그분의 평가는 어떠할까? 이에 대한 성경의 입장은 아주 단호하다. 다윗은 하나님이 하늘에서 인생을 굽어 살피시며 지각이 있는 자와 하나님을 찾는 자가 있는가 보려 하셨다고 한다. 그렇다면 하나님은 무엇을 발견하셨을까? "각기 물러가 함께 더러운 자가 되고 선을 행하는 자 없으니 한 사람도 없도다."(시 53:2-3)

사도 바울은 로마서에서 이 구절을 인용하면서 이렇게 적고 있다. "의인은 없나니 하나도 없으며."(롬 3:10) 이 구절은 죄를 향한 우리 내면의 끈질긴 성향을 가리킨다. 우리 모두는 본질상 불의한 죄인들이다. 그리고 "선을 행하는 자 없으니 한 사람도 없도다"라는 다윗의 고백은 그 죄에 따른 우리의 외면적 행위를 지적한다. 즉 우리는 행위로도 철저한 죄인이다. 우리의 행동은 타락한 본성 깊숙이 침투한 뿌리 깊은 죄의 염료로 철저하게 물들었다.

술 취한 농부

우리는 이러한 죄의 이중적인 양상을 성경에서도 찾아볼 수 있다. 사도 바울은 "육과 영의 온갖 더러운 것에서 자신을 깨끗하게 하자"고 권면하고 있다.(고후 7:1)

육체의 죄는 술취함이나 간음, 그리고 도둑질처럼 외면적인 거룩에 관한 하나님의 도덕적 기준을 침해하는 것이다. 반면에 영혼의 죄는 자만과 시기심, 그리고 증오처럼 내면적인 거룩에 관한 하나님의 기준을 침해하는 것이다. 이 두 번째 범주는 더 심하지 않을는지는 몰라도 첫 번째 죄만큼이나 사악하다. 이에 대한 C. S. 루이스의 말에 귀를 기울여보자.

육체의 죄는 악하지만 다른 죄에 비하면 가장 미미하다고 할 수 있다. 쾌락 중에서 가장 나쁜 것은 전적으로 영적인 쾌락이다. 즉 잘못을 남에게 전가시켜놓고 즐거워하는 것, 남을 마음대로 조종하거나 도와주는 척하면서 남의 기분을 상하게 해놓고 좋아하는 것, 험담을 즐기는 것, 권력을 즐기는 것, 증오를 즐기는 것이야말로 악한 죄이다. 내 안에는 정말 추구해야 할 인간적 자아와 싸우는 두 가지 적이 있다. 하나는 동물적 자아이고 또다른 하나는 악마적 자아이다. 둘 중에 더 나쁜 것은 악마적 자아이다. 교회에 정기적으로 출석하면서도 여전히 차갑고 독선적인 잔소리꾼이 거리의 매춘부보다 훨씬 지옥에 가까울 수 있는 이유가 여기 있다. 물론 우리는 둘 중 어느 쪽도 되지 않는 편이 좋으리라.

탕자에 관한 예수님의 비유에서, 동생의 범죄는 육체의 죄에 해당하는 것이었다. 한편 형의 실수는 영혼의 죄였다. 왜 예수님은 이 형을 나쁜 존재로 묘사하셨을까? 무엇보다 그는 책임과 순종의 인물이지 않은가.

예수님이 이 형을 나쁜 존재로 묘사한 이유는, 이 비유를 들려주던 당시의 상황을 살펴볼 때 쉽게 이해할 수 있다. 누가는 당시 배경을 이렇게 설정한다. "모든 세리와 죄인들이 말씀을 들으러 가까이 나아오니 바리새인과 서기관들이 수군거려 이르되 이 사람이 죄인을 영접하고 음식을 같이 먹는다 하더라."(눅 15:1-2)

여기서 우리는 매우 대조적인 두 무리가 예수님을 물고 늘어지는 모습을 볼 수 있다. 첫 번째 무리는 당시 쉽게 사람들의 눈에 띄었던 세리들과 (오늘날의 매춘부나 마약 판매상에 비교될 만한) 죄인들이다. 이들은 자신들이 죄인이라는 사실을 잘 알고 있었으며 종교에는 전혀 관심도 없었다. 하지만 이들은 (오늘날 뻔뻔스러운 죄인들도 종종 그러하듯이) 놀랍게도 자신들이 예수님에게 끌리고 있음을 깨달았다.

또 다른 무리는 기가 막힐 정도로 잘 변장한 죄인들로서 (오늘날의 목회자나 장로, 그리고 주일학교 교사들처럼) 바리새인들과 서기관, 그리고 그 사회의 종교 지도자들이다. 이들은 철저한 정통파 신자들이며 교리적으로도 체계적이고 도덕적으로도 올바르게 처신하는 사람들이다. 하지만 이들은 자기 내면에 만연한 죄악에 대해서는 전혀 눈치채지 못하고 있었다.

이러한 배경 속에서 만들어진 예수님의 비유에서 동생, 즉 탕자는 세리와 죄인들을 대표한다. 종교와 도덕의 멍에로부터 완전히 자유로웠던 이들의 삶은, 문란한 연회와 술 취함, 탈세와 배우자에 대한 부정, 성공을 위한 거짓말과 도둑질 등등으로 얼룩져 있었다. 이들의 삶은 하나님의 기준에 대한 명백한 불순종, 즉 한 마디로 범죄로 뒤덮여 있었다.

반면 형은 바리새인들과 서기관들을 대표한다. 이들의 삶은 순종과 의무에 대한 비천하고 아무런 기쁨도 없는 헌신, 훈련으로 이뤄진 도덕, 엄격한 경건, 완고한 율법 준수, 그리고 독선적인 우월감으로 얼룩져 있었다. 그래서 이들 내면에는 하나님의 기준에 대한 위선적인 순종, 즉 달리 말하면 하나님에 대한 또 다른 형태의 죄악이 버티고 있었다. 이들은 불의를 거짓말과 도둑질과 같은 외면적 행동의 관점에서 이해했으며, 그래서 자신의 소위 선한 행동의 저변에 자리하고 있는 좀더 심각할 정도로 불의하고 불경건한 태도를 도외시하고 말았다.

이런 관점에서 볼 때 형의 내면적 의로움의 부족에 대한 아버지의 반응은 매우 흥미롭다. 아버지는 그에게 이렇게 꾸짖는다. "얘 너는 항상 나와 함께 있으니 내 것이 다 네 것이로되."(눅 15:31) 달리 말하면, "너는 내 모든 소유를 갖고 있을 뿐만 아니라 나 역시 항상 너와 함께 있는데 더 이상 무엇이 부족하냐?"

같은 진리가 우리에게도 적용된다. 오스왈드 챔버스는, 죄의 뿌리는 하나님의 선하심에 대한 불신이라고 말했다. 하나님이 정하신 기준에 반항하는 것만큼이나 하나님의 마음과 손길을 불신하는 것 역시 모두 죄이다. 모든 죄는 결국 우리 안에 굳게 버티고 있는 하나님에 대한 불신과 아울러 자기 혼자만의 힘으로 생명을 얻어 보려는 필사적인 고집으로 이어진다.

마르틴 루터의 다음과 같은 말은 너무나도 타당하다. "세상은 술 취한 농부를 닮았다. 그를 말안장 한쪽으로 올려놓으면, 곧 다른 한쪽으로 넘어가버리고 만다." 우리 역시 율법주의와 도덕폐기론 중 한 쪽으로 치우쳐 있다. 우리 육체는 탕자와 같은 명백한 불순종이 아니면 큰아들과 같은 위선적인 순종 둘 중 한 쪽에 치우쳐 있다. 개인적으로 나는 생각했던 것 이상으로 큰아들 쪽에 치우쳐 있는 편이었다.

무엇을, 왜, 그리고 어떻게?

그렇다면 불신자나 신자를 막론하고 자신의 노력을 의지하는 사람은 누구든지 하나님 앞에서 선한 것이나 의로운 것은 전혀 실행할 수 없다는 뜻인가?

다시 한 번 대답하거니와 이 질문에 대한 해답은 판단의 기준이 어떠한가에 달려 있다. 하나님은 내가 그분의 '삼중초점'이라고 부르는 세 가지 관점에 따라 우리의 행동을 평가하신다. 그분은 우리가 무엇을 행하고, 왜 그렇게 행동하는지, 그리고 어떻게 행동하는지 자세히 지켜보신다.

먼저 하나님은 성경에 기록된 자신의 명령에 따라 우리가 '무엇'을 행하는지 평가하신다. 하나님의 명령을 어기는 것은 분명 죄다. 하지만 이 기준에 부합하기란 생각처럼 쉬운 것이 결코 아니다. 예수님은 하나님의 계명 전체를, 전심을 다해 하나님을 사랑하고 이웃을 네 몸과 같이 사랑하라는 말씀으로 요약하셨다. 여기에서 요구하는 기준은 완벽한 사랑을 위해 모든 것을 내버린 단순한 삶이다.(그리고 십계명이 아닌 고린도전서 13장, 사랑장이 우리 영적 상태를 시험하는 기준이 되는 것도 이 때문이다.) 이 기준을 맞추기 위해서는 삶 속에서 매 순간 하나님과 이웃을 완벽하게 사랑해야 한다. 게다가 그리스도는, 타인에 대한 드러내지 않은 분노와 증오도 살인과 마찬가지로 하나님 앞에서 심판을 초래할 것이라고 말씀하시면서 이 계명의 내면적인 차원을 강조하셨다. 그래서 예수님에 의하면 간음은 침상에서뿐 아니라 우리 마음속에서도 일어날 수 있다.

둘째로 하나님은 우리가 '왜' 그런 행동을 하는지 그 동기를 평가하신다. 모든 것을 하나님의 영광을 위하여 하라는 성경적인 기준에 따라 평가하시는 것이다. 모든 관심을 하나님께로 돌리는 것이 우리가 하는 모든 행동의 결정적인 이유이자 목적이어야 한다. 이것이 바로 성경에서 죄는 '하나님의 영광에 이르지 못한다'고 말하는 이유이다. (롬 3:23) 간음하지 않는 이유가 붙잡히는 것이 두려워서, 결혼생활을 파괴하고 싶지 않아서, 또는 자녀들에 대한 걱정 때문일 뿐, 하나님의 이름에 대한 관심은 조금도 없다면, 그런 순결은 하나님 보시기에 결코 선하다고 인정받을 수 없다.

마지막으로 하나님은 우리가 '어떻게' 행하는지 평가하시는데, 그리스도를 적극적이고 지속적으로 의지하는 가운데 행해야 한다는 성경적인 기준을 따르신다. 그래서 우리가 하는 어떤 일이든지 하나님 보시기에 선한 것으로 인정받으려면, 그분이 친히 우리를 통해 우리 안에서 일하셔야만 한다. 이것이 바로 예수님이 "나를 떠나서는 너희가 아무것도 할 수 없음이라"고 말씀하신 이유이다. (요 15:5) 우리는 하나님의 영광을 위해 간음을 저지르지 않겠다고 진지한 결심을 할 수 있다. 하지만 이 결심을 어떻게 실행에 옮기는가? 그저 자신의 의지력 하나만으로 이를 악물고서 유혹을 뿌리치는 것은 아닌가? 아니면 그 마음속에는 다음과 같은 절망이 자리하고 있는가? "주여! 주님의 내주하시는 능력이 없다면 저는 분명 넘어지고 말 것입니다. 오! 하나님이여! 주의 도우시는 은혜로 이 유혹을 물리칠 수 있도록 제발 도와주소서!"

역사상 이 세 가지 하나님의 기준에 완벽하게 부합한 사람은 당신도, 나도 아니라 오직 한 분밖에 없다. 오직 예수 그리스도만이 범사에 하나님의 뜻을 실행에 옮겼으며 하나님의 영광을 위해 순종했고, 또 하나님의 도우시는 능력으로 그리하셨다. 오직 하나님의 어린 양만이 그러하실 수 있었다. 이것이 바로 우리가 매 순간순간 절대적으로 그분을 의지하고 필요로 할 수밖에 없는 이유이다.

이 사이에 낀 시금치

우리 안에 있는 가장 혐오스러운 모습들 가운데 하나는 남을 판단하는 것이다. 하지만 남을 판단하는 것은 마치 부메랑을 던지는 것과 같다. 사도 바울은 이렇게 권면한다. "누구를 막론하고 네가 평계하지 못할 것은 남을 판단하는 것으로 네가 너를 정죄함이니 판단하는 네가 같은 일을 행함이니라."(롬 2:1)

어느 날 저녁 아내와 함께 설거지를 하다가 나는 아내의 이 사이에 상당히 커다란 시금치 조각이 끼어있는 것을 발견했다. 그 모습이 너무도 우스워 그만 웃음을 터트리고는 약간 재미있다는 듯이 지적해 주었다. 그러자 나를 바라보던 그녀는 이렇게 말했다. "당신도 이를 좀 살펴봐야 할 것 같은데요." 아뿔싸! 내 이에도 그녀의 것만큼이나 커다란 시금치 조각이 찰싹 붙어 있었다.

영적으로 말해 우리 모두의 이에는 시금치 조각이 붙어 있다. 다른 사람의 죄를 판단할 때마다 자신을 좀더 자세히 살펴보면 그와 유사한 죄가 분명 있다. 우리가 평소에 비판하는 도둑처럼 돈을 훔치지는 않았겠지만, 우리 역시 얼마나 자주 오직 하나님께만 속한 영광을 훔치거나 보이지 않는다고 다른 사람의 명성을 도용하기 일쑤인가?

술이나 마약을 탐닉하는 사람들을 비난하기는 쉽다. 이들이 이렇게 중독에 빠지는 것은 대개 동료들의 강압 때문이거나 현실로부터 도망치고 싶기 때문이다. 하지만 우리 역시 얼마나 자주 사람들과 어울리거나 또는 스포츠나 쇼핑, 폭식 등에 탐닉함으로써 현실의 고통을 애써 외면해 보려고 하는가?

내가 보기에 우리는 특히 동성애와 관련해 모두가 비판에 빠져 있는 것 같다. 본질적으로 이 죄는 (사랑과 인정, 그리고 친교에 대한) 정당한 요구로부터 비롯됐으나 부당한 방향으로 이를 해결하려는 시도이다. 굳이 동성애는 아닐지라도 우리 역시 이렇게 하지는 않는가? 아마도 그럴 것이다. 강박적인 이성애적 행위를 한다든가 하나님만 제공해 주실 수 있는 것을 다른 사람에게 의존한다든가, 좀더 사회적으로 용인될 만한 여러 수단들을 사용해 해결하고 있지는 않은가?

우리는 얼마나 자주 그리고 끈질기게 우리의 악한 본성을 과소평가하는가? 칼빈은 이렇게 주장했다. "사람의 마음속에는 허영심이 숨을 틈이 많으며 거짓이 잠복할 구멍도 많고 기만과 위선으로 철저하게 뒤덮여 있어, 때로는 스스로도 속고 만다."

심지어는 하나님을 위한 봉사도 육체적인 욕망으로부터 결코 자유롭지 못하다. 하나님으로부터 받은 순수한 소명 때문에 순종하는 마음으로 기쁘게 주일학교 교사의 직분도 감당할 수 있다. 그러나 반대로 누군가로부터 압력을 받고서 무기력하게 굴복했기 때문이거나, 자원하지 않으면 주위에서 나쁘게 볼 것이 두려워서 직분을 맡을 수도 있다. 누군가를 마약에 탐닉하도록 충동한 육체의 정욕이 사실은 또 누군가를 주일학교 직분을 감당하도록 종용한 것과 같은 것이라는 사실을 깨닫기 전까지는 성경에서 가르치는 죄의 본질을 이해했다고 말할 수 없다.

하나님의 해결책

무한히 거룩하신 하나님이 정하신 기준을 정직하게 인식할 때 우리는 경건해 보이는 무리들 중에라도 선을 행할 수 있는 사람은 한 사람도 없다는 사실을 좀더 쉽게 동의할 수 있을 것이다.

쥐는 뭐래도 쥐일 뿐이다.

이것은 매우 서글픈 소식이다. 하지만 우리의 죄악을 분명하게 노출시키려는 하나님의 의도는 우리를 기분 나쁘게 하기 위함이 결코 아니다. 오히려 그것은 우리로 하여금 자신에 대해 절망하게 하고 자신에 대해 믿고 있던 모든 것들을 산산이 무너뜨리기 위함이다. 이 장에서 다룬 내용을 읽고 그저 기분이 나쁘다거나 실망감만 느낀다면, 자신에 대한 자만심의 뿌리가 그 내면에 여전히 남아 있는 셈이다. 하나님이 요구하시는 것을 우리 스스로의 힘으로 달성할 수 있다는 모든 희망을 남김없이 잃어버린 다음에라야 비로소 우리는 자신을 의지하기를 멈추고 이제 하나님이 우리에게 베푸신 것들을 사력을 다해 붙잡기 시작할 것이다.

타락한 본성 때문에 야기된 이 심각한 문제에 대한 하나님의 해결책은, 좀더 열심히 해보라는 권면하는 정도가 아니다. 또 우리의 본래 마음을 개선시키거나 향상시키는 프로그램들도 하나님의 해결책이 될 수 없다.

오직 하나님이 준비하신 해결책은 우리의 옛 마음을 새로운 마음, 즉 약속의 땅에 들어가기 직전에 이스라엘에게 약속하신 할례 받은 마음으로 대체하는 것뿐이다. 하나님은 예레미야 선지자를 통해 이렇게 말씀하신다. "내가 여호와인 줄 아는 마음을 그들에게 주어서 그들이 전심으로 내게 돌아오게 하리니."(렘 24:7) 또 에스겔 선지자를 통해서도 같은 내용을 반복하신다. "또 새 영을 너희 속에 두고 새 마음을 너희에게 주되."(겔 36:26)

이 새 마음은 예전의 마음과 정확하게 반대된다. 하나님에게 냉정하게 반항하며 죄악에 기울어져 어리석음에 붙잡힌 옛 마음과 달리, 하나님을 향해 따스하게 고무되어 의를 추구하며 진리에 붙들려 있다. 그리고 이 마음은 전적으로 하나님의 선물이며 어떤 훈련으로 계발될 수 있는 것이 아니라 다만 위로부터 받을 뿐이다.

그런데 우리가 회심할 때 이 선물을 주시는 하나님은 우리 안에 있던 옛 마음을 완전히 제거하지 않으신다. 구원을 위해서 우리가 그리스도를 신뢰할 때 우리의 타락한 본성은 완전히 제거되는 것이 아니라 새 마음과 겹쳐진다. 그래서 죽는 날까지 우리 내면의 한쪽 구석에는 시간이 지나더라도 결코 개선되지 않고 여전히 불경건하고 거만하며 본래적으로 사악한 부분이 그대로 남아 있다. 하지만 또 한 가지 분명한 사실은, 새로운 성품이 자라기 시작하면서 (비록 때로는 다른 욕망 때문에 짓눌릴 때도 있지만) 죽는 날까지 결코 파괴되지 않고 계속 자라간다는 것이다.

지금 우리는 어느 쪽을 의지하고 있는가?

구원 이후라도, 때로는 주의 깊게 살펴보면, 우리가 여전히 육체에 대해 다음과 같이 나름의 확신을 갖고 있음을 엿볼 수 있다. "이제부터는 나도 뭔가 달라질 거라고 보장할 수 있어. 내가 나쁜 짓을 범했다는 사실을 믿을 수가 없어. 이제 좀더 열심히 노력한다면, 그런 일은 절대로 일어나지 않을 거야."

하지만 새 언약을 의지할 때 우리는 현실을 제대로 바라볼 줄 아는 방법을 배울 수 있다. "이제부터 내가 바라는 유일한 희망이 있다면 그것은 오직 매 순간 그리스도의 능력을 의지하는 것뿐이다. 주여! 제발 제가 그렇게 할 수 있도록 도우소서!" "내가 그렇게 했다는 사실이 전혀 놀랍지 않아. 그리스도의 능력을 의식적으로 의지하지 않았더라면 이보다 훨씬 더 나빴을 거야." "내가 얼마나 노력했든 그건 문제가 아니야. 그 순간 나는 정말 전심으로 주님을 의지했을까?"

이제 주님이 새 언약 안에서 베푸시는 것들을 자세히 살펴보고 활용할 준비를 하면서 당신의 마음과 삶 속에서 아직도 여전히 육체를 신뢰하고 있는 부분을 발견했는가? 이에 대한 해답을 스스로 발견하는 데 도움을 얻고자 한다면 로마서의 처음 세 장을 천천히 읽고 묵상해 보라.

05
새로운 정결함

우리는 하나님으로부터 피할 피난처를
하나님 안에서 찾아야 한다.
_A. W. 토저

그리스도인의 삶이란 어려운 정도가 아니라, 전적으로 불가능하다. 다만 하나님이 그분의 충만함을 그 백성들의 마음에 부어주실 때라야 비로소 가능해진다. 이것이 바로 그분이 새 언약 안에서 하시는 일이다.

이것을 기초로 시작하여 우리는 새 언약의 네 가지 중요한 영적 양식들, 즉 성도의 새로운 정결함(new purity)과 새로운 정체성, 새로운 기질(disposition), 그리고 새로운 능력에 대해 자세히 살펴볼 것이다. 각각의 영적 양식은 오직 하나님만 주시는 은사이며, 오직 그리스도 안에서 그리고 오직 믿음을 통해서만 받을 수 있다. 그렇기에 오직 그리스도만이 성도의 삶으로 이어지는 유일한 길이다.

1장에서 강조했던 것을 여기서 한 번 더 강조하고자 한다. 당신이 그리스도를 구세주로 믿는다면, 하나님은 이미 당신 안에 당신의 심령 속에 영원히 머물러 있는 초자연적인 자원들로서 당신의 매일의 삶 속에서 넘쳐날 준비가 되어 있다.

사면인가 교수형인가?

1829년 미국에 조지 윌슨이라는 한 남자가 우체국에서 강도행각을 벌이다 체포되었다. 그는 강도와 살인죄로 재판에 회부되었고 유죄가 입증되어 결국은 교수형 선고를 받았다. 그러자 주위 친구들이 그를 위해 탄원에 나섰고, 다행히 앤드류 잭슨 대통령으로부터 사면장을 얻어낼 수 있었다. 하지만 자신이 사면됐다는 소식을 접한 윌슨은 죽겠다고 고집하면서 사면을 거부했다.

담당 보안관은 심각한 딜레마에 빠졌다. 공식적으로 사면을 받았는데, 그 사면을 거부하고 죽기를 원한다고 해서 처형할 수도 없는 노릇이었다. 그래서 이 사건을 어떻게 처리해야 할지 잭슨 대통령에게 보고했다. 당혹스럽기는 대통령도 마찬가지여서 이 사건을 다시 미연방대법원으로 넘겼다. 그러자 대법원장 존 마샬은 다음과 같이 최종 판결을 내렸다. "사면은 한 장의 종이일 뿐이며, 그 종이의 가치는 전적으로 관계된 사람의 수락 여부에 달려 있다. 사형선고를 받은 자가 사면을 거절하는 것은 전례가 드물지만 거절했다면 그것은 결코 사면이 아니다."

그래서 조지 윌슨은 교수대에서 처형되었으며, 그에게 주어진 사면장은 불과 30여 미터 떨어진 보안관의 책상에서 무용지물로 남고 말았다.

잭슨 대통령의 사면장처럼 하나님 역시 신성한 정결의 은사, 즉 영원한 저주로부터의 사면장을 제공하실 뿐만 아니라 그보다 훨씬 많은 것을 가져다줄 은사를 모든 성도에게 베풀어주셨다. 하지만 말할 수 없이 놀라운 이 은사는 개인적으로 유용하게 직접 사용되어야 한다.

"너희를 정결케 할 것이며"라고 주님은 새 언약 안에서 약속하셨다.(겔 36:25) 하나님의 거룩한 정결, 다시 말해 오직 하나님만이 인정하실 수 있는 새로운 정결은 우리가 기독교적인 삶을 살아갈 수 있는 출발점이다. 이것을 가리켜 신약성경은 '칭의'라고 부르며, 이것이 없이는 성화(기독교적인 삶을 살아가는 것)가 진행될 수 없다. 그렇다면 이 새로운 정결이 우리에게 무슨 의미가 있는가? 왜 이것이 그토록 중요할까?

하나님의 표정

하루하루를 살아가는 당신의 모습을 위에서 지켜보고 계시는 하나님을 당신 마음속에 떠올려보라. 그러고는 다음의 질문에 솔직하게 답해 보라. 당신을 바라보고 있는 그분의 얼굴 표정을 당신은 어떻게 묘사하겠는가? 그분은 기뻐하실까? 아니면 슬퍼하실까?

실망하고 계실까, 아니면 화를 내실까? 또는 웃고 계실지, 언짢아 하실지, 지루해 하실지, 아니면 그저 무표정일지 생각해 보라. 신학적으로 그것이 타당한가의 여부에 대해서는 접어두고 이 질문에 정직하게 대답해 보라.

내 스스로에게 물어본다면, 이성이 교리적으로 옳다고 판단하는 수준에 마음은 아직도 도달하지 못한 것 같다. 내 인생에서 모든 실수와 잃어버린 기회들을 생각하다 보면, 나를 바라보시는 하나님의 얼굴에 실망감이 가득하신 것 이외에 다른 모습은 거의 상상할 수 없다. 이것이 바로 이 장에서 다루는 새 언약에 대한 진리들이 나에게 그토록 중요한 이유이다. 하나님이 진정 나를 어떻게 바라보실지에 대한 내 입장을 다시금 회복하기 위해서도 나는 몇 번이고 이 진리들을 붙잡을 뿐이다.

내가 믿기에 상당수의 그리스도인들은 자신들의 삶을 바라보며 하나님이 찡그리고 계신다고 생각한다. 이들은 다음과 같이 몸부림치는 한 선교사의 솔직한 고백을 자신의 처지와 쉽게 연결시키곤 한다. 당신도 그럴까?

나에 대한 하나님의 요구는 너무나도 높은 반면, 나에 대한 평가는 너무나도 낮았다. 그래서 나는 그분의 찡그린 표정 아래서 살아가는 것 이외의 다른 방도가 전혀 없었다. 그분은 종일 나에게 잔소리를 늘어놓았다. "왜 좀더 기도하지 않고 왜 좀더 전도하지 않니? 도대체 언제쯤 제대로 살 수 있겠니? 어떻게 그런 나쁜 생각에 집착할 수 있니? 이것은 속히 하고 저것은 제발 하지 말아라. 어서 복종하고 죄를 자백하고 좀더 열심히 일해라!" 하나님은 항상 그분의 사랑으로 나를 다그치셨다. 나에게 못자국난 손을 보여주시고는 그 다음은 눈을 부라리며 말씀하곤 하셨다. "왜 너는 좀더 나은 그리스도인이 되지 못하는 거니? 좀더 바삐 서두르고 마땅히 해야 할 것을 실천해야지."

유달리 나는 하나님이 저 높은 곳에서 내려다보시면서 나를 작은 먼지에 불과한 정도로 여기신다고 생각했다. 아! 그분은 나를 사랑하는 일에 엄청난 수고를 감당하셨지만, 나는 내가 간절히 기다리는 하나님의 사랑과 용납은 다만 하나님이 나의 모든 것을 모조리 제거하실 때에만 비로소 내 것이 될 수 있다고 생각했다. 하지만 내가 그런 생각을 할 때면, 하나님도 진정 그러길 원하신다는 생각이나 느낌이나 결심을 어디에서도 찾을 수 없었다.

이상의 내용은 이 글의 주인공이 삶을 뒤바꾸는 하나님의 은혜를 깊이 체험하고 하나님이 부어주시는 새로운 정결을 새롭게 확인하기 전에 쓴 것들이다. 하지만 내가 보기에 이 사람은 비록 그 정도는 다양하지만 우리들 대부분이 매일 매일 느끼고 있는 것을 모질 정도로 솔직하게 털어놓은 것 같다.

그렇다면 하나님이 우리를 바라보실 때의 표정에 대해 성경은 뭐라고 말하는가? 불경해 보일 위험을 무릅쓰더라도 나는 이렇게 말하고 싶다. 그분은 우리를 바라보시며 입이 찢어질 정도로 웃으신다! 당신과 나를 향한 하나님의 근본적인 성향은 강력하면서도 사랑에 넘치고 열광적이며 억제할 수 없는 기쁨으로 가득 차 있다. 그렇다고 해서 그분이 우리의 사악한 행동이나 태도에 대해 진노하지 않으신다는 뜻은 아니다. 하지만 우리의 인간됨에 대해 그분은 즐거운 사랑의 마음으로 끊임없이 바라보고 계신다.

하나님은 말씀으로 이를 분명히 밝히셨다. "그가 너로 말미암아 기쁨을 이기지 못하시며 너를 잠잠히 사랑하시며 너로 말미암아 즐거이 부르며 기뻐하시리라."(습 3:17) 이 말씀을 당신의 심령 깊숙한 곳에 새겨 놓으라. 하나님이 당신을 인하여 즐거이 부르며 기뻐하시도다!

하나님은 왜 우리를 기뻐하실까? 그것은 하나님이 당신을 바라보실 때 먼저 예수님을 바라보시기 때문이다. 무엇보다도 당신의 생명은 그리스도와 함께 하나님 안에 감추어졌다.(골 3:3 참조) 그리고 하나님은 그 마음에 솟아오르는 폭발적인 기쁨과 얼굴 가득한 웃음이 없이는 그의 아들을 바라보실 수 없다. 2천 년 전 하나님은 분명히 이렇게 외치셨다. "이는 내 사랑하는 아들이요 내 기뻐하는 자라."(마 3:17) 그리고 당신이 그의 아들 안으로 영원토록 흡수되어 버렸기 때문에 이제 주님이 당신을 바라보실 때마다 이러한 외침이 다시 울려 퍼지는 것이다.

중국 한자(漢字)에서 의(義)라는 글자에는 두 가지 이미지가 결합되어 있다. 이 글자 위에는 어린 양(羊)이 위치하며 바로 그 아래에는 사람, 즉 내 자아(我)가 위치하고 있다. 오직 그리스도만이 제공하실 수 있는 의의 실상을 이 얼마나 완벽하게 묘사하고 있는가? 성부 하나님이 당신을 내려다보실 때마다 그분은 당신을 숨겨주고 있는 하나님의 완벽한 어린 양을 먼저 보신다. 물론 하나님은 우리의 삶 속에 있는 죄는 어떤 것이든 분명히 인식하시지만, 하나님이 그분의 성도를 바라보실 때 근본적으로 인식하시는 것은 죄가 아니다. 그분이 우선적으로 그리고 가장 중요하게 바라보는 것은 우리를 감싸고 있는 그분의 독생자의 아름다움이다.

이제 잠시 책을 덮고 당신을 내려다보시면서 크게 기뻐하시는 하나님의 모습을 떠올려보라. 그러고는 당신 자신에게 이렇게 일곱 번 말해 보라. "하나님은 나로 인하여 즐거이 부르며 기뻐하신다!" 가장 중요한 분께서, 우리가 영원히 함께 지낼 성부 하나님이, 비할 데 없는 권세를 지닌 분이 당신을 즐거이 부르며 웃음 가득한 얼굴로 바라보시며 기뻐하신다. 하나님이 달리 어쩌실 수 없는 이유는 당신이 그의 독생하신 아들과 연합되었기 때문이다.

종말적인 선

새 언약 안에서 주님이 베푸시는 새로운 정결은 우리에게 또 무슨 의미를 가져다주는가?

그 해답의 실마리는 죄사함의 축복에서 찾아볼 수 있다. 새 언약 안에서 하나님이 우리 죄를 더 이상 기억하지 않겠다고 약속하실 때(렘 31:34), 이 말은 수사적인 표현이다. 사실 전지하신 하나님은 어떤 것이든 잊어버리실 수 없다. 하지만 그분은 우리의 죄를 멀리 치워버리기로 하셨고 그것으로 우리를 비난하지 않기로 하셨다. 죄 때문에 당연히 받아야 할 형벌이 영원히 소멸되어버린 것이다. 그것은 죄의 책임이 없어져서가 아니라 나를 대신해 누군가가 이 책임을 완전히 청산해 주었기 때문이다.

이로 말미암은 용서가 사실상 의미하는 바는 "다시는 사망이 없고 애통하는 것이나 곡하는 것이나 아픈 것이 다시 있지 아니(한)" (계 21:4) 곳에서 영원한 미래를 하나님과 함께 보낼 것을 '강력한 확신' 속에서 기대할 수 있게 되었다는 뜻이다. 그래서 기독교는 천국을 분명하게 보증하는 유일한 종교이다.

하나님의 임재 안에서 누리게 될 영원한 복락이 너무나도 아름다워서 J. R. R. 톨킨은 선하다는 의미를 담은 헬라어 접두사 'eu'를 종말의 대격변(catastrophe)과 결합하여 선한 대격변(eucatastrophe)이라는 대단한 단어 하나를 만들어냈다. 대격변으로 찾아올 천국은 너무나 선하며 그 아름다움은 영원할 것이다. 그리고 그리스도를 구세주로 믿고 구원을 얻은 이후 무슨 일이 일어나든 상관없이 모든 성도들에게 이러한 종말론적 선이 보장되었다. 그렇다면 성경도 이렇게 파격적인 진리를 가르치고 있는가?

그의 손 안에서 누리는 안전

예수님의 말씀으로부터 우리는 우리가 받은 구원의 절대적인 확실성과 관련해 세 가지 시제를 찾아볼 수 있다. 일단 우리가 그리스도를 신뢰하기만 하면 다음 세 가지가 즉시 그리고 결코 바꿀 수 없이 정해진다.

구원의 확실성에 대한 첫째 시제는 현재에 대한 것이다. 예수님은 "내가 진실로 진실로 너희에게 이르노니 내 말을 듣고 또 나 보내신 이를 믿는 자는 영생을 '얻었고'"(요 5:24)라고 말씀하셨다. 우리는 영원한 생명을 소유하고 있으며 그것은 이미 우리의 것이다.

그 다음 시제는 미래에 대한 것이다. 계속해서 예수님은 "내가 진실로 진실로 너희에게 이르노니 내 말을 듣고 또 나 보내신 이를 믿는 자는 … 심판에 이르지 아니하나니"라고 말씀하신다(요 5:24). 모든 성도는 천국에서 상급을 받기 위해 그리스도의 심판대 앞에 서는 일은 있겠지만, 천국에 들어갈 수 있는지의 여부를 가리기 위해 하나님의 심판대 앞에 서지는 않을 것이다.

구원에 대한 세 번째 시제는 과거에 대한 것이다. 또 예수님은 말씀하시기를, "내가 진실로 진실로 너희에게 이르노니 내 말을 듣고 나 보내신 이를 믿는 자는 … 사망에서 생명으로 옮겼느니라"고 하셨다.(요 5:24)

또 예수님은 제자들에게 이렇게 말씀하신다. "내가 그들에게 영생을 주노니 영원히 멸망하지 아니할 것이요 또 그들을 내 손에서 빼앗을 자가 없느니라."(요 10:28) 우리는 예수님의 손 안에서 안전하다. 그리고 예수님은 또 이렇게 덧붙이신다. "그들을 주신 내 아버지는 만물보다 크시매 아무도 아버지 손에서 빼앗을 수 없느니라."

(요 10:29) 우리는 예수님뿐만 아니라 성부 하나님의 손에도 붙들려 있다.

이론적으로 생각하더라도 성부 하나님과 그 아들의 손에 동시에 붙들린 것보다 더 영원토록 안전한 것이 있을까? 우리가 영원히 멸망치 아니할 것이라는 예수님의 말씀은 결코 이상한 것이 아니다.

누가 확실히 알 수 있을까?

어떤 사람들은 우리가 구원받았음을 분명히 알 수 있다고 말하는 것은 주제넘은 짓이고 오만하기까지 하다고 말할는지 모른다. 만일 구원을 이루고 보증할 만한 다른 것이 있었다면 그런 비판은 타당할 것이다. 하지만 우리가 의지하는 위대하신 하나님 이외에 우리가 그토록 담대히 말할 수 있는 근거는 하나도 없다. 우리의 구원은 전적으로 "하나님의 선물"이며 "행위에서 난 것이 아니니 이는 누구든지 자랑하지 못하게 함이라."(엡 2:8-9)

사도 요한은 "하나님이 우리에게 영생을 주신 것과 이 생명이 그의 아들 안에 있"다는 진리를 우리에게 상기시켜 준다.(요일 5:11) 우리가 가진 영생의 근거는 오직 한 가지, 즉 우리 안에 계신 그리스도에게 있다. 그래서 사도 요한은 계속해서 이렇게 가르친다. "아들이 있는 자에게는 생명이 있고 하나님의 아들이 없는 자에게는 생명이 없느니라."(요일 5:12) 우리가 영생을 가졌음을 확신할 수 있는 유일한 조건은 단순한 믿음으로 하나님의 아들을 우리 삶에 구세주로 모셔 들이는 것뿐이다.

계속해서 사도 요한은 이런 결론을 덧붙인다. "내가 하나님의 아들의 이름을 믿는 너희에게 이것을 쓰는 것은 너희로 하여금 너희에게 영생이 있음을 알게 하려 함이라."(요일 5:13) 요한은 우리더러 그저 영생을 막연히 기대하거나 추측하게 하려는 것이 아니라 이를 분명히 알리려고 했다.

당신은 발견되었다

우리가 받은 새로운 정결은 죄사함을 받고 영생에 대해 확신할 수 있음을 의미할 뿐만 아니라, 모든 죄로부터 우리가 말끔히 씻겨 졌음도 의미한다. 죄사함은 죄에 대한 형벌과 관계된 반면에, 정결케 되었다는 것은 죄책감과 관련이 있다. 죄사함 덕분에 우리는 지옥의 고통에서 벗어났으며, 정결케 됨으로써 우리는 양심의 고통에서 벗어난 것이다.

널리 알려진 이야기에 따르면, 셜록 홈즈 탐정물의 저자인 아더 코난 도일은 자기와 친한 12명의 친구들에게 짓궂은 장난을 쳐보기로 마음을 먹었다. 그는 각각의 친구들에게 다음과 같은 간단한 전보를 보냈다. "즉시 도망쳐라 … 모든 것이 발각됐다." 전보를 받은 12명의 친구들은 누구랄 것도 없이 모두 허겁지겁 국외로 달아나버렸다.

우리 모두는 정도는 다를지 모르나 우리의 양심을 짓누르며, 우리 영혼의 진정한 기쁨을 갉아먹는 이러한 죄책감을 짊어지고서 살아가는 것이 어떤 것인지 잘 알고 있다. 우리 육체는 그러한 죄책감을 다루는 몇 가지 방법을 알고 있다. 아마도 가장 일반적인 방법은 죄의 책임을 다른 방향으로 돌리는 것이다. 또는 죄에 '불가피한 의존 관계'나 '중년의 위기', 또는 '우유부단한 심성' 등과 같은 좀더 유연한 꼬리표를 붙임으로써 죄책감을 초래하는 죄를 슬쩍 숨겨보려고 한다. 또는 삶의 분주함 속으로 숨어버림으로써 죄책감을 무마하려고 들기도 한다. 또는 자기 학대나 고행으로 죄를 대충 수습해 보려고도 한다.

하지만 이러한 반응들 중에서 그 어느 것도 완전히 정결케 된 양심에서 우러나오는 기쁨을 대신하지는 못한다. 다만 그리스도의 보혈만이 죽은 행실로부터 우리의 양심을 깨끗하게 할 수 있다.(히 9:14 참조) 내면의 참된 평안을 위한 다른 길은 결코 없으며, 오직 그리스도의 보혈로 말미암은 새로운 정결만이 참 평안을 가져온다.

우리에게 낯선 의복

정결함이라는 하나님의 은사 덕분에 무한히 부정적이었던 것들, 즉 하나님 앞에서의 죄의 형벌과 죄책감들이 모두 제거될 뿐만 아니라, 무한히 긍정적인 것들이 추가로 보태져서, 우리는 주님이 베푸신 영원한 의의 옷을 덧입는다. 그러고는 하나님의 모든 백성들과 함께 이렇게 소리 높여 외칠 수 있다. "그가 구원의 옷을 내게 입히시며 공의의 겉옷을 내게 더하심이 신랑이 사모를 쓰며 신부가 자기 보석으로 단장함 같게 하셨음이라."(사 61:10)

루터는 이것을 가리켜 '낯선' 또는 '이질적인' 의로움이라고 불렀다. 이 의로움은 전적으로 하나님께 속한 것이자 오직 하나님의 완벽한 거룩하심에 일치하는 것이고 그래서 우리의 본래 타락한 상태와는 전혀 어울리지 않는다. 그런데 이 의로움이 이제 우리 것이 되었다.

성도로서 우리는 용서받은 죄인 그 이상의 존재가 되었다. 즉 우리는 오직 하늘에 속한 가장 아름다운 의복으로 덧입혀진 거룩한 성도들이다. 그래서 매 순간 모든 상황에서 우리는, 성부 하나님의 무조건적이며 완벽한 용납을 보장해 주는 하늘의 정결로 완전히 감싸여 있다.

이러한 새로운 정결은 하나님의 자녀들에게 겸손과 감사가 어우러진 당당함과 위엄을 안겨준다. 그 당당함은 우리가 어느 때든지 하나님의 보좌 앞에 담대히 나아갈 자격을 얻었다는 사실 때문에 생겨난다. 반면에 겸손과 감사는 예전에 우리는 이런 영광과 도무지 관계가 없었다는 사실 때문에 생겨난다.

매 순간의 확신

죄사함은 우리가 자신의 영원한 운명에 대해 강력하게 확신할 수 있게 되었음을 알려준다. 어떤 죄가 혹시 우리를 하나님의 은혜의 영역 밖으로 몰아내지는 않을까 두려워할 필요가 전혀 없게 되었다. 사도 바울은 우리에게 다음과 같이 확신시켜준다. "죄가 더한 곳에 은혜가 더욱 넘쳤나니."(롬 5:20) 죄사함은 우리가 앞으로 누릴 영원하고도 완벽한 운명의 보증을 가져다준다. 그래서 내가 정말로 구원받았는지 의심스러울 때면 언제든지 이 진리는 우리로 하여금 그리스도의 십자가에 집중하도록 함으로써 그 구원의 확신을 다시금 상기시켜 준다.

그리고 정결함은 원수 마귀의 고소가 영원히 잠재워졌음을 일깨워준다. 우리는 항상 정결케 하는 보혈을 "마음에 뿌림을 받아 악한 양심으로부터 벗어나고 몸은 맑은 물로 씻"는다.(히 10:22) 그래서 죄책감에 사로잡힌 느낌이 들 때마다, 이 진리는 내 행실을 근거해서가 아니라 오직 그의 독생자의 보혈에 근거하여, 이미 나를 모든 죄에서 씻기신 보혈의 공로로 항상 하나님께 나아갈 수 있음을 상기시켜 준다.

정결케 하는 일은 총체적이다. 전하는 이야기에 따르면, 어느 날 밤 마귀가 탐욕과 욕망 등등 종교개혁자들이 범한 기나긴 죄의 목록을 들고서 마르틴 루터를 찾아왔다. 하지만 루터는 그 죄의 목록이 너무 짧다고 지적하면서 마귀가 더 기록해야 할 또 다른 범죄들도 계속 불러주었다. 드디어 목록 작성이 끝나자 루터는 마귀에게 이렇게 말했다. "이제 맨 아래에 이 말을 기록해 두게." 그리고 그는 하나님의 정결케 하시는 은혜에 대해 사도 요한이 말씀한 내용을 불러 주었다. "그 아들 예수의 피가 우리를 모든 죄에서 깨끗하게 하실 것이요."(요일 1:7) 그러자 마귀는 즉시 도망쳐버렸다.

마지막으로 그리스도의 의로 옷 입게 된 덕분에 우리는 언제든지 하나님의 은혜의 보좌 앞에 담대히 나아갈 수 있게 되었다. 우리가 덧입은 그리스도의 의의 두루마리는 하나님이 주신 은혜에 대한 겸손함과 담대함을 동시에 가져다준다. 그래서 나 자신의 실패한 모습이 나를 짓누를 때, 이 진리는 나의 가치가 스스로에게 있지 않고 내 안에 계시고 또 내가 덧입고 있는 분에게 근거함을 다시금 상기시켜 준다.

전혀 다른 하나님

더럽고 절망적인 상태로부터 벗어나 새로운 정결함으로 덧입기 위한 필수불가결한 출발점은 먼저 하나님을 똑바로 바라보는 일에서 시작된다. 똑바로 바라본다는 것은 그분에 대해 우리가 막연히 추정했거나 들었던 것들이 아닌 있는 그대로 그분을 바라본다는 뜻이다.

하나님에 대해서는 전혀 아무것도 모르는 어떤 사람이 당신에게 이런 질문을 해왔다고 상상해 보라. "당신이 믿고 있는 이 하나님을 바로 알기 위해 내가 맨 처음에 알아야 할 것은 무엇인가요?" 그러면 당신은 뭐라고 대답하겠는가?

"그분은 사랑스러운 아빠세요"라고 대답할 것인가? 아니면 "그분은 당신의 최고 친구입니다." 혹은 "그분은 무한히 지혜로우시며 가장 위대하신 분입니다"라고 대답하겠는가?

　내가 생각하기에 오늘날 대부분의 사람들은 사랑이 많은 아버지의 이미지로 하나님을 생각하는 것 같다. 우리는 하나님이 다정하게 하늘에서 손을 뻗쳐 이렇게 말씀하시리라 기대한다. "안녕! 내 이름은 하나님이란다. 내가 너를 사랑하고 너를 위해 놀라운 삶을 준비해 두었다는 사실을 알아주길 바란다." 물론 이것은 틀린 것은 아니지만, 우리가 하나님을 처음 대면할 때 만나게 되는 그런 모습은 결코 아니다.

　우리가 — 사도 바울이 신중하게 써내려간 편지이자, 신약성경에서 복음을 가장 심층적으로 다루고 있는 — 로마서의 저변에 깔려 있는 바울의 논리적 패턴을 따른다면, 하나님과의 만남에 대한 우리의 출발점은 상당히 달라질 것이다. 로마서의 첫 장에서 바울이 소개하는 하나님의 압도적이고 지배적인 모습은 무한히 거룩하고 공의로우신 심판관이다. 그래서 놀랍지만 우리가 처음 대하게 되는 하나님의 속성은 다름 아닌 진노하시는 하나님이다.

　그런데 많은 사람들이 이 사실에 대해 놀라워하는 이유는 무엇일까? 몇 년 전 우리 가족은 교회의 실내 체육관에서 진행되는 행사에 참가한 적이 있었다. 네 살 먹은 막내아들은 행사장 입구에서부터 내 바짓가랑이를 붙잡고 졸졸 따라왔다. 그러다 체육관에 모여든 복잡한 군중들 사이에서 그만 다른 남자의 바짓가랑이를 붙잡고 말았다. 얼마 못 되어 저 멀찍이서 나름대로 확신을 가지고 남의 바짓가랑이를 붙잡고 서 있는 아들 녀석의 모습이 눈에 들어왔다. 나는 즉시 다가가 몸을 숙이고서 시침 뚝 떼고 여기서 뭐하느냐고 물어보았다. 깜짝 놀란 그 아이는 자기가 누구를 붙잡고 있는지 잠깐 위를 올려다보더니 즉시 바짓가랑이를 놓고는 나에게로 달라붙었다. 어이쿠! 아빠를 잘못 찍었잖아!

성도이건 불신자이건 오늘날 많은 사람들은 성경이 말하는 것과 일치하지 않는 하나님의 모습을 자기 나름의 확신을 갖고 붙잡고 있다. 그러한 모습 중에서 가장 대표적인 것 하나는 오직 사랑과 자상함만이 가득한 하나님, 그래서 신격화된 신사와 같은 하나님이다. 이에 대해 C. S. 루이스는 이렇게 적절히 지적하고 있다.

사실 우리는 하늘에 계신 아버지가 아니라 그저 하늘에 계신 할아버지를 원한다. 흔히 말하듯이 '젊은이들이 인생을 즐기는 모습을 보기 좋아하는' 할아버지, 세상에 대한 계획이라고 해봤자 하루가 끝날 때마다 '오늘도 모두 즐겁게 보냈지'라고 말할 수 있게 만드는 것이 고작인 연로하고 인자한 할아버지를 원한다.

순서에서 제외되는 존재

하나님은 사랑이시다. 하지만 사랑이 하나님의 전부도 아니며 그분이 행하실 수 있는 모든 것도 아니다. 상당수의 성도들은 하나님의 가장 기본적인 속성이 사랑이 아닌 거룩, 즉 그분의 공의로운 진노의 근원이기도 한 절대적인 거룩이라는 사실에 대해 매우 놀라워한다. 하나님의 거룩은 그분이 이 세상의 모든 것으로부터 구별된 존재, 즉 모든 구분에서 예외가 되는 존재임을 의미한다. 1등부터 순위를 정한다면, 하나님은 어느 순위에도 속하지 않는, 우리가 측정하기에는 너무나도 높고 광대하시다. 그리고 그분의 모든 다른 속성들 역시 마찬가지다.

하나님의 절대적인 거룩함으로 인한 분명한 사실 하나는, 하나님을 처음 만났을 때 그분을 꼭 안을 수 있는 사람은 한 사람도 없다는 점이다. 우리는 이런 사실을 성경 전편에서 찾아볼 수 있다. 그분을 처음 만났던 사람들은 그분의 임재 앞에 한결같이 두려워 떨었으며, 그분의 발 앞에 엎드러졌다. 그분을 만난 경험이 이들 모두를 무너뜨렸던 것이다.

이와 관련해서 마르틴 루터는 이렇게 적고 있다.

> 당신은 누구라도 감히 다가갈 수 없는 빛 가운데 하나님이 거하신다는 사실을 알지 않는가? 허약하고 무지한 피조물인 우리는, 경이로운 하나님의 이해할 수 없는 위엄과 감당할 수 없는 빛을 나름대로 증명하고 이해하려고 한다. 그래서 감히 하나님께 나아가며 그분께 다가갈 준비를 한다. 하지만 우리를 압도하고 산산이 무너뜨리는 그분의 위엄은 얼마나 놀라운가?

압도하고 무너뜨리는 것, 이것이 하나님의 참 모습이다. 그리고 그분이 당신이나 나에게 진취적인 기상을 주셨든 그렇지 않든 관계없이 그분의 모습은 여전히 변하지 않고 남아 있다.

존 화이트(John White)는 그런 하나님을 가리켜서 "맹렬한 진노의 하나님"이라고 부르면서 이런 표현이 너무 극단적으로 들리지는 않을까 하는 생각을 했다.

아마 그럴지도 모른다. 하지만 당신은 곧 알겠지만 나는 우리가 믿고 싶어하는 그러한 종류의 하나님에는 별로 관심이 없다. 내가 알고 싶은 것은 있는 그대로의 하나님이다. 우리 그리스도인들은 우상 숭배자들이다 … 물론 나무로 새겨 그분을 만들지는 않았지만 우리는 그분의 결코 잊을 수 없는 일부분을 잊어버리려 하고, 우리 자신의 개인적인 안락에 맞추어 그분을 새롭게 만들어내려 한다.

언젠가 나는 자신을 복음주의자로 소개하면서도 '편안한 느낌'을 가져다주는 유형의 하나님에 대해 말하던 사람이 쓴 소논문을 읽은 적이 있다. 그는 적어도 우리 모두가 하고 있는 것, 다시 말해서 하나님을 일종의 거룩한 곰 인형과 같은 분으로 만들려고 하는 데 대해 아주 솔직했다.

우리는 하나님의 대외 홍보 전문가가 아니라 있는 그대로의 하나님을 증거하도록 부름 받았다. 그래서 우리가 증거할 유일한 이미지는 올바른 것이어야 한다. 그 이미지에 어떤 효과를 덧대는 것은 우리의 목표가 아니다. 하나님의 성품은 그분의 가장 멋있는 얼굴을 보여주고자 하는 대중매체를 위한 가십거리가 결코 아니다.

오늘날 우리는 나무를 깎아 우상을 만들려고 하지는 않지만, 오히려 참된 하나님의 모습에서 우리가 가장 불편하거나 불안해하는 속성들을 제거하려 든다. 우리는 마치 뷔페식 식당에서 음식을 하나하나 차례대로 즐기기는커녕 맛있어 보이는 것만 접시에 담으려고 뛰어다니는 아이들과 같다.

A. W. 토저는 이렇게 쓰고 있다. "우리는 제멋대로 하나님을 다루기 쉬운 수준으로 전락시키려고 하는 경향이 있다. 그분을 부려먹기 편한 곳에서 그분을 찾고 싶어하거나 최소한 그분이 필요할 때 쉽게 발견할 수 있는 곳 정도만 알아두려고 한다. 어느 정도 자기 손으로 다룰 수 있는 그러한 하나님을 원하는 것이다."

죄를 향한 하나님의 맹렬한 진노를 배경으로 이해하지 않고서는 하나님이 새로운 정결과 함께 우리에게 베푸시는 사랑은 결코 놀라운 것이 되지 못한다. 하나님을 전적으로 오직 사랑의 하나님으로만 이해할 때 우리는 용서를 그분의 당연한 의무 정도로 생각하려고 할 것이다. 그렇게 되면 그분의 사랑은 우리에게 아무런 파급 효과나 감동을 가져다주지 못한다. 받는 것이 당연하다고 생각하는 은혜는 결코 우리를 변화시킬 수 없다. 그의 사랑과 용서가 진정 우리의 삶을 변화시키는 원동력이 되기 전에, 우리는 먼저 하나님의 불타는 거룩하심을 똑바로 직시해야 한다. 우리는 과연 우리가 원하는 하나님이 아닌 있는 그대로의 하나님께로 기꺼이 나아갈 수 있겠는가? 이것이 그리 쉬운 행보는 아니다. 하지만 그렇게 할 수 있다면 우리의 삶은 예전과 다른 모습으로 변화할 것이다.

사자의 공격

우리가 지금 동물원에 있다고 상상해 보자! 함께 동물들을 구경하고 있는데, 갑자기 당신은 담장을 넘어 들어가서는 어린 양의 부드러운 털을 쓰다듬는다. 어린 양도 머리를 들고는 당신의 손을 핥는다. 당신은 '참 귀엽구나' 하고 생각하다가 다른 곳으로 자리를 뜨려 한다.

그러다 갑자기 내가 '조심해' 하고 외치는 소리에 화들짝 놀라며 돌아본다. 당신의 뒤에서 정말 크고 사나워보이는 사자가 소리없이 다가오고 있는 것이 아닌가? 사자는 방금 우리에서 도망쳐 나왔으며 당신은 그 맹수의 희생양이 될 처지에 놓여 있다.

도망칠 길이 없다. 사자는 입을 크게 벌리고서 당신에게 다가오고 있다. 곧이어 당신을 덮친 맹수는 언제 그랬냐는 듯 당신의 손을 핥으며 온순하기만 하다. 막 죽을 고비를 넘긴 당신은 깊은 안도의 숨을 내쉰다.

방금 사자와 양 중에서 어떤 동물이 당신의 손을 핥는 것이 의미가 더 크겠는가? 당연히 사자일 것이다. 왜 그런가? 어린 양은 불가능하겠지만 사자는 커다란 입과 발톱으로 당신을 갈기갈기 찢어 삼킬 수 있기 때문이다.

하나님의 어린 양의 용서에 대해서 사람들이 별로 놀라지도 않고 기뻐하지도 않는 근본적인 이유는 자신들의 죄에 대한 사자와 같은 하나님의 맹렬한 진노를 거의 또는 전혀 이해하지 못하기 때문이다. 사형수 감방에 들어가 있을 때에야 비로소 사면장에 기뻐

춤추는 것이다.

요한계시록에서 사도 요한은 "유대 지파의 사자"를 바라본 이후에야 비로소 "죽임을 당한 어린 양"을 목격한다.(계 5:5-6) 이 순서는 결코 바꿀 수 없다. 우리는 주님을 사자로서 만나기 전까지는 어린 양으로 만날 수 없다.

지옥

현대인들에게 이보다 더 끔찍한 교리는 없겠지만 죄인들이 영원한 고통 속에서 형벌을 받는 지옥과 같은 장소가 존재하는 것도 바로 사자의 맹렬한 진노 때문이다.

조나단 에드워즈는 '진노한 하나님의 손에 붙들린 죄인들'이라는 제목의 설교로 가장 잘 알려져 있다. 그가 하나님의 영원한 진노에 대한 이 메시지를 설교한 이유는 무엇일까? 이와 관련해서 나는 R. C. 스프라울의 분석에 전적으로 동의한다.

> 그가 이런 설교를 한 것은 사람들을 두렵게 하려는 가학적인 즐거움에서가 아니라 깊은 동정심 때문이었다. 그는 청중들을 너무나도 사랑하여 하나님의 진노에 직면했을 때의 치명적인 결과에 대해 그들에게 경고해 주고 싶었다. 그는 이들을 죄의식에 사로잡힌 상태로 몰아가는 것에 전혀 관심이 없었다. 오히려 회심하지 않으면 결국 직면하게 될 위험에 대해 이들을 각성시키려 했다.

모든 불신자가 마주치게 될 이 위험은 참으로 무시무시하다. 성경에서 묘사하는 지옥의 주된 이미지는 꺼지지 않고 영원히 타오르는 불이다.(마 18:8, 막 9:43-48) 이 불이 문자적인가 아니면 상징적인가 하는 문제는 그리 중요하지 않다. 그 형벌이 정확히 무엇이든 죄인의 육체와 불의 관계는 그 영혼과 지옥의 관계와 같거나 그 이상이다. 그리고 무한히 위대하신 하나님의 완벽하고도 맹렬한 진노와 맞닥뜨린다는 것이 무엇인지 완벽하게 묘사할 단어는 없다.

이 지옥의 상태는 또한 결코 바꿀 수 없다. 일단 불신자가 영원한 형벌에 처하게 되면 두 번 다시 기회가 주어지지 않는다. 예수님은 천국에서 나사로와 함께 있는 아브라함이, 한때 부자였다가 지옥의 고통 가운데에서 부르짖는 불쌍한 죄인의 간청에 대답했던 이야기를 들려준다. "너희와 우리 사이에 큰 구렁텅이가 놓여 있어 여기서 너희에게 건너가고자 하되 갈 수 없고 거기서 우리에게 건너올 수도 없게 하였느니라."(눅 16:26) 사람들은 지옥에 처한 부자가 선교를 위한 열렬한 후원자로 변신했음에 주목하곤 한다. 그는 나사로를 자신의 다섯 형제들에게로 보내 "저희로 이 고통 받는 곳에 오지 않게" 해달라고 아브라함에게 간청했다.(눅 16:28) 지옥의 고통이 너무나도 끔찍해서 이 부자는 전에 자기가 사랑했던 사람이라면 누구든지 그 곳에 와서는 안 되겠다고 생각했다.

하나님의 진노로 인한 이 형벌은 또한 영원한 형벌이다. 이는 말 그대로 "영원한 멸망의 형벌"이다.(살후 1:9) 불신자들은 자신의 존재가 그냥 없어져버리는 것조차 바라지 못한다. 예수님은 지옥을 가리켜 "구더기도 죽지 않"는 곳으로 묘사했다.(막 9:48) 에드워즈는 죄인들에게 이렇게 경고했다.

> 이 전능하신 하나님의 맹렬한 진노를 한 순간만 받는다 할지라도 이는 무서운 일입니다. 그러나 당신은 그것을 영원토록 받게 될 것입니다. 이 가공스러운 비극은 결코 끝나지 않을 것입니다. 그 끝이 언제일까 기대하지만, 영원토록 한없이 그 고통이 계속되면서 당신의 영혼을 삼키고 당신을 놀라게 하는 것을 계속 지켜볼 것입니다. 그곳에서 구출을 받거나 그 고통이 끝난다거나 잠깐의 휴식이 있거나 쉼을 얻을 것이라는 생각은 전혀 할 수 없는 절대적인 절망에 빠지게 될 것입니다. 당신은 분명 이 전능하고도 무자비한 보응에 맞서 수백만 년 아니 영원토록 맞서 싸우다가 지칠 수밖에 없음을 깨닫게 될 것입니다. 게다가 이런 고통 속에서 수백만 년을 보내고 수 없는 세대가 지나가더라도 앞으로 남은 것에 비하면 그 모든 세월은 하나의 점에 불과하다는 것을 깨닫게 될 것입니다 … 그처럼 당신의 형벌은 참으로 무한할 것입니다.

바로 이런 이유 때문에 우리가 불신자들에게 오직 하나님의 사랑만을 강조하고는, 회개하지 않을 때 직면하게 될 비극적인 결말에 대해서 눈물로 경고하지 않는 것이, 결국 그들에게는 말로 다 할 수 없이 중대한 범죄가 되고 마는 것이다.

벼락에 맞다

최근 아들과 함께 폭풍우 속에서 차를 몰고 가는 중에 갑자기 벼락이 차에 떨어졌다. 그러자 갑자기 자동차의 경적이 제멋대로 울리고 계기판의 불빛은 미친 듯이 깜박거리고 차는 가속 페달을 밟아도 아무 반응이 없었다. 차량 내부의 모든 배선이 타버렸는지 연기와 함께 타는 냄새가 났다. 하지만 우리는 멀쩡했다. 번개가 직접 내려치는 것을 보았고 엄청난 천둥소리까지 울렸지만, 차량에 타고 있던 우리에게까지 영향을 주지는 못했다. 차 안에 있었기 때문에 안전했던 것이다.

하나님의 진노는 이런 천둥번개와는 비교할 수 없을 정도로 더 실제적이고 강력하며 파괴적이다. 하지만 예수 그리스도께서 십자가 위에서 하나님의 진노를, 즉 우리의 죄로 자초한 하나님의 진노의 모든 저주를 친히 자신의 몸으로 받으셨다. 그래서 '그리스도 안에 있는' 우리는 우리에게로 내려치는 그 어떤 하나님의 진노로부터 절대적으로 안전하다. 하나님의 맹렬한 진노로부터 우리를 온전히 보호하시고자 그리스도께서 이를 친히 모두 담당하셨기 때문에 그 안에 있을 때 우리에게는 진노가 전혀 미치지 않는 것이다. "나 위하여 십자가의 중한 고통 받으사 대신 죽은 주 예수의 사랑하신 은혜여."(찬 403)

하나님이 우리를 정결케 하시는 이 은혜는 얼마나 놀라운 것인가? 나는 당신이 예전에 제대로 깨닫지 못했을 이 정결의 은혜에 대해 깊이 생각해 보라고 권하고 싶다. 하나님이 당신을 바라보실 때 그분의 표정은 어떨 것이라고 생각하는가? 이 장에서 다룬 내용을 고려할 때 그분의 표정으로 떠올렸던 것은 과연 바른 것이었나? 당신은 과연 자신의 영원한 구원에 대해 확신하는가? 또 죄사함과 정결케 된 것, 그리고 그리스도의 의로 옷 입은 존재라는 것에 대해 절대적으로 확신하는가? 당신은 이런 진리들을 그저 지식으로만 받아들이고 있는가, 아니면 당신의 마음 깊숙이 심어놓고 있는가? 그리고 주께서 당신에게 베푸신 새로운 정결의 은사에 대해 진정으로 놀라고 감사하기에 충분할 정도로 하나님의 공의로운 진노를 올바로 이해하고 있는가? 요한복음 10장과 요한일서 5장, 그리고 계시록 5장을 더 읽고 천천히 묵상하면서 이런 진리들을 더욱 분명히 확인해 보라.

06
위험하지만 모험할 가치가 있는 것

하나님이 베푸시는 값없는 사랑과 용서에 관한
거대하고도 온전한 은혜가 갑자기 우리에게 다가오기 시작한다.
이것이 바로 우리를 무너뜨리고 … 자유롭게 하며 …
우리를 변화시키는 것이다.
_폴 투르니에

우리가 받은 정결함이라는 새 언약의 선물은 약간은 위험하면서도 새롭게 바라볼 가치가 있는 것, 즉 하나님의 은혜로부터 유래한 것이다.

수년 전, 우리 가족은 그랜드 캐니언을 방문한 적이 있었다. 날씨는 화창하고 아름다웠으며, 눈앞에 펼쳐진 장관에 모두가 숨이 멎을 지경이었다. 그런데 낮은 가드레일 역시 우리의 긴장감을 더해 주었다. 아이들은 위험한 줄도 모르고 절벽 끝으로 달려가서 협곡의 장관을 좀더 실감나게 구경하려고 했다. 하지만 나는 본능적으로 아이들이 아래로 떨어지지 않도록 붙잡아야만 했다. 그러고는 10미터 정도 뒤로 물러서 있으면 내가 직접 그 장관을 잘 보고

와서 전해 주겠다고 했다. 하지만 아이들은 내 생각을 별로 좋아하지 않았다. 협곡의 장엄한 모습을 완전히 감상하고 그 효과를 제대로 맛보려면 절벽 가장자리로 다가가야 한다.

하나님의 은혜도 이와 마찬가지다. 은혜가 우리를 숨막히게 하고 우리 삶을 완전히 사로잡도록 하려면 우리는 그 가장자리까지, 다시 말해 은혜를 잘못 이용할 잠재적인 가능성을 넘어서서 은혜의 압도적인 놀라움의 세계에 푹 빠질 수 있는 지점까지 나아가야만 한다.

오늘날 교회는 사람들이 은혜를 지나치게 남용하고 방종과 불법으로 빠져들지 않도록 하기 위해 지나치게 많은 가드레일을 세워 놓고 제한 규정들을 마련해 두고 있다. 그렇게 함으로써 우리는 더 큰 위험을 양산해 냈다. 즉 은혜로부터 너무나도 멀찍이 떨어뜨려 놓아 결국 하나님의 은혜를 풍성히 누리지 못하게 만드는 것이다.

불합리하고 상상할 수조차 없이 강력한 은혜

당신이 하나님의 은혜가 무엇인지 이해했다고 말한다면, 정말 그 은혜를 바로 이해하기에 충분할 정도로 그 은혜의 세계에 가까이 다가간 것인지 나는 의심이 든다. 진짜 은혜는 우리의 이해의 영역을 초월하며 … 다만 경험할 뿐이다. 그래서 은혜란 하나님의 불합리하고도 상상할 수 없는 친절이다. 그런데 이 은혜라는 단어를 너무나도 자주 사용하다보니 성도들은 그 단어가 의도하는 파급효과에 그만 무덤덤해져버렸다.

새 언약에 포함된 하나님의 은혜는 세상의 그 어떤 종교로부터 얻을 수 있는 모든 유익을 초월한다. 사실 대부분의 종교는 중요한 교리로서 인과응보를 신봉하고 있다. 그래서 (주로 이슬람과 불교에서처럼) 사람이란 마땅히 받아야 할 것을 받는다고 믿는다. 이와 아울러 많은 종교들이 자비의 개념, 즉 사람은 각자가 마땅히 받아야 할 형벌을 모두 받은 것은 아니라는 내용도 믿고 있다. 하지만 오직 기독교만이 아무런 합리적인 이유도 없이, 그리고 냉정하게 따져볼 때 전혀 받을 자격이 없는 것을 거저 받은 은혜의 충만한 개념을 제시하고 있다. 은혜는 (다른 종교의) 자비와 질적으로 다른 것이다.

어찌 보면 이 세상에서 가장 비합리적인 것이 은혜이다. 이것은 또 가장 강력하기도 하다. 비록 위험할 때도 있지만 삶을 변화시키는 데 은혜보다 더 효과적인 것도 없다.

내가 처음으로 은혜를 누렸던 경험이 아직도 생각난다. 내가 일곱 살 정도 됐을 때 우리 가족은 캘리포니아로 휴가를 떠났다. 어느 날 점심 식사 때 나는 스프를 먹지 않겠다고 투정을 부렸다. 그랬더니 엄마는 저녁 식사 전까지는 아무것도 먹어서는 안 된다고 말씀하셨다.

그 날 오후에 나는 아빠와 함께 심부름을 하러 시내에 나갔다. 어느 상점에 들렀을 때 아빠는 아이스크림을 하나 주문하더니 나에게도 먹고 싶은지 물어보셨다. 나는 점심 식사 시간에 있었던 일과 엄마의 금지사항을 알렸다. 아빠는 빙그레 웃으시면서 그 내용을 잘 알고 있다고 하셨다. 그리고 원하면 아이스크림을 먹을 수 있다는 말씀도 덧붙이셨다. 그래서 나도 기꺼이 하나를 주문했다.

아빠가 보여주신 행동이 특별히 좋은 가정교육 방법이라고 인정하는 뜻은 아니다. 하지만 그 때 내가 아빠에게서 체험했던 것은 분명 받을 자격이 없는 것을 받아본 첫 번째 놀라운 은혜였다.

그로부터 1년 후에 아빠는 암으로 돌아가셨다. (엄마는 아빠가 나를 여러 차례 혼내셨다고 말씀하시지만) 지금 나는 아빠가 한 번이라도 나를 혼내신 적이 있는지 전혀 기억이 나지 않는다. 그리고 그 날 일어났던 일은 아빠에 대한 가장 생생한 기억으로 내 뇌리에 남아 있다. 어린 소년의 마음에 깊이 각인된 것은 아빠의 공의가 아닌 은혜라는 귀중한 체험이었다.

진정한 은혜의 능력처럼 한 사람의 영혼을 강력하게 사로잡고 변화시킬 수 있는 것이라고는 아무것도 없다.

언젠가 주말 아침에 나는 아내가 침대에서 아침 식사를 즐길 수 있도록 해주고 싶었다. 근처 맥도날드 가게로 차를 몰고 가서는 적당한 메뉴를 주문했다. 하지만 계산하려고 보니 90센트가 부족했다. 당황한 나는 점원에게 계산을 잘못해서 주문한 걸 가져갈 수 없다고 말했다. 그녀는 얼마가 부족하냐고 물었고 내가 대답하자 한 번 씽긋 웃고는 괜찮다며 그냥 가져가라고 했다. 얼떨결에 음식을 받아든 나는 부족한 돈을 바로 가져다주겠다고 했다. 하지만 그녀는 괜찮으니 신경 쓰지 말라고 했다. 그래서 이번에는 당장이 아니

06 위험하지만 모험할 가치가 있는 것 129

어도 괜찮다면, 다음에 맥도날드에 올 때 차액을 꼭 지불하겠다고 했다. 그녀는 여전히 웃으면서 아침을 맛있게 드시고 방금 내가 약속한 건 다 잊어버리라고 대답했다. 나는 그녀가 베푼 은혜에 감사하며 집으로 돌아왔다.

다음 번에 가벼운 아침 식사를 위해 차를 몰고 나갈 때, 내가 당연히 가고 싶었던 곳이 어디인지 맞춰보라. 바로 맥도날드였다. 그 이유는 의무 때문도 아니고 또 내가 받았던 것에 대한 보상 차원도 아니었다. 다만 받을 자격이 없는 것을 값없이 받았고, 이후 내 마음이 예전과는 완전히 달라졌기 때문이다.

어떤 형태로 나타나든 이것이 바로 진짜 은혜의 능력이다.

억제할 수 없는 기쁨

성경에서 은혜에 대한 가장 위대한 장면 가운데 하나는 예수님이 들려주신 탕자의 비유에 등장하는 아버지의 모습에서 찾아볼 수 있다. 여기에서 "그 아들이 아직 먼 거리에 있는데 아버지가 그를 보고"라고 한다.(눅 15:20, 쉬운성경) 이로부터 우리는 아버지가 매일같이 일하는 중에도 계속해서 저 멀리 지평선을 자세히 살펴보고 있었음을 알 수 있다. 이와 마찬가지로 하나님의 은혜는 우리가 먼저 찾아내야 할 어떤 것이 아니라, 오히려 주께서 우리에게 베풀기 위해 계속해서 살피시는 어떤 것이다.

이 비유를 듣다가 하나님으로부터 멀리 도망친 자가 바로 자신임을 깨달은 사람도 있을 것이다. 하지만 명심할 사실은 그분은 결코 당신을 포기하지 않으신다는 것이다. 사실 그분은 당신이 돌아오기를 목이 빠지도록 기다리고 계신다.

이 비유에서 우리는 또 은혜에서 비롯된 억제할 수 없는 기쁨도 느낄 수 있다. "아버지가 그를 보고 측은히 여겨 달려가 목을 안고 입을 맞추니."(눅 15:20) 당시 문화에서는 나이가 많은 사람이 누군가를 맞이하러 달려가는 것은 매우 천박한 것으로 여겨졌다. 하지만 하나님의 은혜는 위엄을 갖춘 인내나 참을성 있는 근엄함과는 비교할 수 없다.

당신 가까이 달려와서는 당신을 얼마나 사랑했는지 아느냐고 물으시는 하나님의 모습을 상상해 본 적이 있는가? 사랑하는 자가 돌아왔을 때 하나님의 은혜는 결코 점잔을 빼면서 가만히 있지 못한다. 그분은 항상 우리를 가슴 깊숙이 동정하신다. 그 사랑은 억누를 수 없는 열정과도 같으며, 그 열정에 감염되어 결국 우리 역시 그분께 자신의 열정을 모두 태우도록 하는, 그러한 사랑이다.

집으로 돌아오는 아들을 달려가 얼싸안는 이 아버지의 모습을 잘 생각해 보라. 이것은 조심스럽게 내뻗은 악수가 결코 아니다. 그는 "달려가 아들을 끌어안고 입을 맞추었다."(눅 15:20, 쉬운성경) 헬라어 동사의 시제는 반복되는 행동을 암시하고 있다. 즉 계속해서 입을 맞추었다는 의미이다. 하지만 이 아들에게서 어떤 냄새가 났을지 상상해 보라. 돼지 냄새와 땀 냄새에다가 흙먼지가 펄펄 날리는 몸에서는 분명 고약한 냄새가 났을 것이다. 하나님이 십자가상에서 당신과 나 같은 죄인을 만나주실 때에도 마찬가지다. 그곳에서 하나님은 온갖 더러움에도 불구하고 우리를 뜨겁게 포옹해 주시고 번쩍 들어올려 품에 안아 주신다.

집에 가까이 오면서 탕자는 아버지로부터 어떤 반응을 기대했을까? 아마도 제일 먼저 깨끗이 씻으라는 퉁명스러운 명령이 내려질 거라 기대했을 것이다. 그 다음에는 앞으로 집에 머무를 때 지켜야 할 규칙들이나 보호 관찰에 대한 지침들, 그리고 탕진해 버린 재산에 대한 보상 계획과 같은 엄격한 규정들이 제시될 것이다. 어쨌든 규정을 어기면 더 이상 용서를 받기는 어렵지 않겠는가?

그런데 이 아들은 절대적이고 무조건적으로 용서를 받고 다시 아들로 받아들여졌다. 그리고 이것이 바로 우리가 성부 하나님을 만날 때마다 얻을 수 있는 바로 그 은혜이다.

끝없이 흐르는 강물

예수님의 비유에서 은혜는 끝없이 흐르는 강물처럼 계속 이어진다. 아버지는 종들에게 이렇게 말한다. "제일 좋은 옷을 내어다가 입히고 손에 가락지를 끼우고 발에 신을 신기라 그리고 살진 송아지를 끌어다가 잡으라 우리가 먹고 즐기자."(눅 15:22) 하나님이 베푸시는 은혜의 관대함은 상상할 수 없을 정도이다. 그것은 모든 합리적인 기대치를 넘어선다.

아버지의 말 속에서 '제일 좋은' 옷은 특별한 명예를 가리킨다.

당신과 내가 구원을 위해 십자가 아래로 다가갈 때 하나님은 우리의 죄를 용서하실 뿐만 아니라 제일 귀한 곳, 즉 그리스도의 의로 우리를 입히신다.

예수님 당시 반지는 계약을 보증하기 위해 봉납 위에 인장을 찍는 데 사용되었다. 그래서 아버지가 주는 반지는 자신의 권위를 양도한다는 의미이다. 이것은 마치 아들에게 가족용 신용카드를 내어주는 것이나 마찬가지다. (만일 이 탕자가 당신의 아들이라면 당신은 얼마나 순순히 그에게 신용카드를 건네줄 수 있겠는가?) 은혜는 이렇게 인간의 이성으로는 결코 생각할 수 없는 위험이라도 기꺼이 감수하려고 한다.

당신과 내가 그리스도를 믿었을 때, 하나님은 우리에게 그분의 이름으로 일을 처리할 수 있는 권세를 주셨다. 그러면 우리는 과연 이러한 이상한 특권을 누릴 자격이 있는가? 당연히 아니다. 하지만 은혜의 세계에서는 합당한 자격 때문에 주어지는 것이라고는 하나도 없다.

탕자의 비유에서 아버지는 맨발로 돌아왔을 아들에게는 결코 어울리지 않는 신발을 가져오라고 종들에게 명했다. 당시에는 오직 종이나 극빈층만이 맨발로 다녔던 것으로 보아, 아들에게 준 신발은 다시 회복된 친밀한 부정(父情)을 가리킨다. 아들은 아버지의 종이나 될 작정으로 집으로 돌아왔다. 하지만 아버지는 아들이 미처 요구하기도 전에 그의 아들의 신분을 회복시켜 주었다. 반역에도 불구하고 아버지와의 관계는 결코 깨어지지 않은 것이다. 집을 버리고 떠날 때에도 그는 아들이었고, 돼지와 함께 뒹굴 때에도 여전히 아들이었으며, 집으로 돌아올 때에도 아들이었다. 그의 아들된 신분은 영원히 변하지 않았다. 오직 은혜만이 결코 끊어질 수 없는 하나님과의 관계에 대한 안전을 보장해 준다.

낭비하는 아버지

이 모든 선물 이외에 아버지는 아끼지 않은 관용을 과시하기라도 하듯이 잔치를 준비하라고 했다. 당신은 혹시 탕자(혹은 낭비자, prodigal)라는 단어의 원래 의미가 무엇인지 알고 있는가? 우리는 이 말이 그저 '제멋대로'(wayward)라는 뜻을 담고 있다고 생각하지만, 원래 이 단어는 '과도하거나 넘쳐흐르다'는 의미의 어근에서 유래했다. 탕자란 돈 씀씀이가 헤픈 사람을 가리키며, 재능이 남아도는 작가(a prodigious writer)를 뜻한다. 예수님의 비유에 등장하는 아들은 과다한 쾌락을 위해 엄청난 재산을 쏟아서 낭비했기 때문에 탕자로 불린다. 하지만 내가 보기에 이 비유는 사실 탕자의 비유가 아니라 낭비하는 아버지(the prodigal father), 즉 전혀 자격이 없는 사람에게 터무니없는 관용과 비합리적인 친절을 베푸는 아버지에 대한 비유이다. 그리고 이것이 바로 우리의 세속적인 기대치를 넘어서는 은혜와 사랑의 하나님의 참 모습이다.

우리는 하나님의 터무니없는 관용과 비합리적인 친절의 극치를 십자가에서 보게 된다. 다음은 내가 직접 자유롭게 번역해 본 로마서 5장 8절의 말씀이다. "우리가 아직 돼지우리에 있을 때에 그리스도께서 우리처럼 무가치한 자들을 위하여 그 보혈을 흘려주심으로 하나님이 우리에게 대한 자기만의 특별한 사랑을 확증하셨느니라."

이렇듯 과도한 은혜라 하더라도 하나님이 우리를 전혀 징계하지 않으신다는 것을 뜻하지는 않는다. 하지만 우리를 향한, 그의 보혈로 값 주고 산 자녀들을 향한 그분의 근본적이고도 흔들림 없는 입장은, 단호하고도 확고하며 전적이고도 아낌없는 용납에 있다. 우리는 이제로부터 그리고 영원히 하나님의 사랑하시는 자로 받아들여진 것이다.(엡 1:6)

오용의 위험성

'음, 하나님의 은혜가 그렇게 발휘된다면 — 내 모든 죄가 무조건 용서된다면 — 은혜가 더욱 활동할 기회를 주는 게 뭐 어때? 내가 더 세상에서 즐길수록 하나님은 더 영광을 받으신다. 왜냐하면, 그분에게 더 큰 은혜를 발휘할 기회를 드리는 셈이니까. 이 얼마나 멋진 거래인가! 지금은 내 맘대로 살다가 죽고 나면 천국에서 또 맘껏 즐기면 되는 거야.'

하지만 이러한 생각이 바로 하나님의 은혜를 모독하는 우리 육체의 반응이다. 이것이 사도 바울이 예견했던 것이며 당대에도 직접 목격할 수 있었던 것이다. 그래서 바울은 이렇게 수사학적인 질문을 던진다. "그런즉 우리가 무슨 말을 하리요 은혜를 더하게 하려고 죄에 거하겠느냐?"(롬 6:1) 바울은 이어서 즉시 대답한다. "그럴 수 없느니라."(롬 6:2) 그러면 사도 바울이 이런 결론을 내리는 이유는 무엇인가?

첫째로 바울이 명백히 언급하지 않은 것들부터 살펴보자. 바울은 그 어느 곳에서도 우리가 계속 죄 가운데 거하면 구원을 잃어버릴 것이라고 말하지 않는다. 또 우리가 계속 죄를 범하면 진정으로 구원을 받은 것이 아니라고는 말하지 않는다.

그가 말하는 핵심은, 우리는 더 이상 예전의 존재가 아니므로 예전처럼 살아서는 안 된다는 것이다. 그는 "죄에 대하여 죽은 우리가 어찌 그 가운데 더 살리요"라고 단호히 외친다.(롬 6:2)

은혜의 복음을 전하던 사도 바울은 주위로부터 율법주의자라는 비난은 결코 받은 적이 없지만, 오히려 방종을 조장한다는 비난에 직면했다. 그리고 당시에 나타났던 현상은 오늘날에도 여전히 나타난다. 다시 말해 은혜를 올바로 선포하다 보면 항상 율법폐기론(antinomianism, 율법 준수를 무시하면서 마음대로 살라는 주장 — 옮긴이)을 전한다는 비난에 직면하게 된다. 마틴 로이드 존스는 이것이 바로 "복음 설교에 대한 매우 좋은 시금석"이라고 말했다. "만일 구원의 복음에 대한 내 설교와 가르침이 이러한 오해를 초래하지 않는다면, 그 설교는 결코 복음이 아니다." 다시 말해 은혜를 증거하다 보면 무책임한 삶을 조장한다는 오해를 불러일으키기 마련이라는 것이다.

물론 은혜가 때로는 잘못 오용될 수 있다는 것은 사실이며, 그러한 오용은 끔찍하고도 비극적이다. 그래서 유다서는 "우리 하나님의 은혜를 도리어 방탕한 것으로 바꾸"는 자들에 대해 경고하고 있다.(유 4) 하지만 은혜가 오용될 위험에 대한 해결책은 은혜를 제한하거나 자격을 규정함으로써 얻어지지 않는다. 은혜를 오용할 잠재적 가능성이 없으면 변화의 능력도 사라지고 만다. 은혜가 우리 삶을 강력하게 변화시키도록 하려면 선의의 안전장치들로 말미암은 그 어떤 제약이나 구속도 제거되어야 한다.

그리스도의 보혈로 이미 정결케 된 성도들에게 죄는 하나님과의 관계를 단절시키는 것이 아니라, 그분과의 친밀감을 무너뜨린다. 그리고 이 친밀감을 다시금 회복하기 위해서는 구체적인 죄를 진심으로 자백하는 일이 필요하다. 그래서 그리스도의 보혈로 말미암은 우리의 새로운 정결은 하나님의 영원한 용납을 보증하지만, 알게 된 죄를 자백하는 일은 그분과 우리 영혼과의 현재적인 친교를 보증해 준다.

강력한 확신

앞 장에서 나는 우리의 영원한 운명을 미리 아는 것과 관련해서 '강력한 확신'이라는 용어를 사용했다. 나는 잠정적이거나 부분적인 확신과 대조하는 뜻으로 '강력한'이란 단어를 선택했다. 역사적으로 볼 때 교회는 성도들에게 새 언약이 제공하는 완전하고도 철저한 구원의 확신을 심어주는 데 인색했던 것 같다. 다른 이유 때문이 아니라 선한 의도를 가졌던 성도들이 은혜를 오용하는 것을 사전에 방지하기 위해서 이런 길을 택한 것이었다. 교회 안에서 정결함을 사수하려는 그들의 열망은 칭찬할 만하지만, 이들의 과도한 안전장치는 은혜로부터 그 생명력을 빼앗아버렸다.

오늘날 우리가 과도한 안전장치를 마련하는 한 가지 방법은, 성도가 하나님으로부터 너무 멀리 벗어나면 구원을 잃고 말 것이라고 경고하는 것이다. 하지만 우리가 영원한 구원의 보증이라는 개념을 제거해 버리면, 은혜의 심장부를 도려내고서는 그로부터 생명력을 송두리째 제거해 버리는 것이나 다름없다. 오직 하나님의 은혜와 그리스도의 의로 말미암아 천국에 속한 존재가 되었다는 절대적인 확신은 하나님이 우리 모두의 심장과 생명을 사로잡기에 넉넉한 비합리적인 은총으로 베푸신 것으로, 그렇지 않고서는 절대로 인간에게 알려질 수 없는 것이다.

그러한 은총을 자극하는 하나님의 사랑과 은혜는 말로 표현할 수 없을 정도로 놀랍다. 그래서 성경은 "보라 아버지께서 어떠한 사랑을 우리에게 베푸사 하나님의 자녀라 일컬음을 받게 하셨는가"(요일 3:1)라고 말한다. 이 사랑은 어떠한 사랑인가? 예수님은 이 사랑이 정확하게 성부 아버지께서 그의 독생자 예수를 사랑하는 것과 동일한 사랑이라고 말씀하신다. "아버지께서 나를 보내신 것과 또 나를 사랑하심 같이 그들도 사랑하신 것을 세상으로 알게 하려 함이로소이다."(요 17:23)

나를 향한 하나님의 사랑이 그리스도를 향한 그분의 사랑과 일치한다는 생각은 이교적인 것은 아닐지라도 거의 불가능해 보인다. 그러나 이것이 바로 성경이 가르치는 내용이다.

어떻게 그럴 수 있을까? 그 한 가지 이유는 완벽하고도 영원한 하나님의 사랑은 그 강도(强度)를 달리해 가면서 누군가를 덜 사랑하는 것이 아니기 때문이다. 하나님은 오직 한 가지 수준에서, 즉 완전한 수준에서만 사랑을 베푸신다. 또 다른 이유는 하나님은 우리 때문이 아니라 그분 스스로 사랑의 하나님이신 까닭에 우리를 사랑하시기 때문이다. 그리고 하나님은 변함이 없고 우리를 향한 마음도 항상 신실하기에 그분의 사랑 역시 변함이 없다.

새로운 정결함을 발휘하기

우리는 어떻게 이 은혜를 경험적으로 이해할 수 있을까? 한 마디로 말해 그것은 믿음(faith)으로 가능하다.

루터는 믿음을 가리켜 마음속의 동의라고 했다. 이 말에 대해 당신은 어떻게 생각하는가?

나는 믿음의 본질은 의존, 즉 진실하고도 간절한 필요에 근거한 의존이라고 확신한다. 이것이 바로 산상수훈이 "심령이 가난한 자는 복이 있나니 천국이 그들의 것임이요"(마 5:3)라는 구절로 시작하는 이유와 일맥상통한다. 상한 심령과 믿음은 너무나도 긴밀히 연결되어 있어서 어디까지가 상한 심령이고 어디에서부터 믿음인지 구분하기가 쉽지 않다.

몇 년 전 우리 교회의 대학생 모임에서 함께 로마서를 공부할 때의 일이다. 이 모임에 참여했던 한 젊은 여성은 독실한 기독교 가정에서 자랐으며 기독교 학교를 다녔고 캠퍼스에서 기독교 동아리에 들어가 있었다. 그녀는 신학생과 약혼하고 목회자의 아내가 되기 위해 준비 중이었다. 그런데 학기가 중반에 접어들 무렵 그녀는 이제 막 그리스도인이 되었다고 우리 모임에서 공표했다. 그 말을 듣고 처음에는 모두가 웃었지만 그녀는 사실 그 전까지는 죽은 상태였다고 진지하게 말했다. 로마서를 공부하는 중에 그녀는 처음으로 자신이 죄인이라는 사실을 깨달았던 것이다. 그리스도가 죄인을 위해 죽으셨다는 것은 전부터 알고 있었지만, 그 죄인의 무리 속에 자신을 전혀 포함시켜보지 않다가 성령님이 눈을 열어주심으로 비로소 자신의 죄악을 보게 되었다. 그리고 그제야 비로소 그리스도를 믿기 시작했다.

버리고 돌아서기

참된 믿음을 위해 그리고 진심으로 십자가를 붙들고 하나님이 베푸시는 새로운 정결함을 경험하기 위해서는, 우리의 모든 육체적인 자랑거리를 의도적으로 포기해야만 한다.

구원이란 그리스도에 대한 믿음과 아울러 세례와 도덕적인 삶, 교회 출석 등등의 다른 어떤 것을 덧붙이는 것이라 생각하면서 그리스도에게로 나온다면 우리는 결코 구원하는 믿음을 얻지 못한다. 바른 믿음을 위해서는 먼저 잘못된 신뢰의 대상을 모두 버려야만 한다. 이것이 바로 문자적으로는 '마음을 돌이키다'는 뜻을 가진 '회개'라는 단어의 배후에 있는 근본적인 생각이다.

그 다음 참된 신앙을 위해서는 올바른 신뢰의 대상, 즉 우리가 신뢰할 만한 유일한 분인 그리스도에게로 돌아서야 한다. 오직 그리스도를 구세주로 받아들일 때 비로소 우리는 하나님으로부터 새로운 정결을 덧입으며 이를 경험할 수 있다. "그리스도는 모든 믿는 자에게 의를 이루기 위하여 율법의 마침이 되시니라."(롬 10:4)

지금 목말라 죽을 지경인데 깨끗하고 시원한 물 한 잔이 당신 앞에 놓여 있다고 상상해 보라. 당신은 그것이 무엇인지 잘 알고 있으며, 그것이 당신의 갈증을 해소해 줄 것이라고 확신하고 있다. 하지만 당신의 삶에 실제적인 변화가 발생하는 순간은 언제인가? 오직 그 물을 직접 들이킬 때뿐이다. 당신 앞에 놓인 시원한 물의 실체와 그 중요성에 대해 당신이 얼마나 확고하게 지적으로 동의하는가와는 관계없이 그 물을 직접 마시기 전까지 타는 목마름에는 아무런 변화가 없다. 참된 믿음이란 지적으로 동의할 뿐 아니라 이를 그대로 실행하고 활용하는 것이다.

구원하는 믿음?

그런데 우리가 다른 사람들에게 복음을 제시할 때 이 참된 믿음을 행사하도록 권면함에 있어서 주의가 필요하다 그레샴 메이첸(J.

Gresham Machen)은 "믿음은 무언가를 행하는 것이 아니라 무언가를 받는 것으로 이루어져 있다"고 적고 있다.

당신이 영적인 주제에 대해 친구와 이야기 나눈다고 가정해 보자. 당신이 친구의 신앙에 대해 조금 물어보자, 그는 열다섯 살에 교회 수련회에서 그리스도를 영접했다고 말하면서도, 그러나 그 때 자기가 정말로 그리스도를 믿은 것인지 확신할 수가 없다고 한다. 그렇다면 당신은 뭐라고 답변하겠는가?

그 답변에 대한 좋은 출발점은 다음과 같은 표준적인 진단 질문을 던져보는 것이다. "너와 내가 오늘밤 죽어서 하나님 앞에 가게 되었다고 가정해 보자. 하나님이 너에게 '왜 내가 너를 천국에 들여보내야 하지?'라고 물으신다면, 너는 뭐라고 대답할래?"

내가 이렇게 질문할 때, 그 대답 속에 자신이 착한 사람이라거나 선행을 했다는 말이 포함되면, 나는 그가 아직 구원받지 않았다고 즉시 추측해 볼 수 있다. 혹 나중에 그가 그리스도인이며 그 때 당시엔 그저 혼동했을 뿐임을 알게 될 수도 있겠지만, 이는 아주 예외적인 경우이다.

그리스도인이 되는 문제를 자신의 인생을 그리스도께 '바쳐라' 거나 '양도하라'는 식으로 이해하는 복음전도 방식은 종종 실제 문제를 다소 혼란스럽게 하는 경향이 있다. 물론 하나님은 모든 성도가 그리스도를 자신의 구세주로 인정하고 철저하게 헌신하는 자들이 될 것을 요구하신다. 하지만 이는 오직 그 사람이 그리스도 안에서 새로운 피조물로 거듭나고 그러한 삶을 위해 꼭 필요한 영적 자원을 갖게 된 이후의 일이다. 불신자더러 자신의 모든 것을 그리스도께 바치라고 요구하는 것은 마치 다리가 없는 사람더러 일어나 걸으라고 말하는 것과 같다. 영적으로 죽은 사람은 영적인 군사로 징집될 수 없다. 그 전에 먼저 새로운 생명을 받아야만 한다.

우리가 다른 사람들더러, 구원 받기 위해서는 자신의 인생을 그리스도께 바쳐야 한다고 말할 때, 우리가 강조하는 믿음의 대상에 주목해 보자. 복음전도를 잘못하면 믿음의 대상은 그리스도께서 우리를 위해 행하신 일보다는 우리가 그리스도를 위해 하는 일에 집중되고 만다.

수년 전에 나는 '자신의 삶을 그리스도께 바쳤다'라고 말하지만 전혀 그리스도인이 되지 않은 몇몇 사람들과 이야기를 나눈 적이 있다. 어떻게 이 일이 가능할까? 대부분 보면 이들은 하나님이 자기 아들을 내어주시면서 이들을 위해 행하신 구원이 아니라 자신들이 하나님을 위해 했던 선행을 믿고 있었다.

사람들에게 그리스도인으로서 따라서 할 삶의 방식보다는 그들이 전적으로 받아들이고 의지해야 할 분을 제시하기 전까지는 우리는 그들에게 참된 복음을 제시한 것이 결코 아니다. 이들이 예수 그리스도를 받아들일 때라야, 비로소 주께서는 이들 각자에게 요구하시는 새로운 삶의 방식에 대한 열망과 또 그렇게 살아갈 능력을 즉시 공급해 주신다.

타인을 바라보는 관점

그리스도께서 부어주시는 새로운 정결을 계기로 타인을 바라보는 관점에도 엄청난 변화가 일어난다. 예를 들어 새로운 정결의 은혜는 나에게 이 세상에 무의미한 성도는 한 사람도 없음을 알려준다. 각자의 가치는 그들을 위해 그리스도께서 흘리신 보혈에 의해 영원히 보존된다.

그리스도께 사로잡힌 이후 사도 바울은 범죄한 육체가 아닌 그들에게 부어진 하나님의 정결의 관점에서 모든 성도들을 바라보게 되었다. 바울은 고린도교회 성도들 일부가 "음행하는 자나 우상 숭배하는 자나 간음하는 자나 탐색하는 자나 남색하는 자나 도적이나 탐욕을 부리는 자나 술 취하는 자나 모욕하는 자나 속여 빼앗는 자들"(고전 6:9-10)임을 알면서도 이어서 즉시로 이렇게 선언한다. "너희 중에 이와 같은 자들이 있더니 주 예수 그리스도의 이름과 우리 하나님의 성령 안에서 씻음과 거룩함과 의롭다 하심을 받았느니라"(고전 6:11) 우리의 새로워진 정결은 나로 하여금 자신과 다른 모든 성도들을, 전가된 의라는 새로운 렌즈로 바라볼 수 있게 한다.

이 정결은 또한 어떤 불신자라도 무가치한 자로 배척될 수 없음도 상기시켜 준다. 베드로는 단호히 말하고 있다. "하나님께서 내게 지시하사 아무도 속되다 하거나 깨끗하지 않다 하지 말라 하시기로."(행 10:28) 가장 밉살스럽고 화나게 하고 저주할 만한 불신자라도 그는 여전히 그리스도께서 위하여 죽어주신 사람이다. 그리고 하나님은 내가 그를 위하여 기도하며 섬기기를, 그가 자신을 위해 그리스도가 죽으셨음을 받아들일 수 있게 돕기를 원하신다.

사랑하기에 충분할 만큼 안전한

우리의 마음이 결코 제거될 수 없는 영원한 사랑으로 압도되어 안정을 누릴 때, 비로소 우리는 참된 사랑이 요구하는 모험을 감행하며 그러한 사랑으로 충만한 즐거운 탐험을 시작할 수 있다. 하나님이 우리를 위해 마련하신 안전 보장은 다른 사람을 사랑하는 데 없어서는 안 될 토대이다.

안전을 보장받은 사람만이 풍성한 사랑을 베풀 수 있다. 새로운 정결을 통해 확보된 안전을 통해서만 비로소 우리 영혼은 다른 사람들의 인정과 용납에 대한 욕망과 얽매임으로부터 자유로울 수 있다.

누군가로부터 인정받고 싶은 욕망을 갖는 것은 매우 자연스러운 일이다. 그 자체가 잘못이거나 악한 것은 아니다. 하지만 그리스도로부터 충만한 인정과 용납을 얻어내는 데 실패하면 나는 자연히 인정받으려는 욕망을 사람들에게로 돌릴 것이다. 그리고 그것이 가득 충족되기 전까지는 결코 사람을 올바로 사랑할 능력이 없다. 이렇게 제대로 사랑받지 못한 불안정한 상태는 나에게 좀더 따뜻한 관심을 베풀지 않는 사람들을 공개적으로 비난하는 것과 같은 집요한 형태의 관계로 나타나거나 또는 계속해서 사람들의 인정과 용납이 얻어내려고 그들의 비위를 맞추는 조심스런 모습으로 나타날 것이다. 어느 경우든 사람을 온전히 사랑할 나의 능력은 철저히 방해를 받는다.

바로 이런 이유로 십자가를 통해 드러난 하나님의 사랑을 계속적으로 확인하고 누리는 것이 아주 중요하다. 하나님으로부터 엄청난 사랑을 받고 온전히 용납되었음을 심령 깊숙이 확인할 때라야 비로소 우리는 다른 사람들에게도 같은 사랑을 자유롭게 베풀 수 있다.

이제 새 언약의 두 번째 놀라운 자양분을 살펴보기 전에, 하나님이 베푸신 새로운 정결의 은사가 당신의 삶에 어떠한 영향을 주었는지, 특히 타인에 대한 당신의 관점과 그 인간관계에는 어떤 영향을 주었는지 당신 스스로 평가해 보라고 권하고 싶다. 당신은 과연 타인에게도 사랑을 베풀기에 넉넉할 정도로 풍부하고도 감사가 넘치는 하나님의 은혜를 체험하고 있는가? 오직 은혜를 흠뻑 머금은 성도만이 은혜를 베푸는 종이 될 수 있다.

이 진리를 생각하면서 추가로 누가복음 15장이나 로마서 4장과 5장을 더 읽고 천천히 묵상해 보라.

07
새로운 정체성

그리스도와 나 자신을 둘로 생각하는 순간,
나는 사라진다.
_마르틴 루터

은혜란 위험천만한 것이다. 은혜는 영혼을 열광시키며 삶을 변화시키는 가장 확실한 촉매제이다. 죄인을 성도로 탈바꿈시키는 능력으로 치면 은혜에 필적할 만한 것은 아무것도 없다. 그러나 불행히도, 앞에서 살펴본 바와 같이 죄를 통제하려는 성도들에 의해 은혜는 오용될 수도 있다. 하나님도 우리가 그분의 선한 본성을 오용하거나 호도하는 것을 방지하기 위해 안전장치나 울타리 같은 것을 마련해 두셨다.

하지만 바울은, 왜 은혜를 더하게 하려고 죄에 거해선 안 되는가와 같은 어려운 문제를 다룰 때 이와 관련해 어떤 종류의 안전장치도 말하지 않았다. 대신 그는 우리로 하여금 거룩의 세계로 나아가게 하는 한 가지 토대를 제시했다. 그 토대란 회심의 순간 우리에게 선물로 주어진 철저하고도 새로운 속성이다. 이제 그 새로운 속성에 대해 자세히 살펴볼 단계이다.

이 장에서는 회심을 계기로 우리가 더 이상 예전의 존재가 아니며 동시에 예전에는 결코 생각할 수도 없는 존재가 되었다는 사실을 살펴볼 것이다. 은혜는 우리의 영원한 운명뿐만 아니라 우리의 현재 모습도 근본적으로 바꾸어 놓았다.

나는 이 책의 서두에서 자신의 참된 정체성을 알지 못해 결국 평생을 뇌조로 살았던 검독수리에 대한 이야기를 소개했다. 마찬가지로 우리가 자신을 (용서받았음에도 불구하고) 늘 죄인으로 간주하는 한, 높이 날아오르는 거룩한 삶은 여전히 우리에게 해당되지 않는 이야기가 될 것이며, 늘 뇌조와 같은 삶에 얽매일 수밖에 없을 것이다.

세 가지 근본적인 변화

우선 회심할 때 일어나는 변화를 간단히 정리해 보자! 회심할 때에는 그와 동시에 다음 세 가지 철저한 변화가 뒤따른다. 첫 번째 변화는 법적인 것이다. 죄책감을 안고서 무한히 거룩하신 하나님께로 나아갔던 우리는 회심을 계기로 완전히 용서받고 모든 죄에서 자유로워진다.

둘째, 관계에 있어서 철저한 변화가 일어난다. 저주받은 노예의 신분에서 양자(養子)의 신분으로 변화한다. 그래서 바울은 이렇게 말한다. "너희는 다시 무서워하는 종의 영을 받지 아니하고 양자의 영을 받았으므로 우리가 아빠 아버지라고 부르짖느니라"(롬 8:15)

셋째, 내면적으로도 철저한 변화가 동반된다. 즉 회심의 순간 우리의 심령 깊숙한 곳의 내면적인 본성에 변화가 일어난다. '본질상 진노의 자녀'였으나 이제 '신의 성품에 참여하는 자'로 변화한다.(엡 2:3, 벧후 1:4) 우리 내면의 본래 고유한 사악한 부분은 (완전히 제거되지 않고) 오직 하나님께만 속한 완벽한 내적 본성과 겹쳐지게 된다. 우리의 법적 지위뿐 아니라 실제적인 상태까지 변화한 것이다. 우리는 이제 완전히 새롭게 변화된 성도이다.

알약으로도 할 수 없는 것

범죄 혐의가 있어 곧 형량이 결정될 피고인이 서 있는 재판정을 한 번 상상해 보라. 그런데 재판관은 피고인에게서 눈길을 돌리고는 자신의 아들을 피고석으로 불러낸다. 그런 다음 의사봉을 치며 원래의 피고인에게 '무죄'를 선언한다. 왜냐하면 그 아들이 모든 형벌을 대신 받기로 동의했기 때문이다. 물론 이 장면은 회심의 첫 번째 국면, 즉 칭의를 묘사한 것이다. 하나님 앞에서 우리의 법적인 채무가 완전히 청산된 것이다.

그것이 끝이 아니다. 재판관석에서 내려온 재판관은 무죄 선고를 받은 피고인을 껴안으며 그를 자신의 양자로 받아들인다고 선언한다. 따듯한 목소리로 "너는 이제 우리와 한 가족이야"라고 말한다. 이것이 바로 회심의 또 다른 측면, 즉 양자됨에 대한 것이다.

하지만 회심에 있어서 세 번째 국면, 즉 우리 내면의 변화는 그 어떤 인간 재판관도 결코 실행에 옮길 수 없는 것이다. 인간의 법정에서 죄인은 죄를 용서받고 또 양자로 입적되어 재판정을 나설 수는 있겠지만, 그 내면의 속성은 여전히 예전과 동일하다. 무슨 알약 같은 것이 있어서, 피고인이 삼키면 즉시 죄를 범하려는 그의 기질을 잠재우고 올바르게 행동하길 '원하게' 해줄 수 있는 것도 아니다. 하지만 이것이 바로 우리가 거듭날 때 하나님이 우리 안에서 행하시는 일이다. 즉 우리는 법률적으로 그리고 관계적으로 변화할 뿐만 아니라 사도 바울이 "중생의 씻음과 성령의 새롭게 하심"(딛 3:5)이라고 표현했던 것을 통해 내면적으로도 변화한다.

인조 보석 아니면 변색된 은?

인조 보석은 매력적인 빛을 내지만 실제로는 전혀 가치가 없다. 그런데 상당수의 성도들은 자신을 인조 보석으로, 다시 말해 비록 그리스도의 보혈로 뒤덮여 있지만 알맹이는 철저한 죄인으로 여기고 있다.

하지만 회심 이후 우리의 진짜 모습은 오히려 변색된 은에 더 가깝다. 우리는 그리스도의 무한한 의로 덮여 있음과 동시에 그리스도 안에서 새로워진 피조물(은)이면서도, 죄가 만연한 세상의 옷

(변색)을 입고 있다. 그래서 새로워진 당신은 죄인이라기보다는 죄의 얼룩 때문에 계속 투쟁하는 성도라고 보는 편이 더 정확하다.

어느 날 밤 나는 아내와 함께 그녀를 괴롭히는 나의 특정한 습관 때문에 다소 격앙된 말다툼을 벌이고 있었다. 논쟁이 계속되자 나는 점점 화가 났고 샌디가 눈치 채지 못했던 반응이지만 나는 더욱 변명을 둘러댔다. 문제는 나에게 있었다. 나는 그녀의 비판을 나의 정체성과 결부시키면서 스스로 위협당하는 것으로 느꼈던 것이다. 하지만 그녀가 결점으로 지적했던 것은 내가 아니라 나의 특정 행동이었다.

샌디는 말다툼 중에 내가 점점 흥분하는 문제의 원인을 꼭 집어냈고, 나는 샌디에게 이렇게 말했다. "그래서, 당신 말은 내가 추하다는 것이 아니라, 내 행동거지가 못마땅하다는 거구만."

"내가 말하는 게 그거예요." 그녀가 대답했다. 그리고 그녀는 계속해서 나의 참된 정체성을 다시금 확인시켜 주었고(그녀의 특기 가운데 하나다), 덕분에 나의 짜증스러운 습관에 대한 그녀의 비평은 한결 받아들이기가 수월해졌다.

이 사건은 그 후로도 여러 번 나에게 유익을 가져다주었다. 그리스도인으로서 우리는 여러 가지 다양한 모습으로 주위 사람들 보기에 못마땅하게 행동한다. 하지만 근본 자체가 추악한 그리스도인은 하나도 없다. 그 이유는 회심할 때 모든 죄사함을 받고 또 영생을 선물로 받았으며, 게다가 결코 파기할 수 없는 내면의 변화까지도 선물로 받았기 때문이다. 내면에 초자연적인 혁명이 일어난 것이다. 그래서 당신은 이제 사함 받은 죄인인 정도가 아니라 모든 것에서 새로운 피조물이다.

성도로서 우리에게 진정으로 중요한 부분은 하나님이 우리 내면에 심어주신 의이며, 죄는 부차적인 문제일 뿐이다. 그래서 (칭의와 양자됨을 통해 얻어진) '성도됨'은 당신의 새로운 지위일 뿐만 아니라 당신의 상태이기도 하다. 그것은 당신의 자격일 뿐만 아니라 현 상태이기도 하다. 죄가 여전히 우리에게 영향력을 행사하지만, 그것은 우리의 주인은 아니다.

따라서 누군가 말한 것처럼, "그리스도인의 삶은 자신의 진정한 모습이 되어가는 과정이다." 우리는 거룩한 존재가 되기 위해 삶을 변화시키는 것이 아니라, 이미 거룩한 존재가 되었기 때문에 변화된 삶을 살아가는 것이다. 우리가 뇌조처럼 흙더미를 파헤치는 일을 그만두어야 하는 이유는, 검독수리가 되기 위해서가 아니라 이미 우리가 검독수리이기 때문이다.

삼켜진 존재

그리스도와 연합했으므로, 이 새로운 정체성은 전적으로 우리의 모습이다. 사도 바울은 고린도교회 성도들을 향해 "너희는 … 그리스도 예수 안에 있고"라고 선언한 다음 즉시 그리스도께서 우리에게 베풀어주신 것들에 대해 소개한다. "예수는 하나님으로부터 나와서 우리에게 지혜와 의로움과 거룩함과 구원함이 되셨으니."(고전

1:30) 이것은 정말로 기뻐해야 할 말씀이다.

우리의 새로운 정체성은 그리스도께 삼켜진 존재라는 것이다. 그 말씀을 다시 한 번 살펴보자. 당신은 이제 예수 그리스도 안에 있다. 성도로서 우리는 이제 자신을 그분으로부터 분리된 존재로 생각할 수 없다. 우리는 완전히 그분에게 삼킨 바 되고 말았다.

사도 바울은 "너희 생명이 그리스도와 함께 하나님 안에 감추어졌음이라"고 말한다.(골 3:3) 그리고 "우리 생명이신 그리스도께서"라는 말씀도 덧붙인다.(골 3:4) 그 속으로 우리가 흡수된 것이 너무나 철저해서 어디까지가 우리이고 어디서부터 그리스도인지 말한다는 것은 불가능하다. 그분은 우리의 생명이고, 우리의 새로운 정체성의 능력이며 그 정체성의 중심이자 그 배경이다.

예수, 우리의 지혜

우리의 새로운 정체성은 또한 그리스도로 충만한 존재라는 것이다. 그래서 이제는 하나님이 의도하시는 삶을 살아가기 위해 필요한 모든 것은 — 이제나 영원히 — 더 이상 나뉠 수 없는 그리스도와의 연합을 통해 우리에게 공급된다.

당신은 자신이 하나님이 원하시는 것에 대해 전혀 준비되어 있지 않으며 무능력하다고 생각하는가? 그렇다면 예수님이 당신을 위해 '하나님께로서 난 지혜'가 되어주셨다는 바울의 가르침을 기억해 보라.

그리스도인이 되고 몇 년이 지나 비로소 주님과 제대로 된 동행을 시작하던 20대 시절(그 전에는 테니스가 내 인생의 전부였다), 다른 성도들과 공동체에서 교제를 나누면서 쉽게 열등감에 빠지곤 했다. 나는 그들이 갖고 있는 방대한 성경 지식과 영적 통찰력이 너무 부러웠다. 그들은 웬만한 성경 구절들을 잘 알고 있었지만 내가 알고 있던 것은 예수님이 나를 사랑한다는 사실뿐이었다. 그들이 들고 다니는 성경책은 너덜너덜했고 어떤 책은 다시 제본하기도 했는데 나로서는 거의 상상하기 힘든 것이었다. 그런 그들과 나 자신을 비교하지 않을 수 없었고 그럴 때마다 영적 열등감에 짓눌리곤 했다.

그런 고민을 해결하려면 열심히 성경을 읽고 공부하는 방법밖에 없어서 몇 번이고 시도해 봤지만 별 진전이 없었다. 그러면 또 그런 내가 더 답답해졌다. 어느 날은 책상에 머리를 붙이고서 이렇게 기도했다. "주님! 당신은 제가 아무 말 못하는 벙어리라는 것을 잘 아시지요. 저는 다른 사람들이 이미 가지고 있는 것을 아직 가지지 못했습니다. 제가 당신을 바로 알아야 한다거나 어떤 지혜를 꼭 얻어야 한다면, 당신이 직접 그것을 저에게 주셔야만 합니다. 제 힘으로는 도무지 그것을 얻을 수 없기 때문입니다."

수년이 흐른 다음에서야 나는 비로소 그리스도의 임재와 성령의 역사하심이 없이는 성경을 학문적으로가 아니라 영적으로 이해하는 것이 불가능함을 깨닫게 되었다. 하지만 그날의 기도 이후 수년에 걸쳐 내가 성경에서 얻은 영적인 지혜들은 모두가 어떤 취득물이라기 보다는 은사라는 느낌이 들었다. 물론 나는 열심히 성경을 공부하기 위해 애썼으며 성경 원어까지도 섭렵했다. 하지만 모든 중요한 깨달음은 내 마음과 뜻을 다해 그리스도를 철저히 의지할 때에만 비로소 나에게 주어졌다.

나는 더 이상 자신을 말 못하는 벙어리로 여기지 않는다. 물론 똑똑하다고 생각하지도 않는다. 다만 그리스도에게 삼킨 바 되어 여전히 내 앞에 놓인 그분의 끝없는 지혜의 바다를 바라보면서 하나님이 나에게 베푸신 것들을 즐기는 존재일 뿐이다.

칭의에 익숙해지기

당신은 자신을 무가치하거나 악하다고 생각하는가? 그렇다면 예수님이 친히 당신의 의가 되어주셨다(고전 1:30)는 사도 바울의 메시지를 기억해 보라. 하나님 보시기에 당신은 방금 떨어진 눈보다 더 희고 가장 깨끗한 시냇물보다 더 맑다.

하나님의 의는 당신을 뒤덮을 뿐만 아니라 당신 안에 내주하고 계신다. 조나단 에드워즈는 이렇게 적고 있다. "그리스도는 자신의 의를 우리에게 전가하실 뿐만 아니라 친히 우리 안에 심어주셨다." 그리스도인의 삶이라는 것이 당신에게 너무나도 많은 것을 요구하는 것처럼 느껴지는가? 그의 계명들이 당신을 지나치게 짓누르는가? 그렇다면 예수님이 친히 당신의 성화를 인도하신다는 하나님의 확고한 말씀을 기억하라.

이 성화는 우리 안에서 일어나는 과정인 동시에 하나님이 베푸시는 은사이다. 중생할 때 우리는 이미 성화된 새로운 본성을 부여받는다. 성화의 과정은 이렇게 은사로 받은 성화를 지속적으로 밖으로 풀어내는 과정이다. 누군가는 이 진리를 이렇게 표현했다. "성화는 그저 칭의에 점차 익숙해지는 과정이다."

빠져나올 희망이라고는 전혀 없는 어려운 상황에 처해 있다고 느껴지는가? 그렇다면 예수님이 친히 당신의 구원이 되어주신다는 하나님의 말씀을 기억하라. 에드워즈가 말한 것처럼 예수님은 모든 비극으로부터 우리를 직접 이끌어내는 실제적인 구원이 되시며 모든 행복과 영광을 베푸는 수여자이기까지 하신다.

긴장이 사라진 자아상

이렇게 다함이 없는 그리스도의 풍성한 은사 때문에 우리는 유쾌하며 갈등이 없는 평안한 자아상을 가질 수 있다. 이런 자아상은 결코 우리 개인의 자질 때문에 갖는 것이 아니다. 자아에 대한 우리의 인식은 이제는 하나님이 주도하시고, 보존하시며, 하나님께로 흡수되었고, 하나님을 영화롭게 하는 것에 근거하기 때문이다. 자신이 열등하고 부적합하다는 생각의 파멸적인 영향력으로부터 우리가 자유롭게 된 것은 적극적인 사고방식 덕분이 아니라 그리스도와 하나된 새로운 정체성의 능력 때문이다.

새로운 정체성 안에서 우리가 경험하는 것은 자기에 대한 더 나은 자존감(self-esteem)이 아니라 자기 안에 계신 그리스도를 높이는 마음(Christ-esteem)이다. 이제 우리는 이러한 새로운 정체성을 겸손히 즐기면서 이로 인하여 하나님께 감사한다. 하지만 우리는 그 정체성을 기뻐하기 보다는 그 정체성을 허락하신 주님 안에서 기뻐한다. 사도 바울은 그리스도께서 우리의 지혜와 의로움과 거룩함과 구속이 되어주셨음을 말한 다음에, 우리의 관심을 좀더 차원 높은 목적으로 이끌어간다. "기록된 바 자랑하는 자는 주 안에서 자랑하라."(고전 1:31) 즉 우리의 새로운 정체성으로 말미암은 영광은 모두가 그리스도에게로 돌려져야 한다.

우리가 자신의 훌륭한 자아상을 계발하는 데 열중하지 말아야 하는 이유가 이것이다. 우리는 이미 가능한 최상의 자아상을 가지고 있다. 오스왈드 챔버스가 말한 것처럼, "하나님이 우리에게 주신 것을 생각하는 것이 우리 자신에 대해 생각하는 것보다 훨씬 황홀하다." 그래서 우리는 예수 그리스도의 아름다움과 영광에 열중해야 하며, 일상생활 속에서 이것들을 어떻게 드러낼 수 있을지에 대해 전념해야 한다.

그와 함께 죽었노라

구원을 위해 그리스도를 믿을 때 우리는 다음 네 가지 차원에서 그분과 불가분의 관계로 연합된다.

먼저 우리는 지금부터 2천 년 전 십자가 위에서 죽으신 그분의 죽음과 연합한다. 이것이 바로 바울이 "내가 그리스도와 함께 십자가에 못 박혔나니"(갈 2:20)라고 고백하는 의미이다. 바울뿐만 아니라 당신 역시 갈보리 언덕 위의 십자가에서 예수와 함께 죽었다. 그래서 우리가 그리스도인이 될 때 우리는 맥스웰의 말처럼 못 박혀 죽었다가 다시 살아난다.

　이것을 제대로 이해하기란 정말 어렵다고 생각하지는 않는가? 사실 이것을 완전히 이해하기란 어려운 정도가 아니라 전혀 불가능하다. 하지만 자동차가 정확하게 어떻게 작동하는지 완전히 이해하지 않더라도 매일 운전하고 다니는 것처럼, 2천 년 전 그리스도가 죽으실 때 나 역시 그분과 함께 죽는다는 진리도 이성적으로 완벽하게 이해하지는 못하지만 충분히 경험할 수 있고, 또 그렇게 매일 경험하는 것이 중요하다. 하나님이 그렇게 말씀하셨기 때문에 우리는 다만 믿음으로 그리스도의 죽음을 함께하며, 그 진리를 매일 신뢰한다.

　십자가 위에서 그리스도와 함께 죽음으로써 우리는 죄의 권세와 영향력으로부터 자유롭게 된다. 그래서 사도 바울은 이렇게 말한다. "우리의 옛 사람이 예수와 함께 십자가에 못 박힌 것은 죄의 몸이 죽어 다시는 우리가 죄에게 종 노릇 하지 아니하려 함이니"(롬 6:6) 여기서 '죽어'로 번역된 헬라어는 오히려 '더 이상 활동할 수 없게 되다' 또는 '완전히 쓸모없게 되다'라는 말로 잘 표현할 수 있다. 즉 요점은 죄가 뿌리째 뽑혀 제거되었다는 것이 아니라 그 능력을 잃어버렸다는 것이다.

죄가 존재 자체가 없어져 실재하지 않는다는 것이 아니라, 당연한 것처럼 주인 노릇하던 것을 그만두었다는 것이다. 우리가 그리스도와 함께 십자가에 죽었을 때, 우리를 다스리던 죄의 권세는 힘을 잃었다. 죽은 사람에게 유혹은 더 이상 문제가 되지 못한다.

하지만 우리는 죄에 대해 죽었지만 성경은 어느 곳에서도 죄가 우리에 대해서도 죽었다고 말하지는 않는다. 죽음의 근본적인 의미는 분리이다. 우리가 그리스도와 함께 죽었기 때문에 비록 죄의 권세가 완전히 사라진 것은 아니지만 일단 우리는 죄의 권세로부터 분리되었다. 우리는 여전히 자신을 죄의 지배에 다시 연결시키는 쪽을 선택할 수도 있다. 하지만 십자가는 이미 우리에게 다른 것을 선택할 수 있는 자유를 주었다. 이것이 바로 성경이 "너희 자신을 죄에 대하여는 죽은 자 … 로 여길지어다"라고 명령하는 이유이다.(롬 6:11) 우리의 책임은 육체를 죽이는 것이 아니라 죄에 대한 우리의 죽음을 기억하고 그 믿음대로 행동하는 것이다. 루스 팩슨(Ruth Paxson)은 이렇게 적고 있다. "죄는 불신앙 때문에 성도가 인정하는 것 이상의 영향력을 미치지 못한다. 그럼에도 성도가 여전히 죄의 영향력 아래서 산다면 그것은 자신이 죄에 대하여 죽었음을 깨닫지 못한 결과일 것이다."

그와 함께 묻히다

사도 바울이 "너희가 세례로 그리스도와 함께 장사되고"(골 2:12)

라고 말하듯 우리는 그리스도와 연합하여 무덤에 묻혔다. 즉 무덤에 묻힌 그리스도의 경험에 우리가 연합한 것이다. 하나님은 당신의 옛 자아를 그의 아들과 함께 무덤에 묻으셨다. 이 때문에 우리는 회심하고 나면 더 이상 예전과 같은 사람이 아니다. 예전의 우리 모습은 무덤 안에 수의와 함께 버려졌다. 사도 바울이 말한 바와 같이, "이전 것은 지나갔으니 보라 새 것이 되었도다."(고후 5:17)

우리는 더 이상 예전의 우리가 아니다. 이 말을 마음속 깊이 새겨 놓으라. 우리의 과거를 다루시는 하나님의 방식은 회복이 아니라 매장이다. '잘못된 것 고치기'라는 모델에 근본적인 결함이 있는 이유가 바로 이것이다. 하나님은 그가 매장하신 것을 다시 끄집어내어 수리하실 의향이 없으시다.

당신이 알코올 중독자였다가 회심했다면, 회심 이후 당신은 더 이상 예전과 같지 않다. 물론 당신은 여전히 술 문제와 씨름할 수도 있겠지만 내면의 본질적인 성품에서 봤을 때 당신은 더 이상 술주정꾼이 아니다. 또 당신의 육체는 술의 유혹을 받을 수도 있겠지만 그리스도 안에서 새로운 피조물이 된 당신의 진짜 존재는 "하나님을 따라 의와 진리의 거룩함으로 지으심"을 받았다.(엡 4:24)

당신이 역기능 가정의 희생자라면(어느 정도 학대 받지 않은 사람이 어디 있는가?), 당신의 학대 받은 자아는 중생 이후 그대로 변하지 않고 남아 있는 것이 아니라 십자가에서 모두 조각나고 말았다. 물론 당신의 육체는 부정적인 가정생활의 영향으로 아직도 투쟁 가운데 있을 수 있다. 하지만 당신의 참된 정체성은 과거의 역기

능과는 전혀 관련이 없으며 당신의 모든 것은 현재 하나된 그리스도하고만 관련을 맺고 있다. 그리스도 안에서 당신은 새로운 과거를 갖게 되었고, 새로운 아버지와 새로운 가족(그리스도의 몸된 가족)을 갖게 되었다.

당신의 과거 실상이 어떠하든, 그것은 더 이상 당신이 살아가는 현재의 실상이 아니다. 당신의 과거는 모두 그리스도와 함께 무덤에 묻혀버렸다.

그와 함께 부활하다

회심의 셋째 차원은 그의 부활에 우리가 연합한다는 사실이다. 바울은 "너희가 그리스도와 함께 다시 살리심을 받았"노라고 선언한다.(골 3:1) 우리는 그리스도를 죽음에서 다시 살리신 그 권세와 불가분의 관계로 결합되었다.

그리스도와 함께 십자가에 못 박히고 무덤에 함께 묻힘으로써 예전의 우리는 모두 죽었다. 그리고 그리스도의 부활에 연합함으로써 우리는 이제 예전과 전혀 다른 존재로 다시 태어났다. 그래서 모든 성도는 부활의 권능을 보여주는 걸어 다니는 기적이라 할 수 있다. 이것이 바로 바울이 "아버지의 영광으로 말미암아 그리스도를 죽은 자 가운데서 살리심과 같이 우리로 또한 새 생명 가운데서 행하게 하려 함이라"고 말하는 이유이다.(롬 6:4)

현재의 삶 속에서 하나님이 우리에게 요구하시는 것이 무엇이든 그 모든 것은 사망의 권세를 무너뜨린 하나님의 권세, 그리고 지금도 역사하시는 권세에 의존할 때 비로소 성취될 수 있다.

여전히 살아 역사하는 능력

회심의 넷째 차원은 우리가 지금도 살아 계신 그리스도와 연합하여 하나가 되었다는 것이다. 사도 바울은 "그런즉 이제는 내가 사는 것이 아니요 오직 내 안에 그리스도께서 사시는 것이라"고 말한다.(갈 2:20)

우리는 과거에 완전했을 뿐 아니라 현재에도 완전하신 분과 연합했다. 그리스도는 부활하여 승천하신 이후에 하나님의 영광을 위한 삶을 멈추신 것이 결코 아니다. 그분은 지금도 이 땅에서 (성령과 그의 백성들을 통해) 그 생명을 이어가고 계시며, 천국에서도 "항상 살아서 저희를 위하여 간구"하고 계신다. 그리스도는 예전과 마찬가지로 지금도 온전히 그리고 열정적으로 성부 하나님의 영광을 위해 살고 계신다. 그리고 이렇게 전심으로 일하고 계시는 그리스도는 우리와 초자연적으로 연합하여 우리 안에 내주하신다. 우리는 성부 하나님을 위한 삶을 결코 멈추지 않는 그분과 하나가 되었으므로 우리 역시 하나님을 위해 살고 있다. 말하자면 우리는 그분과 한 배를 타고 있다.

우리의 삶은 그리스도를 위해 살려고 노력하는 것이 아니라, 우리의 삶 자체가 이미 그리스도 그분 자신이다. 이것이 바로 새 언약의 축복이 우리에게 주어진 이유이다. 그리스도는 우리의 과거일 뿐만 아니라 우리의 현재이며 또한 우리의 미래이다.

그리스도의 죽으심과 무덤에 묻히심을 통해 우리는 우리 과거의 자아를 위한 하나님의 양식을 얻게 되며 그리스도의 부활과 지금도 살아 계심을 통해 우리는 우리 현재의 자아를 위한 그분의 양식을 얻게 된다.

예전에 이 땅에 내려와 사셨던 그분이
지금도 내 안에서 다시 살아 계시네.

옳은 길

이렇게 우리가 회심할 때 주어지는 파격적이고도 실제적인 새로운 자아는 그 이후의 거룩한 삶을 위한 참된 근거이다. 로마서에서 바울은 우리의 칭의에 대해 설명한 다음(5장), 그리스도 안에서 새로운 피조물이 된다는 것이 구체적으로 무슨 의미인지 설명하고(6장과 7장), 이어서 성화의 삶 속에서 성령의 역할에 대해 계속 언급하고 있다.(8장)

그런데 오늘날 교회에서 우리는 너무나도 자주 로마서 5장에서 6장과 7장의 메시지를 건너뛰고 즉시 8장으로 들어가려고 한다. 하지만 하나님은 우리가 새롭게 정결함을 받은 것(칭의)에 눈을 뜬 다음에 비로소 우리 자신의 새로운 정체성에 대해 관심을 기울이

기를 바라신다. 그렇게 할 때 우리 삶의 모든 것을 새로운 관점으로 바라보게 될 것이다. 즉, 이를 계기로 하나님의 명령을 그저 일련의 맹목적인 의무사항들이 아니라, 이 세상 어디에서도 발견할 수 없는 영혼의 만족과 인격적 성취로 안내하는 일종의 시험대로 받아들일 수 있을 것이다.

당신은 자신을 어떻게 바라보고 있는가? 용서받은 죄인인가 아니면 철저한 죄인인가? 아니면 새롭게 변화된 성도인가? 당신의 새로운 정체성에 대한 이상의 모든 진리들이 사실이라고 믿어진다면, 이제 당신은 구주되실 뿐만 아니라 당신의 생명되신 예수님에 대한 찬양과 경배 속에서 이 진리를 어떻게 온전히 표현할 수 있겠는가? 이를 위해 로마서 6장과 요한일서 3장의 진리를 더 깊이 읽고 묵상해 보라.

08
모습을 드러내는 자아

하나님은 피조물들을 아들로 삼기 위해 인간이 되셨다.
단지 옛 사람을 개선시키기 위해서가 아니라
완전히 새로운 종류의 인간을 만들기 위해 직접 인간이 되셨다.
_C. S. 루이스

색이 점점 짙어가는 가을 단풍을 감상하고 싶다면 뉴잉글랜드보다 좋은 곳이 또 있을까? 서부 텍사스의 차분한 분위기의 환경에서 자라난 나에게는 붉은색과 오렌지색, 그리고 노란색 등이 화려하게 조화를 이루는 북동부 지역의 가을보다 아름다운 것은 어디에도 없어 보인다.

 수년 전 나는 가을 단풍잎의 색깔이 어떻게 바뀌는지에 대한 매우 흥미로운 사실 하나를 알게 되었다. 사실을 말하자면 그 단풍잎 색깔은 바뀌지 않는다. 봄과 여름 내내 나뭇잎의 진짜 색은 초록의 엽록소 세포들에 의해 뒤덮여 있다. 그런 다음 가을이 와서 엽록소가 분해되면 그동안 가려 있던 단풍잎의 진짜 색깔이 드러나는 것이다. 그래서 단풍잎의 변화는 엄밀히 말하자면 베일을 벗는 것이다. 시간이 흐르면서 잎사귀가 좀더 다채로워지는 것이 아니라, 이미 오래 전부터 있던 실체를 그대로 보여주는 것뿐이다.

친구여! 이것이 바로 참된 영성의 본질이다. 그리스도인의 성숙, 또는 성화는 우리의 본래 색깔, 다시 말해 그리스도를 믿는 순간 우리에게 주어진 충만한 색상의 조화를 그대로 드러내는 것이다.

우리가 그리스도 안에서 계속 성장하는 것, 즉 성화는 앞 장에서 언급한 바와 같이 우리의 참된 자아를 찾아가는 것과 같다는 것도 이러한 견지에서다. 그리고 우리의 인생 이야기는 새로운 창조 상태가 그 모습을 드러내는 모험담이 될 것이다. 이제 새로운 자아가 실제적으로 어떻게 모습을 드러내는지 좀더 자세히 살펴보자.

당신의 흉터

예전에 한 심리학자가 10명의 지원자를 모아 사람들이 외관상 혐오스러운 낯선 사람, 특히 얼굴에 큰 흉터가 있는 사람에게 어떻게 반응하는지 실험한 적이 있다. 각 지원자들의 실험은 서로 다른 시간에 개별적으로 실시했다. 분장사가 지원자의 얼굴에 흉터를 그려주면, 손거울로 자신의 얼굴을 직접 보도록 한 다음, 사람들의 반응을 관찰하기 위해 병원의 대기실에 앉아 있도록 했다. 하지만 지원자들이 모르는 사실이 하나 있었다. 흉터가 지워지지 않게 해주겠다고 분장사가 파우더를 발라주는 척하면서 지원자 모르게 얼굴의 흉터를 지워버리는 것이다. 지원자는 자신의 얼굴에 여전히 흉터가 남아 있는 것으로 알고 실험에 들어간다. 지원자 중에서 마지막 순간의 조치를 눈치 챈 사람은 하나도 없었다. 실험이 끝난 후 모든 지원자들의 공통적인 반응이 있었다. 즉 사람들 모두가 자기를 불편하게 대할 뿐만 아니라 눈이 마주치거나 얼굴의 흉터를 볼 때마다 계속 자기를 피하려 들더라는 것이다.

당신도 인정하기 어렵겠지만, 우리 역시 자기가 자기 스스로를 어떻게 이해하고 있는가를 기준으로 자신에 대한 타인의 반응을 평가한다. 하지만 성도의 경우 이런 방식의 평가는 하나님의 관점에서 볼 때 매우 부적절하다.

하나님은 당신에 대해 진리를 말씀하고 있는가?

따라서 모든 성도에게 중요한 문제는 자신의 정체성에 대한 스스로의 인식이 좋으냐 나쁘냐가 아니라 그것이 과연 정확하냐는 것이다. 회심할 때 우리 내면에 일어나는 혁명에 대해 주께서 언급하실 때, 그분의 말씀이 진리라고 믿어지는가?

사도 바울은 그리스도 안에서 성도의 하나됨의 실제적인 결과와 관련해 "너희도 그 안에서 충만하여졌으니"라고 말한다(골 2:10). '충만하여지다'의 헬라어 단어는 문자적으로 '가득하게 되다'를 의미한다. 당신에게는 제자의 삶을 사는 데 필요한 모든 자원이 문자적으로 가득 차 있다는 것이다.

내면의 거룩한 본성

바로 이런 이유로 좋은 자아상이란 계발할 성질의 것이 아니라 받아들여야 하는 것이다. 우리가 부름 받은 것은 긍정적인 자아상을 만드는 새로운 방법을 개발하기 위해서가 아니다. 그리스도 안에서 우리가 어떤 존재인가에 대한 하나님의 말씀을 겸손과 감사함으로 받아들이고 그대로 신뢰하기 위해서다. 그리스도 안에서 우리의 참된 자아는 천국에 들어가는 것과 같이 하나님이 주신 선물이며 실제적인 것이다. 그리고 이제 우리의 삶에 그대로 적용할 모든 준비가 되어 있다.

나는 방금 누군가와 전화 통화를 했다. 매우 복잡하고 까다로운 일이 얽혀 있어 자칫 볼썽사나운 결과가 남을 수 있었다. 어떻게 해야 원만하게 해결할 수 있을지 오랫동안 고민했고 내가 그 일을 제대로 감당하기에는 여러 면에서 부적합하다는 생각이 들기도 했다. 그래서 전화하기가 두려웠고 할 수만 있다면 그 문제를 피하거나 잊어버리고 싶었다.

하지만 하나님이 내 안에 허락하신 것들을 기억해 냈고, 그 덕분에 용기를 낼 수 있었다. 모자람과 부적당함만이 내 안에 있는 전부는 아니었다. 오히려 내 안에는 사랑, 긍휼, 담대함 그리고 지혜와 같은 하나님의 성품들이 가득 자리하고 있다. 그것도 정중앙에 말이다.

이것이 내가 용기를 내어 전화 통화를 할 수 있었던 이유이며, 하나님을 영화롭게 할 수 있으리라 소망할 수 있었던 유일한 이유이기도 했다. 하나님을 영화롭게 하고 통화하는 상대방에게 사랑을 베푸는 데 필요한 모든 것을 주께서 분명 공급해 주시리라 믿었다. 하나님을 전적으로 의지하는 가운데 약간은 떨리는 심정으로 수화기를 들었다.

결과가 어땠을 것 같은가? 만족스러웠다. 대단하지는 않았지만, 끔찍하지도 않았다. 통화를 하면서 나는 하나님이 내 안에 베푸신 것들을 그저 흘려보내고 있다는 느낌이 들었다. 때로는 줄을 타는 것과 같은 긴장도 느꼈지만, 전체적으로 내가 했던 말과 억양까지 하나님의 일하심 같았다. 그 통화로 어떤 변화가 생길지 아직은 잘 모른다. 하지만 중요한 것은 그것이 아니다. 그 과정에서 하나님의 은혜가 넘쳐흐르는 것을 느꼈으며, 감사하는 마음으로 안식을 얻을 수 있었다는 것이다.

자아 정체성을 점검하기

우리의 새로운 정체성을 심각하게 훼손하는 것은 무엇인가? 가장 심각한 것 가운데 하나는 '낙인찍기'이다. 내가 자신에게 '너는 뒤로 미루는 사람이야'라고 말한다면, 나는 나의 근본적인 정체성에 대해 일종의 낙인을 찍는 셈이다. 이런 낙인찍기는 정체성을 공격하지 않고 특정 행동을 정직하게 지적하면서 '너는 지금 뒤로 미루고 있다'라고 말하는 것과 전혀 다르다.

우리에 대한 정확한 꼬리표는 우리의 새로운 정체성에 대해 밝히고 있는 성경구절에서만 찾을 수 있다. 우리는 "그리스도 예수 안에 있고"(고전 1:30), '새로운 피조물' 이며(고후 5:17), '신의 성품에 참여하는 자' 이며(벧후 1:4), 그리스도 안에서 '충만' 하여졌고(골 2:10), '그리스도의 향기' 이며(고후 2:15), '그리스도 예수 안에서 지으심을 받은 자' 이며(엡 2:10), '하나님의 자녀' 이자(롬 8:16), '하나님의 상속자' 이며(롬 8:17), '모든 일에 넉넉히 이기는 자' (롬 8:37)이다.

당신은 자신을 이렇게 바라보고 있는가? 아니면 스스로에게 잘못된 낙인을 찍는 죄를 범하고 있지는 않는가?

그에 대해 정확히 알기 위해서는 스스로에게 이렇게 물어보라! 내 인생에서 어떤 역할이나 책임, 모습이 자신을 가장 실망스럽게 하거나 가장 행복하게 만들 잠재력을 갖고 있는가? 당신이 부모라면, 당신으로 하여금 자긍심으로 한껏 고양되게 하거나 반대로 당혹감에 풀이 죽게 만들 수 있는 것은 무엇보다 자녀들의 행실일 것이다. 그렇다면 당신의 핵심적인 정체성을 결정짓는 꼬리표는 아마도 아빠나 엄마일 것이다. 그리고 당신 자녀의 행동은 당신의 개인적인 가치와 중요성을 결정짓는 사실상의 척도가 될 것이고, 당신은 하나님이 원하시는 방향으로 이들을 양육하기보다는 이들을 통제하고 다스리려고 애쓰는 자신의 모습을 발견하게 될 것이다.

자신의 정체성을 정확하게 파악할 수 있는 또 다른 방법이 하나 있다. 종이 위에 직접 (혹은 상상으로든) 빈칸 하나를 남겨두고 그 다음에 자신의 이름을 적어보라. 이제 자기 이름을 불러본 다음 마음속에 가장 먼저 떠오르는 단어를 그 빈칸에 적어보라. 잔인할 정도로 정직해야 한다. 제일 먼저 떠오른 것이 무엇이었든 그것은 당신이 가장 절실하게 붙잡고 있는 자아 정체성을 그대로 보여주는 것이다.

잘못된 꼬리표

우리가 그 빈칸에 종종 채워넣곤 하는 부적절한 꼬리표로는 어떤 것들이 있는가? 가장 일반적인 것 가운데 하나는 기술자나 회계사, 교사, 프로그래머와 같은 직업이다. 하지만 하나님은 직업으로 우리 정체성의 원천을 결정하기를 결코 바라시지 않는다. 우리가 그렇게 한다면, 이는 직업으로 우리의 거룩한 소명을 짓밟는 것이며, 가능한 전 영역에서 하나님을 영화롭게 하라는 우리의 소명을 묵살하는 셈이다. 나의 우선적인 정체성이 목회자라면, 하나님나라를 확장시키는 것보다는 내 교회의 외양이나 규모에 더 많은 관심을 기울이기가 쉬울 것이다. 또 누군가가 교회를 떠난다면 내 자존심은 상당히 손상당할 것이다.

직업이 무엇이냐는 질문을 받은 한 여성은 이렇게 대답했다. "나는 비서로 변장한 예수 그리스도의 제자입니다." 그녀는 자신의 정체성을 올바로 이해하고 있었다.

우리는 이 밖에도 여러 가지 다양한 꼬리표를 자신의 정체성에 적용시키려 한다. 어떤 사람은 ('A타입'이나 '내성적인', '우울질'과 같은) 성격 유형이나 기질을 떠올리기도 하고, 또 다른 사람은 편집증이나 과잉망상, 조울증과 정신분열증, 알코올 중독, 동반의존, 과잉행동장애, 난독증, 성폭력의 피해자, 역기능 가정의 희생자 등등의 여러 가지 과거의 상처를 떠올리기도 할 것이다.

그러한 조건과 상태들은 매우 현실적일 뿐 아니라, 그로 인한 고통 역시 뼈에 사무치는 것들이다. 많은 그리스도인들의 성장 과정과 현재 상황에는 여러 가지 불행과 비극이 자리하고 있으며, 이런 요소들은 이들에게 엄청난 영향을 주고 있다. 하지만 정말로 중요한 문제는 이것이다. 이런 부정적인 요소들이 성도의 정체성에 어떤 영향을 주고 있는가? 이 질문과 관련해 우리 모두가 명심할 점은, 영혼이 손상된 그리스도인은 한 사람도 없다는 사실이다. 우리 모두는 일그러진 육체, 다시 말해 타락으로 말미암아 죄악에 오염된 육체를 갖고 있다. 과거에 우리가 겪은 고통은 회심으로 형성된 새로운 정체성에는 그 어떤 영향이나 흔적을 남길 수 없으며, 다만 죄에 물든 육체가 스스로를 보호하거나 만족시키는 방법으로 그런 부정적인 과거에 반응하도록 자극할 수는 있다.

그렇다고 해서 우리의 과거를 세심하게 고찰할 필요가 전혀 없다는 뜻은 아니다. 다만 과거를 고찰하더라도 우리의 초자연적인 현실을 좀더 풍성히 누리는 것을 방해하는 것이 무엇인지 찾아내는 데 집중해야 한다. (이를 위해서는 경건한 상담가나 목회자가 도움을 줄 수 있다.)

진정 그리스도인이라면 익명의 금주 모임에 참석한 자리에 일어나서는 '나는 알코올 중독자입니다'라고 선언할 필요가 없다. 왜냐하면 그것은 결코 사실이 아니기 때문이다. 물론 그는 알코올 중독 문제로 고생할 수도 있지만, 그 자신의 참된 자아는 알코올 중독자가 아니다. 그의 참된 자아는 알코올을 갈망하는 육체에 얽매인 새로운 피조물이다. 그래서 알코올 문제를 극복하고 진정한 승리를 쟁취하기 위한 출발점은 자신의 진정한 자아가 알코올 문제로 고통 받고 있음을 깨닫는 것이다.

이 같은 진리는 정신이나 신체상의 장애를 갖고 있는 경우뿐만 아니라 여러 중독 증상에 대해서도 적용될 수 있다. 그리스도인의 참된 자아에는 그 어떤 한계도 있을 수 없다. 뇌성마비를 앓고 있는 내 아들의 참된 정체성은 뇌성마비 환자가 아니다. 그는 다른 사람들처럼 이 땅에서 임시적으로 주어진 신체가 잘 움직이지 않는, 예수님의 제자이다. 내 아들의 참된 정체성은 하나님이 이 땅에 사는 그에게 허락하신 장애로 인해 티끌만큼이라도 손상되지 않았다.

당신의 나쁜 습관과 개인적인 성향이나 문제점, 또한 기질은 결코 당신의 참된 정체성의 핵심이 아니다. 하나님은 이보다 훨씬 더 좋은 어떤 것이 당신의 정체성 중앙에 자리하고 있음을 지켜보고 계신다. 마르틴 루터는 이렇게 적고 있다. "누군가가 내 마음의 문을 두드리고서는 '여기에 누가 사나요?'라고 묻는다면 나는 이렇게 대답하리라. '마르틴 루터가 아닌, 주 예수 그리스도께서 살고 계십니다.'" 이렇게 자신을 이해하는 것은 결코 교만이 아니다. 왜냐하면 그리스도 안에서 새롭게 형성된 당신의 정체성은 전적으로 하나님의 작품이기 때문이다. 그리고 이제 하나님은 당신이 이 정체성을 겸손하고도 아주 즐겁게 받아 누리기를 바라신다.

나는 예전의 내가 아닙니다

그리스도인들이 자신에게 잘못 적용시키는 가장 일반적인 꼬리표는 '성중독자'나 '알콜중독자'와 같은 죄명이다. 하지만 그리스도 안에 있는 새로운 정체성을 진심으로 붙잡을 때, 우리는 자신의 죄를 새로운 관점에서 바라보게 된다.

앞서 내가 동성애 문제와 투쟁했던 그렉에 대해 이야기했던 것을 기억할 것이다. 어느 날 밤 그렉은 바울이 동성애를 포함해 고린도교회 성도들의 여러 죄악을 나열하는 고린도전서 5장을 읽고 있었다. 그의 시선이 "너희 중에 … 있다 함을 들으니"라는 구절에 멈추는 순간 갑자기 그의 마음에 한 줄기 빛이 들어왔다. "너희 중에 있다고?" 그는 자신이 성도라는 사실을 새삼 깨달았다. 그냥 동성애자가 아니라 이 죄악과 싸우는 성도, 연약한 육체를 지닌 그리스도 안의 새로운 피조물이라는 사실을 생전 처음 깨달았다. 그 어떤 것보다도 바로 이러한 깨달음이 그렉으로 하여금 참으로 놀라운 힘으로 죄악에서 돌아서게 만들었다.

기독교로 개종하기 전 히포의 어거스틴은 성적으로 매우 방탕했다고 한다. 그런데 전하는 이야기에 따르면 회심한 지 얼마 지나지 않아 그가 뒷골목을 걸어가고 있었는데 한 여인이 재빨리 그 뒤로 다가왔다. "어거스틴, 보세요, 저예요." 그녀가 나직이 속삭였다. 어거스틴은 예전에 자신이 상대했던 여인임을 알아보았다.

하지만 어거스틴은 이렇게 대답했다. "당신은 당신이지만, 나는 더 이상 내가 아닙니다." 그는 자신이 더 이상 예전의 자기가 아니라는 사실을 알았던 것이다.

모든 성도들 역시 마찬가지다. 하지만 우리가 이 진리를 깨닫지 못할 때 그 결과는 참으로 비극적이다.

전투를 위한 무기

어떤 남자가 정신과 의사에게 자신의 병세를 설명하고 있었다. "식료품점에 가서 애완견 사료 진열대 앞을 지날 때면 갑자기 알포(Alpo, 가공된 개 사료 제품 이름) 포장지를 뜯고서 마구 먹고 싶은 충동을 강하게 느낍니다."

의사는 이런 사례를 접해 본 적이 없었다. 그래서 그는 이러한 충동을 느끼기 시작한 게 언제부터냐고 물었다.

"확실치는 않은데요." 그 남자의 대답이다. "아마도 제가 강아지였을 때부터였을 겁니다."

참 어이없긴 하지만, 이 이야기는 한 가지 중요한 점을 지적하고 있다. 자신을 개라고 믿는다면 개 사료는 매우 당연하면서도 필요한 것으로 여겨진다는 사실이다. 마찬가지로 계속해서 자신은 근본적으로 여전히 죄인이라고 믿는다면, 죄는 매우 당연하면서도 필요한 것처럼 받아들여질 것이다. 죄가 필연적인 것이라 느껴진다면, 그것은 우리가 아직 참된 정체성에 자아를 맞추지 않았기 때문이다.

우리가 그리스도와 연합할 때 그 연합은 우리를 죄의 사슬에서 자유롭게 한다. 죄는 전혀 불필요한 것이 되었다. 죄는 필수가 아닌 선택일 뿐이다. 이제 죄는 내가 어쩔 수 없이 따라야 할 욕망이 아닌 선택할 수 있는 욕망일 뿐이다.

죄는 또 우리의 새로운 정체성과도 전혀 어울리지 않는다. "새 생명 가운데서 행하게 하려"고(롬 6:4) 초자연적으로 변화된 우리는 이제 거룩한 위엄을 갖춘 새 옷을 선보여야 한다. 여전히 죄 가운데 행하는 것은, 영국 여왕이 누더기 옷을 입고 여기저기 구걸하며 다니는 것이나 마찬가지다.

게다가 죄는 우리의 새로운 정체성에서 볼 때 이제는 완전히 어리석은 짓이다. 사도 바울은 죄에 대해 "그 마지막이 사망임이라"(롬 6:21)고 적고 있다. 죄가 우리에게 약속하는 것이 얼마나 눈부시든 관계없이 그것은 항상 우리 삶의 파멸, 즉 기쁨의 상실과 평안의 상실, 그리고 죄가 발각되리라는 두려움과 같은 비극을 불러온다.

성도에게 죄는 그저 초콜릿이 발린 알포(Alpo)보다 나을 것이 없다. 순간적인 쾌락을 가져다줄 수 있는지는 모르나, 그 뒷맛은 쓰라리다. 최상의 스테이크가 준비되어 있음에도 불구하고 알포에 만족하려는 것은 참으로 어리석은 짓이다. 죄는 잘못된 것일 뿐만 아니라 어리석은 짓이라는 것을 깨닫기 전까지는 아마도 우리는 그런 행동을 바꾸려 들지 않을 것이다. 오직 우리의 참된 정체성을 굳건히 붙잡을 때 우리는 그리스도께서 우리 안에 내주하심을 온전히 이해할 수 있다.

내면의 천사처럼

자신을 향한 낙인찍기와 관련해 우리가 배운 사실들은 다른 성도를 이해하는 방식에도 그대로 적용된다. 이는 특히 구원을 받은 우리 자녀들에게 그렇다. 나는 어느 저녁 시간에 왜 우리 집 컴퓨터에 유해 사이트 차단 프로그램이 필요한지에 대해 아들 녀석과 격론을 벌이고 있었다. 이 프로그램 때문에 인터넷 접속이 아주 느려지지만 나는 (특히 음란물에 대한) 여과장치가 없을 때의 위험에 대해 설명해 주었다. 3명의 십대 소년이 자라고 있는 우리 집의 남성호르몬 수치는 최고조에 달해 있었다. 그런 상황에서 불에 기름을 끼얹을 필요는 없지 않은가?

내 아들은 차단 프로그램 설치를 극구 반대했다. 내 완강한 설득에 풀이 죽은 녀석이 마지막으로 내뱉었다. "아빠, 문제는 아빠가 날 정말로 믿으려 하지 않는다는 거예요. 그렇죠?" 내가 대답했다. "얘야, 나는 널 믿지만 너의 호르몬은 믿을 수가 없구나."

그 말에 아들의 태도가 다소 누그러졌다. 아빠인 내가 자기를 지나치게 억압하려 한다는 생각 때문에 반항심이 가득했었는데, 아빠가 터무니없이 그러는 게 아니라는 생각이 들자 자신을 좀더 객관적으로 바라볼 수 있게 되었다. 우리는 대화를 생산적인 방향으로 계속했으며, 우리 모두 자신의 호르몬을 믿을 수 없음도 인정하게 되었다.

우리가 사랑하는 자녀들을 포함하여 다른 그리스도인들에게 줄 수 있는 최고의 선물 가운데 하나는, 계속해서 그들의 새로운 정체성을 확인시켜 주는 것이며 이를 자신의 육체와 혼동하지 않도록 돕는 것이다. 전해 오는 이야기에 따르면, 미켈란젤로가 커다란 바윗덩어리를 운반하느라 고생하고 있을 때 이를 지켜보던 구경꾼 하나가 왜 그렇게 쓸모없는 바윗덩어리 때문에 고생하느냐고 물었다. 그러자 그 예술가는 이렇게 대답했다고 한다. "이 속에는 밖으로 나오고 싶어하는 천사가 들어 있기 때문이지요." 우리가 서로를 이해하는 방식도 이러해야 한다. 우리 모두는 거칠고 모난 구석들로 둘러싸여 있다. 하지만 그 속에는 그리스도께서 내주하고 계시며 온전히 모습을 드러내기를 기다리고 계신다.

인간의 경험을 한 영적 존재

누군가 이렇게 말했다. "우리는 영적 경험을 한 인간이 아니라, 인간의 경험을 한 영적 존재이다."

당신은 자신의 일차적인 정체성을 정확히 어느 곳에서 발견했는가? 그리스도 안에서의 새로운 창조를 계기로 하나님이 베푸신 영적인 꼬리표보다는 그저 부적절하고 인간적인 낙인을 당신의 심령 깊숙한 곳에 찍어 놓지는 않았는가?

죄를 어떻게 이해하고 있는가? 당신의 삶에서 죄를 참으로 불필요하고 전적으로 불합리하며 절대적으로 어리석은 것으로 간주하지 않았기 때문에 아직도 여전히 특정 죄에 머물러 있지는 않은가?

이러한 질문을 생각해 보면서 골로새서 3장과 에베소서 2장을 더 묵상해 보기를 바란다.

09
새로운 기질

계명이 마음에 기록된다는 것은 사랑이신 하나님의 계명과 그분 자신이
우리 인생을 움직여가는 능력이 되었다는 의미이다…
냉담하거나 연약하다는 느낌이 들더라도
이제 새로운 마음이 우리 안에 있음을 믿음으로 알게 되며,
사랑이신 하나님의 계명이 우리의 본성이고,
성령의 가르침과 능력이 우리 안에 내주한다는 사실을 알게 된다.
그러한 믿음은 계명에 순종할 수 있음도 잘 안다.
_앤드류 머레이

간(肝)은 내가 제일 싫어하는 음식 가운데 하나이다. 문제는 그 맛에 있으며, 아마도 혐오한다는 것이 맞는 표현일 것이다. 나는 어렸을 적에 엄마가 간을 요리하여 우리에게 '이것은 몸에 좋은 거란다'라고 권하는 저녁 식사 시간이 지독히도 싫었다. 그런 말은 나에게 아무런 의미도 없었다. 게다가 간을 더 입맛에 맞게 만들 수 있던 것도 아니었다. 간 요리에 케첩을 바르거나 한 조각을 잘라 억지로 꿀꺽 삼켜보려고 애썼지만, 간의 독특한 냄새는 그 어느 것 이상으로 싫었다. 내가 그 요리를 좋아하도록 해줄 수 있는 것은 아무것도 없었다.

간 자체의 맛을 스테이크나 햄버거 같은 맛으로 파격적이면서도

본질적으로 바꾸지는 못할 것이다. 내가 간 요리를 즐길 유일한 방법은 오직 한 가지뿐이다. 그것은 간을 좋아하는 전혀 새로운 혀가 내 입 안에 이식되는 것이다. 그 때에야 비로소 나의 새로운 미각은 간을 억지로 밀어넣기 보다는 즐길 수 있을 것이다. 그리고 간은 더 이상 '억지로 먹어야 하는 것'이 아니라 '정말로 먹고 싶은 것'이 될 것이다.

당신과 내가 성도가 될 때 우리 안에는 이와 비슷한 현상이 일어난다. 우리 내면에는 새로운 마음이 이식되고 여기에 하나님이 베푸신 일련의 새로운 열망들이 싹트게 된다. 하나님은 우리의 다시 새로워진 마음이 이 우주 안에서 가장 최선의 것, 즉 하나님 자신과 그분의 영광, 그분의 뜻과 말씀을 본능적으로 그리고 끊임없이 열망하도록 조치를 취하신 것이다. 이 같은 모든 성도들의 열망과 갈망은 오직 하나님의 식탁에서만 만족감을 얻는다.

조나단 에드워즈가 표현한 것처럼 이는 '거룩한 천상의 기질'이다. 이 기질이 성도의 내면에 자리하고 있기 때문에 하나님의 뜻은 더 이상 단순한 의무가 아닌 열망이다. 우리 내면의 혁명 때문에 그분께 순종하는 일은 단순한 도덕적 의무일 뿐만 아니라 우리의 새로워진 마음의 가장 진실하고도 큰 기쁨이 되었다.

돌같이 굳은 마음을 위해

우리는 본래 하나님께 반항하는 기질을 갖고 이 세상에 태어났다. 영적으로 볼 때 성경이 차갑고 강퍅하며 생명이 없는 '굳은 마음'이라고 묘사하는 것이 그것이다.(겔 36:26) 이 마음은 어리석은 생각에 사로잡혀 있으며 제멋대로의 욕망에 이끌려 살기 때문에, 결국 우리는 모두가 "하나님의 생명에서 떠나" 있었다.(엡 4:18) 우리의 생각과 만족, 그리고 추구하는 것 모두가 그분과 철저하게 단절되어 있었다.

이는 하나님에 대해 중립적인 것보다 더 나쁘다. 사도 바울이 말한 것처럼, 우리 육체의 본질은 사실상 '하나님과 원수'이다.(롬 8:7) 그래서 하나님과 그분의 계명에 대한 우리의 자연스러운 반응은 혐오와 분노, 그리고 명백한 반역으로 나타난다.

하나님이 에스겔 선지자를 통해 "새 마음을 너희에게 주되 너희 육신에서 굳은 마음을 제거하고 부드러운 마음을 줄 것이며"라고 약속하시면서 그분의 백성들과 새 언약을 맺으셨던 것도 이 때문이다.(겔 36:26) 돌같이 굳은 마음을 상쇄시키기 위해 오직 하나님만 주실 수 있는 새로운 마음이 주어진 것이다. 이제 비로소 우리는 하나님과 그분의 의에 대해 열정적으로 반응할 수 있게 되었다.

그런데 앞에서 우리는 하나님이 우리의 예전 마음, 즉 본래 타락한 기질을 완전히 제거하지 않으셨음을 살펴보았다. 우리가 그리스도 안에서 자란다고 하더라도 예전의 기질은 결코 개선되거나 개량되지 않는다. 그리고 이 기질이 하나님을 사랑하거나 두려워하거나 인정조차 하게 될 날도 결코 오지 않을 것이다. 매 순간순간 우리의 육체는 그분을 멸시하고 그분의 규범을 싫어하며 그분이 금지하는 것이라면 무엇이든 범하려고만 한다. 다만 불순종하는 것보다는 순종하는 편이 개인적으로 훨씬 유익하다는 것을 깨달을 때 비로소 하나님께 순종할 것이다. 그 외에는 죽는 날 까지 우리는, 누군가 우리가 생각했던 것을 알게 된다면 말할 수 없을 정도로 수치스러울 그러한 불경건한 것들만을 집착할 것이다.

심지어는 설교를 하거나 결혼식을 주례하는 동안에도 나는 소름끼칠 정도의 사악한 생각들에 스스로 깜짝 놀란다. 그래서 그런 악한 것들로부터 진정 자유로워질 때가 언젠가 오리라는 생각을 하곤 했었다. 하지만 이제 그런 때가 내가 살아 있는 동안에는 결코 오지 않으리라고 확신한다. 또 내 육체가 굴복하고 그 육체로 생각할 수 있는 그 어떤 타락에 대해서도 더 이상 놀라지 않는다. 하지만 어쩔 수 없이 이러한 일이 일어날 때 나는 스스로 다음 세 가지를 기억해 보려고 노력한다.

첫째, 그러한 나쁜 생각이 나도록 하는 것은 진짜 내가 아닌 내 육체이다. 그리고 내 육체에게 그러한 생각들은 골프로 말하자면 기준 타수와도 같은 당연한 것이다.

둘째, 그러한 생각에 대한 나의 반응은 죄가 될 수 있겠지만 그 생각 자체로는 죄가 아니다. 그래서 나의 책임은 그런 불경건한 생각이나 유혹들이 내 영혼 안에서 안식처를 발견하도록 결코 허락지 않는 것이다.

셋째, 내 자아의 중심에는 당장의 악한 생각이나 유혹보다는 내가 더욱 간절히 바라는 것들이 있다. 때로는 당장 이런 열망이 나를 사로잡은 것은 아니지만, 분명 나는 하나님이 원하시는 방향으로 나아가기를 원하는 일련의 초자연적인 경건한 성향들을 갖고 있다. 그리고 당신도 분명 마찬가지일 것이다.

마음에 새겨진 계명

이러한 성향들이 우리 내면에 자리하게 된 것은 그 백성들을 위해 하나님이 새 언약을 약속하셨기 때문이다. "내가 나의 법을 그들의 속에 두며 그들의 마음에 기록하여." (렘 31:33) 하나님이 그 계명을 바꾸사 우리 마음에 적합하게 하신 것이 아니라, 우리 마음을 바꾸사 그 계명에 적합하게 하셨다.

사도 바울은 고린도교회 성도들에게 이 사실을 설명하면서 그들은 이제 그리스도의 편지와 같은 존재임을 상기시키고 있다. "너희는 우리로 말미암아 나타난 그리스도의 편지니 이는… (옛 언약의 진리와 같이) 돌판에 쓴 것이 아니요 오직 육의 마음판에 쓴 것이라." (고후 3:3) 이 구절에서 '쓰다' 라는 헬라어 단어는 내면에 영구적으로 새겨진 식각(蝕刻, 혹은 에칭 etching)을 암시한다. 그리고 그 식각의 자리는 바로 우리의 마음, 즉 우리 자아의 가장 중추적인 곳이다. 한 마디로 하나님은 우리의 급소에 일격을 가하신 것이다.

바울도 "먹으로 쓴 것이 아니요 오직 살아 계신 하나님의 영으로 쓴 것이며"라고 말하면서 이것이 초자연적인 기록임을 강조한다. (고후 3:3) 우리의 새로운 기질은 성령 하나님과 결코 분리될 수 없다.

성령님이 우리를 떠나시면 그 순간 우리 내면의 새로운 기질 역시 사라지고 말 것이다. 하지만 이 일은 결코 일어나지 않으리라고 우리에게 확신을 부어 주시는 하나님께 감사할지로다!

이제 구원을 얻은 우리는, 우리의 죄보다 더 깊은 곳에, 우리의 고통보다 더 깊고 우리의 두려움보다 더 깊은 곳에, 끊임없이 하나님을 알고 반영하기를 열망하는 정결하고 순수하며 거룩한 무언가가 자리하고 있다. 사실상 주께서는 우리를 사랑을 베풀며 사는 자들로 새롭게 만드신 것이다. 하나님의 뜻을 행하는 것이 우리에게 좋을 뿐만 아니라 우리의 새로운 본성의 미각을 무한히 즐겁게 해 주기 때문에, 우리는 그분의 뜻을 기쁨으로 행할 수 있다. 이제 그분의 뜻을 행하려는 열망은 우리가 억지로 부추겨야 하는 것이 아니라 우리가 자연히 따르고 의지하는 것이다.

전혀 무겁지 않다

하나님의 뜻을 행하려는 이런 새로운 기질은, 하나님의 뜻에 조금이라도 관심을 갖기 전부터 이미 당신에게 허락된 것이다. 이를 가리켜 야고보는 "마음에 심어진 말씀"이라고 부르면서 우리더러 이것을 "온유함으로 받으라"고 권면하고 있다.(약 1:21) 모든 성도는 성도가 되는 때부터 태생적인 권리로서 그리스도의 교훈과 계명이 초자연적으로 아로새겨진 내면의 자아를 갖게 되는데, 성경은 이를 가리켜 우리가 '그리스도의 마음'을 가졌다고 선언한다.(고전 2:16)

그래서 우리가 성경에서 만나게 되는 모든 계명들은 억지로 행해야 하는 부담스러운 것이 아니라 우리가 이미 열망하고 있는 것이 되어버린다. 즉 성경은 재생된 마음으로 이미 실천하고 싶어하는 것이 무엇인지를 우리 마음에 분명히 떠올리게 해준다.

사도 요한이 "그의 계명들은 무거운 것이 아니로다"라고 (요일 5:3) 말할 때 의미했던 것도 이것이리라. (그 의미가 무슨 뜻인지 몰라 수 년 동안 이 구절에 대해 설교하기를 거절했다던 프란시스 쉐퍼 박사의 정직한 모습에 나는 깊이 감동을 받았다.) 사도 요한이 여기에서 무슨 뜻을 전달하려고 했든 이는 하나님의 모든 계명에 그대로 적용된다. 그는 하나님의 계명 가운데 "일부"나 심지어는 "대부분이 무거운 것이 아니다"는 식으로 말하지 않았다. 즉 주의 계명은 모두가 무거운 것이 아니다.

이 사실이 실제적으로 의미하는 바는, 주께서 당신에게 순종하려는 열망을 주시지 않아서 마음에 부담이 되는 그러한 성경적인 계명은 전혀 찾아볼 수 없으리라는 것이다. 하나님의 말씀을 읽다가 우리는 읽은 내용을 실행하고픈 열망을 달라고 그분께 간구할 필요가 전혀 없다. 다만 우리는 주께서 그런 열망을 이미 우리에게 주신 것에 대해 감사하며, 우리가 그 열망을 의미 있게 잘 감당할 수 있도록 도와달라고 기도할 뿐이다.

한 가지 사례, 사랑

이러한 본능적인 성경적 계명의 한 가지 사례로서 "서로 사랑하라"(요 13:34-35)는 명령을 살펴보자! 사도 바울은 데살로니가 성도들에게 이렇게 적고 있다. "형제 사랑에 관하여는 너희에게 쓸 것이 없음은 너희들 자신이 하나님의 가르치심을 받아 서로 사랑함이라."(살전 4:9) 바울은 데살로니가 성도들이 서로를 사랑하도록 주께서 이미 인도하셨으며 또한 계속해서 돌보고 계심을 잘 알고 있었다. 어떻게 하나님은 이런 일을 하실 수 있을까? 그것은 외부의 계명을 통해서가 아니라 바로 성도들 내면의 열망을 사용하셔서 그렇게 하신다.

처음으로 성도가 되었을 때 나는 이것을 분명히 경험했고 지금도 기억이 생생하다. 고등학교 3학년 때이다. 회심 전에 나는 학교 점심시간마다 성경공부 모임을 갖던 일단의 '예수쟁이' 학생들을 비웃곤 했다. 불신자 친구들과 어울려 그들한테 "야! 설교해 봐!"라고 놀리기도 했으며, 그 밖의 다른 것에 대해서도 지금은 매우 후회할 지경이다.

하지만 그리스도를 영접하고 나서 그리스도인 학생들 모임 곁을 처음으로 지나가게 되었을 때에는, 이들을 향한 경계심 대신 친근한 감정이 우러나왔다. 마치 내가 전부터 그 모임에 속해 있어서 서로 연결되어 있는 것처럼 느껴졌다. 내 일부분(육체)은 이런 일이 벌어지는 것을 믿을 수 없었지만, 나의 또 다른 부분(나의 새로운 기질)은 이 현실을 부인하지 못했다. 그로부터 1년이 지나고 나서야 비로소 나는 성경을 통해 그 때 무슨 일이 벌어졌는지 깨닫게 되었다. 데살로니가 성도들처럼 나 역시 동료 성도들을 사랑하도록 하나님에 의해 붙들렸던 셈이다.

또 다른 사례, 성적 순결 지키기

하나님이 우리 내면에 심으신 말씀의 또 다른 사례는 성적 순결을 지키라는 계명이다. 왜 우리는 이 계명에 순종해야 할까? 여기에는 몇 가지 좋은 이유가 있지만 그 중 최고의 이유는, 종종 간과하곤 하지만, 우리의 새로운 기질 때문이다. 내면의 깊숙한 곳에서 우리는 순결을 유지하기를 원하며, 불의하고 거짓된 성적 쾌락보다는 순결의 즐거움을 원한다.

그래서 저급한 욕망을 극복할 수 있는 유일한 방법은 좀더 고차원적인 열망을 충족시키는 것이다. 오스왈드 챔버스는 이렇게 적고 있다. "인간의 본성은 건강하다면 흥분을 요구한다. 그리고 그 전율하는 흥분이 올바른 방법으로 충족되지 않으면 그릇된 방법으로 충족하려고 한다. 하나님은 결코 핏기 없는 금욕주의자를 만들어내지 않으셨다. 대신 그분은 열정적인 성자를 만드셨다."

바로 이런 이유로 유혹에 직면했을 때 우리는 스스로에게 "내가 원하는 것은 무엇인가?"가 아니라 "내가 진정으로 원하는 것은 무엇인가"라고 묻는 것이 매우 중요하다. '열정적인 성도'로서 우리가 자아 깊은 곳에서 진심으로 열망하는 것은 무엇인가?

더 이상 필요 없는 마음의 변화

예전에 나는 목회와 리더십 관련 집회를 안내하는 소책자를 받아본 적이 있다. 내용을 훑어보다가 예전에 함께 신학교를 다닌 적이 있는 한 지인이 강사로 소개되어 있는 걸 보았다. 처음에는 하나님이 그를 좋은 일에 사용하신다는 기쁨이 있었다. 하지만 기쁨은 오래가지 않았다. 내가 아닌 그가 강의 요청을 받았다는 사실에 질투심을 느끼는 내 자신을 발견한 것이다. 하지만 그는 집회에서 강의할 자격이 충분한 하나님나라의 일꾼이었기에 나는 질투심을 가진 것에 대해 잘못을 인정해야 했다.

나는 하나님 앞에 죄를 고백하면서 주께서 그 형제에 대한 나의 비뚤어진 마음을 바꿔달라고 간구했다. 당장에는 아무 일도 일어나지 않았다. 다시 나는 이러한 악한 시기심을 만들어낸 과거와 현재의 내 사고패턴에 대해 반성하며 돌아보았지만, 내 기분은 더욱 우울해졌다.

그런데 하나님은 내 안에 자리해 있던 질투심보다 더 깊은 곳에 이미 다른 것이 자리하고 있음을 조용히 깨닫게 해주셨다. 하나님이 그분의 율법을 내 마음에 새겨 놓으셨다는 사실, 그리고 새 언약에 따르면 내 자아의 깊숙한 중심부에는 이 형제로 인한 기쁨이 머물고 있다는 사실을 알게 된 것이다.

그러자 내 마음에 형제와 형제의 사역에 대한 진정한 감사가 서서히 일어나기 시작했다. 이 생각을 계속 붙잡자 그에 대한 분명한 기쁨이 내 마음에 계속해서 차올랐다. 이것은 내가 그 어느 곳에서도 맛볼 수 없는 즐거움으로, 내가 회심할 때 주께서 내 마음에 심어두셨던 기쁨이 분명했다.

그런 상황에서 나에게 도움이 되었던 것은 내 마음을 바꿔달라는 내용의 기도가 아니었다. 가장 도움이 되었던 것은 주께서 성령을 통해 이미 나에게 변화된 마음을 주셨다는 사실과 지금 당장 나에게 필요한 것은 그것을 그대로 활용하는 것이라는 사실을 잘 기억하는 일이었다.

새 마음은 어떠한가

하나님이 우리에게 주신 새 마음은, 하나님을 향한 열망으로 가득 차 있으며 우리를 구원하신 분에 대한 애정과 기쁨이 충만해 있고 그분의 계명에 대해서는 매우 유순하고 순종적이다. 또 그 마음은 주께서 약속하신 바와 같이 하나님을 전심으로 사랑하는 마음이다. "네 하나님 여호와께서 네 마음과 네 자손의 마음에 할례를 베푸사 너로 마음을 다하며 뜻을 다하여 네 하나님 여호와를 사랑하게 하사."(신 30:6) 하나님을 향한 사랑은 우리가 억지로 짜내야 하는 것이 아니라 그대로 발휘할 수 있는 것이다. 그러나 참으로 겸손히 인정할 수밖에 없겠지만 우리 가운데 하나님을 향한 진실된 사랑으로 충만한 채 이 세상에 저절로 태어난 사람은 하나도 없다. 그분을 향한 사랑은 모두가 우리 안에 내주하시는 성령님의 영원하고도 결코 변함없는 열정의 결과이다. 달리 말하자면 우리 혼자서는 결코 하나님을 사랑할 수 없다.

마찬가지로 우리 혼자서는 결코 하나님을 경외할 수도 없다. 그분을 경외하는 것은 구원받을 때 우리에게 은사로 주어지는 또 다른 기질이다. 날 때부터 하나님을 올바로 경외할 수 있는 능력을 갖고 태어난 사람은 하나도 없다. 이것은 위로부터 주어져야만 한다. 그래서 주께서는 이렇게 약속하셨다. "나를 경외함을 그들의 마음에 두어 나를 떠나지 않게 하고."(렘 32:40)

당연함에도 불구하고 주님을 영화롭게 하거나 순종하지 않는 우리에게 이러한 은혜는 얼마나 희망적인가? 우리는 그분에 대한 적당한 두려움을 억지로 짜낼 필요가 없다. 다만 우리 내면에 이미 자리하고 있던 경건한 경외심을 그대로 쏟아내면 된다. 물론 우리는 주님에 대한 사랑뿐만 아니라 이러한 경외심도 더욱 증진시키고 북돋우는 삶으로 부름 받았다. 하지만 우리 마음에 무언가를 덧붙일 필요는 없고, 다만 그 안에 있는 것이 밖으로 온전히 넘쳐나게 하면 된다.

우리의 새로운 기질의 모든 요소들은 발전하고 성장해야 할 것들이다. 하지만 그것은 어디까지나 하나님의 은사이며 앞으로도 그러할 것이다. 우리는 하나님에 대한 어떤 열망이든 스스로 품을 수 없으며 다만 성령을 통해 우리에게 주어질 뿐이다.

심지어는 우리 마음이 하나님을 알게 된 것도 선물로 주어진 것이다. 하나님은 새 언약의 일부로 이렇게 약속하셨다. "내가 여호와인 줄 아는 마음을 그들에게 주어서."(렘 24:7) 예레미야를 통해 주어진 이런 메시지는 나에게도 크나큰 영적 유익을 가져다준다. 하나님에 대해 냉담해지고 감동이 일어나지 않을 때면 나는 스스로 이 진리를 떠올려 본다. 내 책임은 그분을 알고픈 열망을 억지로 만들어내는 것이 아니라, 회심 때 이미 내 안에 초자연적으로 심겨진, 그분을 알고자 하는 열망으로 다시 되돌아가는 것이다.

영적인 침체기에 빠졌을 때 나는 거룩한 열망을 내면 깊숙이 짓누르고 있는 표면적 욕망이 무엇인지 보여 달라고 기도한다. 대부분의 경우 그런 욕망들은 목회의 성공이나 물질적 안정, 다른 사람들의 찬사와 같은 여러 가지 형태의 우상숭배와 관련되어 있다. 이런 것들을 자백하면서 주께서 내 안에 베푸신 것을 잘 붙잡도록 도움을 요청하면 내 안에는 그분을 더욱 알고자 하는 열망이 샘솟듯 일어나기 시작한다.

우리의 열망과 양심

이러한 새로운 기질은 모든 인간이 당연히 가지고 있는 옳고 그름에 대한 기본적인 판단 능력인 양심과 어떻게 다른가? 사도 바울은 불신자라도 "그 마음에 새긴 율법의 행위를 나타내느니라"라고 적고 있다.(롬 2:15)

하지만 '율법의 행위'(또는 '율법의 요구'로도 번역될 수 있다)와 율법 그 자체는 분명 다르다. 「새로운 본성」(The New Nature)에서 레날드 샤우어스(Renald Showers)가 설명하고 있듯 모든 불신자들은

"그들 내면에 자리하고 있는 것으로 옳고 그름에 대한 분별력으로서의 도덕적인 자의식을 갖고 있다." 그리고 이 의식은 "인간으로서 선천적으로 갖고 있는 속성"의 일부이다.

하지만 새 언약은 이와는 전적으로 다른 것을 제공한다. 하나님이 새 언약에 따라 우리 마음에 실제로 그의 계명을 새기실 때 그분은 자신의 계명이 우리에게 본능적인 것으로 만드신다.

이와 유사한 본능감각에 대한 예화를 우리는 자연 속에서 찾아볼 수 있다. 새들은 겨울을 나기 위해 언제 어느 곳으로 이동해야 하는지 어떻게 아는가? 이 새들은 남쪽 이주에 대한 무슨 강좌를 들었는가? 물론 말도 안 된다. 그것은 오직 하나님이, 말하자면 '이주에 대한 계명'을 그 새들의 마음에 새겨 놓으셨기 때문이다. 또 이런 새들은 어떻게 나는 방법을 터득할 수 있을까? 그 역시 하나님이 새겨두신 본능을 그대로 따라가기 때문이다.

마찬가지로 의와 거룩함, 그리고 사랑은 우리가 새롭게 거듭날 때 우리의 새 마음에 심겨진 본능적이고 생래적인 열망들이다. 물론 이러한 새로운 성향들이 전혀 사실이 아닌 것처럼 느껴질 때도 가끔 있지만 그렇다고 해서 이것들이 사실이 아니라는 의미는 결코 아니다. 순간적으로 좀더 강해 보이는 성향들 저변에 잠시 동안 숨어 있을 뿐이다. 이제 앞으로 나아가기 위한 출발점은, 우리의 불경건한 기질들은 전체 모습의 일부분에 불과할 뿐이고 온전한 그림의 중앙에는 하나님의 뜻을 향한 정결하고 깨끗하며 즐거운 기질이 내주하고 있음을 기억하는 것이다.

이러한 기질들은 결코 당신을 버리거나 떠나지 않을 것이다. 내면 깊숙한 곳에서 당신은 항상 하나님의 모든 뜻을 행하기를 열망하고 있다. 본래적으로 이를 거부할 때는 한 번도 없고 그런 상황도 결코 오지 않는다. 하나님의 뜻이 싫은 것처럼 느껴질 때가 많지만, 그럼에도 불구하고 사실은 전혀 그렇지 않다.

우리는 이를 믿음으로 받아들여야 한다. 그래서 오스왈드 챔버스는 이렇게 적고 있다. "우리가 하나님의 약속을 믿고 그대로 행동하는 순간 우리는 이 약속이 사실이라는 것을 직접 경험하게 될 것이다."

아직도 의심하는가?

당신은 우리 내면의 기질에 대한 이러한 혁명적인 견해가 정말로 사실인지에 대해 아직도 의심할는지 모른다. 당신은 내면 깊숙한 곳에 사실은 하나님에 대한 무관심으로 가득 차 있노라고 솔직하게 자백할 수도 있다. 또 이 장을 읽으면서 당신은 좀더 경건한 열망과 접촉해 보려고 나름대로 애를 써보았지만 여전히 잡히지 않는 안개와 같은 느낌이 들었을 수도 있다.

당신에게 한 가지 부탁을 해보자! 책을 덮고 (겨우 여섯 구절밖에 되지 않는) 시편 1편을 조용히 음미하면서 천천히 읽어보라. 그 다음 이 페이지로 다시 돌아오라. 이 시편에서 언급한 것처럼 시냇가에 심은 나무가 되고 싶은 생각이 들지 않았는가? 그저 의무적으로 읽기보다는 하나님의 율법을 즐거워하는 모습을 보며 마음속 깊은 곳으로부터 닮고 싶다는 열망이 느껴지지 않는가?

　에베소서 3장 14절부터 시작되는 바울의 기도문을 같은 방식으로 읽어보라고 한 번 더 부탁하고 싶다. 이 기도문을 천천히 그리고 조용히 읽어보라. 여기에서도 당신의 마음 깊숙한 곳에 이 기도문에 대해 동의하는 마음이 서서히 일기 시작한 것을 느끼지 않겠는가? '지식에 넘치는 그리스도의 사랑'을 알고자 하는 새로운 열망이 당신의 내면 중심에서 일어나려 하지 않던가?

　마지막으로 던지는 질문은 당신이 지금 가장 듣고 싶어하는 찬송가 가사는 무엇인가 하는 것이다. 예수님이 당신에게 이렇게 말씀하시는 것보다 더 감동적인 것이 있다고 상상할 수 있겠는가? "참으로 잘 하였도다. 착하고 충성된 종아! … 네 주인의 즐거움에 참여할지어다." 이 구절을 읽는 당신의 새로워진 마음은 세상의 그 어떤 찬사와도 비교할 수 없는 감격스러운 말씀으로 여길 것이라고 확신한다. 주님으로부터 듣게 될 이 말씀에 비하면 세상의 어떤 찬사도 무익한 말처럼 들릴 것이다. 그리고 그 말씀이 그토록 감격스럽게 느껴지는 이유는 오직 당신의 새로워진 기질 때문이다.

10
믿음과 감정 모두를

지상에서 가장 기쁜 일은
참된 하나님을 소유하는 것이다.
_R. A. 토레이

비극적이지만 너무나도 많은 그리스도인들은 주께서 그들 내면에 심어두신 새로운 열망과 기질을 전혀 알아채지 못하고 있다. 우리는 "감정이 아닌 믿음대로 행해야 한다"는 이야기를 자주 듣는다. 그저 감정대로 살아가는 실수를 피하기 위해 우리는 옳은 것을 그대로 행동으로 옮겨야 하며, 그러다보면 "감정은 자연히 따라 온다"고 한다. 하지만 이런 교훈은 부분적으로만 옳다. 동전의 또 다른 면에는 하나님이 우리를 온전케 하기 위해 우리 내면에 전적으로 새로운 열망, 또는 감정을 심어두셨다는 사실이 자리하고 있다. 그럼에도 불구하고 감정은 너무 오랫동안 참된 경건을 방해하는 것 정도로 여겨져 왔다.

종교적 감정에 대해

나를 나의 5대조, 조나단 에드워즈의 열렬한 팬이라고 단정하는 사람도 있을 것이다. (조나단 에드워즈가 내 조상이지만 나는 미국 역사상 유명한 악당인 아론 버[Aaron Burr, 조나단 에드워즈의 외손자]와도 혈통상 관련이 있다.) 내가 에드워즈에게서 가장 존경하는 부분은 (물론 미국 역사에서 필적할 만한 사람이 드물겠지만) 그의 지성이 아닌 구세주를 향한 그의 뜨거운 열정과 사랑이다. 자신의 회심과 관련한 기록에 보면 그는 이런 고백을 하고 있다. "거룩한 것에 대한 나의 감각은 때론 갑자기 내 마음에 달콤한 불길과 영혼의 열정을 일으키곤 했다. 그 감정을 어떻게 표현해야 할지 모르겠다."

재기가 넘치고 열정적이었던 하나님의 사람 에드워즈의 주요 저서 가운데 하나인 「신앙감정론」을 보면 그가 왜 이런 말을 했는지 알 수 있다. 그는 먼저 참된 종교적 감정과 거짓된 종교적 감정을 구분했다. 그는 일부 현상들은 육체상의 가짜 부흥운동임을 인정했지만, 그와 동시에 또 다른 현상들은 성령의 역사에 따른 결과임을 주장했다.

에드워즈는 또한 대부분의 경우 참된 기독교적 삶은 올바른 '거룩한 감정'으로 이루어져 있다는 대담한 주장을 내놓았다. 그는 무엇이 옳은지 아는 것과 또 옳은 것을 행하는 것만으로는 충분치 않다고 생각했다. 무릇 그리스도인이란 정서적 차원에서 거룩한 것을 직접 경험해 보아야 한다는 것이다. 그는, 그리스도인의 삶이란 "그저 미지근하게 가만히 있기에는 너무나도 위대한 것을 담고 있다"고 적고 있다. 진정한 기독교는 "항상 역동적인 것이다. 내면적인 활동에 그 능력이 깃들어 있다."

(내가 믿기로 철저히 성경적인) 에드워즈의 주장에 따르면, 매우 엄밀한 차원에서 볼 때 사람은 감정과 무관하게 살아가는 것이 불가능하다고 한다. 우리가 직면하는 모든 결정과 우리에게 요구되는 모든 행동들은 좋거나 싫은 느낌, 다시 말해 우리의 감정을 동반한다. 그는 설명하기를 이런 감정은 우리로 하여금 특정 행동을 선택하거나 추구하도록 동기를 부여하거나 반대로 그것을 거부하고 돌아서도록 자극하기도 한다는 것이다.

물론 이러한 감정이나 정서가 우리를 속이고 잘못된 길로 이끌 수도 있다. 하나님이 계시하신 진리가 우리가 무엇을 해야 하는지에 대한 최종의 심판자 역할을 해야 하는 것도 이 때문이다. 하지만 동일한 감정이 우리를 좀더 위대한 거룩과 헌신으로 안내하는 데 도움을 주기도 한다. 그래서 감정에 대한 올바른 접근방법은 이를 완전히 무시하거나 내버리는 것이 아니라 하나님이 이것을 우리에게 주신 목적에 합당하게 올바로 사용하는 것이다.

에드워즈가 말한 참된 종교적 감정은, 본질적으로 하나님이 새 언약을 통해 우리에게 주신 새로운 기질이다. 하나님이 우리를 위해 이 새로운 기질을 주셨다면, 그분은 분명 우리가 이 모든 감정적인 것들을 올바로 사용하기를 바라실 것이 틀림없다.

의무감인가 열망인가?

우리는 하나님의 뜻을 향한 '열망'에 대해 마음속에서 억지로 부추겨야 하는 것이거나 아니면 최소한 옳은 것을 행하는 한, 별 상관이 없는 것 정도로 여기기가 쉽다. 물론 우리는 마음속 열망이 있든 없든 관계없이 옳은 것이라 생각하는 것을 항상 실천해야 한다. 하지만 하나님은 우리 안에 신뢰할 만한 신성한 감정을 만들어 놓으셔서 우리로 하여금 그분의 뜻을 행하는 것이 결코 지겨운 영적 의무가 아니라 오히려 즐거운 영적 소풍놀이가 될 수 있도록 해놓으셨다.

이를 하나님의 관점에서 생각해 보라. 어느 날 내가 아내를 위해 아름다운 붉은 장미 꽃다발을 들고 집에 왔다고 해보자. 선물을 받은 그녀가 나에게 고맙다고 하자 나는 이렇게 응답한다. "천만에요. 나는 그저 당신의 남편으로서 내 의무를 다 했을 뿐이에요."

내 대답에 대한 그녀의 느낌은 어떨까? 분명 그렇게 다정스럽지는 않을 것이다. 우리가 냉담하게 의무에 따른 순종의 꽃다발을 들고 하나님께 나아갈 때 그분께서 느끼시는 것도 이와 같을 것이다. 그것도 순종의 한 부류이긴 하지만 결코 하나님이 기대하시는 순종은 아니다. 시편 기자는 "기쁨으로 여호와를 섬기며"라고 외치고 있다.(시 100:2) 예수님도 "내가 이것을 너희에게 이름은 내 기쁨이 너희 안에 있어 너희 기쁨을 충만하게 하려 함이라"고 말씀하신다.(요 15:11) 하나님의 마음에 기쁨을 가져오고 그분의 이름을 영화롭게 하는 순종은, 은혜가 충만한 성도의 기쁨 가득한 마음과 자발적인 헌신이 담긴 순종이다. 그것은 새로운 기질이라는 하나님의 은사를 통해 오직 하나님으로부터 오는 기쁨 가득한 순종이다.

이것은 내가 기독교에 대해 알고 있는 가장 자유케 하는 진리 가운데 하나이다. 나는 수년 동안 하나님이 나에게 요구하시는 것이라고 생각했던 열망을 더욱 분발시켜 보려고, 또는 하나님이 그런 방향으로 내 마음을 바꿔주시도록 노력해 보았다. 하지만 성화에 대한 복된 소식은 하나님이 이미 내 마음과 당신의 마음을 바꾸어 놓으셨다는 사실이다. 이제 우리의 역할은 회심 때 하나님이 우리 안에 이뤄놓으신 변화를 믿음으로 의지하는 것, 즉 성령의 역사로 경건한 감정이 가득한 기질을 따라 살아가는 것이다.

성도의 내면에 하나님이 원하시는 열망이 자리하고 있기 때문에, 결국 죄 가운데 사는 성도는 이 지상에서 가장 비참한 피조물이나 다름없다. 그는 자기 영혼에 꿈틀대는 거룩한 성향을 완전히 묵살해 버릴 수도 없으며, 또 그 거룩한 성향 역시 그에게서 오직 죄만을 전적으로 탐닉할 능력도 제거해 버렸다. 그래서 그는 심령 깊숙한 곳으로부터 자신은 하나님을 위해 만들어진 존재이며, 하나님의 의에 대한 반역은 결국 무익한 반항일 뿐이라는 인식을 결코 떨쳐버릴 수도 없다.

다른 한편으로 그리스도의 철저한 제자로 살아가는 것은 성도가 자신을 위해 베풀 수 있는 최상의 선물이다. 독수리가 가장 만족스러울 때는 언제인가? 새장에 갇혀 있을 때인가 아니면 창공을 비상할 때인가? 분명 하늘을 날 때일 것이다. 그것은 독수리가 그렇게 비상하는 자유를 위해 하나님으로부터 지음 받았기 때문이다. 마찬가지로 성도 역시 죄의 구속 아래 있을 때에는 결코 온전한 만족을 누릴 수 없다. 우리 모두는 창공을 날아오르면서, 저 높은 거룩함의 경지로 밀어 올리는 하나님의 의로움의 기류를 폐부 깊숙이 느끼도록 지음 받았다.

무제한적인 즐거움

새 언약은 하나님께 순종하는 문제와 관련해 어떤 퇴보도 의미하지 않는다. 하나님의 계명은 어떤 제안이나 유용한 주의 사항이나 실제적인 조언이 아니라, 그 신하들에게 당당하게 선포하는 제왕의 포고문이다. 그래서 그 계명을 무시하거나 불순종하는 것은 하늘에 대한 심각한 반역이나 마찬가지다. 하지만 새 언약 안에서 하나님은 동일한 계명을 잘 이해하고 순종할 수 있는 내면의 새로운 열망도 부어 주셨다.

즉 하나님은 '의무'를 '소원'으로 바꾸어 주셨다. 그분은 자신의 확고한 계명들이 우리의 새로운 본성에 부합하는 즐거움이 될 수 있도록 해놓으셨다.

나는 희락이라는 단어가 하나님이 요구하시는 표준을 따를 때 새로운 기질이 맛보게 되는 내면의 기쁨을 묘사하는 데 지나친 표현이라고 생각지 않는다. 하나님은 우리 내면에 그분의 계명을 지키고자 하는 강력하고도 거룩한 성향을 불어넣어 주셨다.

바로 이런 이유로 예수님은 "나의 양식은 나를 보내신 이의 뜻을 행하며 그의 일을 온전히 이루는 이것이니라"고 말씀하셨다.(요 4:34) 예수님은 하나님의 뜻을 행할 때 그 영혼에 힘과 활력이 생긴다는 것을 알고 계셨으며, 이는 신성한 기질이 신성한 뜻과 연결될 때 항상 나타나는 현상이다.

로마서에서 자기 내면에서 일어난 순종과 죄 사이의 투쟁에 대해 언급할 때, 사도 바울은 자신을 가리켜 "선을 행하기 원하는 나"라고 묘사하고 있다.(롬 7:21) 그는 자기 자신을 근본적으로는 하나님의 뜻을 행하기 원하는 존재로 이해했다. 바울은 그 속사람으로는 "하나님의 법을 즐거워하되"라고 주장하고 있다.(롬 7:22) '즐거워하다'라는 헬라어 단어는 매우 강력한 의미를 담고 있는 것으로, 이 단어로부터 오늘날의 쾌락주의(hedonism)가 파생했다. 바울이 여기서 말하는 속사람은 누구인가? 그것은 한마디로 새로운 바울, 진짜 바울을 가리킨다.

이것이 바로 당신의 새로운 모습이다. 당신의 진짜 자아는 하나님의 뜻을 행하기를 간절히 열망하고 있다. 중생할 때 하나님은 당신 내면의 배선을 재배치하셨기 때문에 당신은 이 열망을 거부할 수 없다. 우리 내면의 가장 깊은 중앙에서 당신과 나는 "하나님의 법을 즐거워하고 있다." 우리 속사람과 하나님의 법은 서로 낯선 것이 아니다. 오히려 우리의 새로운 기질은 하나님과 그분의 진리와 연합하는 깊고도 거룩한 즐거움을 열정적으로 맛보려고 한다.

참된 순종이 우리의 새로운 본성에게 무제한적인 즐거움을 가져다주는 것도 이 때문이다. 하나님에 대한 순종은 단지 우리의 육체를 부인하지만은 않는다(물론 그런 측면이 포함되기도 하지만). 이는 또 하나님이 베푸신 경건을 향한 새로운 욕구를 만족시키는 것이기도 하다. 하나님은, 성령께서 인도하시는 순종의 진미를 통해 이 새로운 본성의 열망을 만족시키는 삶으로 우리를 부르셨다.

이것이 바로 야고보가 하나님의 말씀을 "자유하게 하는 온전한 율법"으로 묘사했던 이유이다. 하나님의 계명은 우리를 속박하려는 의도로 주어진 것이 아니다. 오히려 우리가 구원받은 목적을 자유롭게 누리며 실제로 경험하도록 하기 위해 주어졌다. "자유롭게 하는 온전한 율법을 들여다보고 있는 자는 듣고 잊어버리는 자가 아니요 실천하는 자니 이 사람은 그 행하는 일에 복을 받으리라.(약 1:25) 이 구절에서 '복을 받으리라'는 단어는 내면의 초자연적인 즐거움을 말한다. 이것이 바로 우리의 새로운 본성을 만족시키는 참된 기쁨이다.

영적 즐거움을 가져오는 영적 연결고리

새 언약에서는 기도와 금식, 성경공부, 그리고 성경구절 암송과 같은 '영적 훈련'을 도외시하거나 무시하라는 언급은 전혀 찾아볼 수 없다. 사도 바울은 디모데에게 "경건에 이르도록 네 자신을 연단하라"(딤전 4:7)고 권면하고 있으며, 우리 역시 그러한 훈련이 필요하다. 이런 훈련들을 율법주의의 관점에서 바라볼 필요는 없다.

나는 이런 훈련들에 대해 '영적 연결고리'라는 표현을 즐겨 사용하는데, 그 이유는 이런 훈련들이 우리를 영적으로 부요케 하면서 하나님의 임재와 연결시키는 데 반드시 필요하기 때문이다. 이런 것들은 우리의 육체가 싫어한다는 의미에서 분명 훈련과 연단이다. 하지만 이것들은 모두가 우리 내면의 새로운 기질이 갖는 간절한 열망, 즉 황홀한 충만함 안에서 그분을 알고자 하는 열망을 충족시켜줄 수 있다. 그렇기에 모든 영적 훈련은 동시에 영적인 즐거움이기도 하다. 이러한 영적 연결고리를 통해 하나님은 우리 영혼을 온전히 만족시킬 수 있는 유일한 양식으로 그 영혼을 충분히 채워주신다.

이 훈련들을 기계적으로 하거나 다른 사람들에게 과시할 목적으로 또는 하나님이 우리를 축복하시는 수단으로 행할 때, 본래의 의미가 모두 사라지는 것도 이 때문이다. 그렇게 되면 이것들은 그저 의무에 불과해진다. 하지만 하나님의 성령을 의지하며, 그분의 영광에 대한 기대와 그분을 더욱 친밀하게 알아가는 기쁨을 위해 기도하고 성경을 연구하고 묵상할 때, 이 모든 것들은 더 이상 의무가 아닌 간절한 열망으로 우리를 사로잡을 것이다.

하나님의 말씀과 기도, 그리고 복음증거를 즐기기

새로 태어난 아기에게 과연 그 엄마의 젖을 간구하라는 명령이 필요할까? 결코 그렇지 않다. 이것이 바로 베드로가 우리더러 성경 말씀을 사모하라고 권면할 때 사용했던 이미지이다. "갓난 아기들 같이 순전하고 신령한 젖을 사모하라."(벧전 2:2) 이 말씀은 우리가 날 때부터 본능적이었던 것을 그대로 실행하라는 뜻이다. 우리가 밥을 먹는 것과 동일한 이유로 우리는 정기적으로 하나님의 말씀을 먹어야 한다. 바로 우리가 그것을 원하기 때문이다. 하나님은 하나님의 말씀이라는 빵과 고기, 그리고 꿀이 아니고서는 결코 만족할 수 없는 심령의 식욕을 우리 내면에 심어놓으셨다.

기도 역시 마찬가지다. "항상 성령 안에서 기도하고 이를 위하여 깨어 구하기를 항상 힘쓰며"(엡 6:18)라고 우리에게 명령할 때, 바울은 성령님이 이미 우리 안에 역사하사 소원을 허락하신 일에 그저 동참하라고 말하고 있다. 기도는 하나님께 가까이 나아오라는 성경의 애정 어린 권면을 우리가 열렬히 수락하는 본질적인 방법이다. 오스왈드 챔버스는 "기도의 목적은 응답을 받아내는 것이 아니라 하나님을 붙잡는 데 있다"고 적고 있다. 또 R. A. 토레이는 "기도는 하나님을 진짜 살아 계신 분으로 만드는 것"이라고 말한다. 사무엘 즈웨머(Samuel Zwemer)도 "참된 기도는 성령 하나님이 성자 하나님의 이름으로 성부 하나님께 이야기하는 것이며 성도의 마음은 기도실이다"고 적고 있다.

우리 내면에 있는 하나님의 선물 가운데 하나가 바로 복음전도를 향한 간절한 열망이다. 우리의 믿음을 나누기가 다소 두려울 수도 있지만, 사실 이것은 우리의 새로운 마음에 갖고 있는 천부적인 열망이다. 우리는 재생산을 위해 태어났다. 하나님나라를 위해 투쟁하는 고귀한 모험 속에는 비교할 수 없는 기쁨과 환희의 세계가 모든 성도들을 기다리고 있다. 그래서 찰스 스펄전도 복음을 증거하는 가운데 그 심령에 차고 넘치며 이루 말로 표현할 수 없는 행복을 맛보았는데, 다른 사람들이 구세주를 발견하도록 돕기 전까지는 이 기쁨을 전혀 알지 못했다고 한다.

중생 이후의 새로운 기질에 대한 소식은, 기독교에서 우리에게 가장 즐겁고 자유롭게 하는 진리 가운데 하나이지만, 그만큼 가장 자주 간과하는 진리이기도 하다. 성도가 이 진리대로 살 때 사탄의 왕국에는 엄청난 타격이 올 것이기 때문에 결국 사탄은 될 수 있는 한 이 진리를 숨기려고 할 것이라는 점에는 전혀 의심의 여지가 없다. 복음전도라는 것은 성도에게 의무가 아니라 자신들이 원하는 것이라는 사실을 심령 깊숙한 곳으로부터 깨닫게 될 때 그 파급효과는 실로 어마어마하다.

타인을 사실적으로 바라보기

새 언약 때문에 우리는 사도 바울처럼 "우리가 이제부터는 어떤 사람도 육신을 따라 알지 아니하노라"고 말할 수 있다.(고후 5:16) 즉 우리는 이제 모든 다른 성도들을 '그들도 하나님의 뜻을 행하려는 열망을 갖고 있다'는 전제를 갖고 대할 수 있게 되었다.

신약성경에서 고린도 교회의 성도들만큼이나 그리스도 안에서 새롭게 태어난 존재라는 증거를 찾기 어려운 무리도 없었다. 하지만 사도 바울은 하나님의 성령께서 그들 마음에 이미 자신의 계명을 새겨 놓으셨음을 그들에게 확증했으며, 그에 대한 분명한 확신을 갖고 새 언약의 실체에 대해 다른 어느 교회보다 더 많은 것들을 편지로 적어 보냈다. 바울의 이런 확신은 어디에서 비롯된 것일까? 이와 관련해 그는 "그리스도로 말미암아 하나님을 향하여 이같은 확신이 있으니"라고 말한다.(고후 3:4) 사도 바울은 고린도 교회 성도들의 삶에서 드러나는 가시적인 열매 때문이 아니라, 그들 가운데 내주하시는 그리스도의 일하심에 대한 확신을 근거로 그들이 새 언약에 참여한 자들이라는 확신을 가졌다.

우리 자녀들이 그리스도에 대한 믿음을 고백한 성도라면 우리는 그들에 대해서도 동일한 확신을 가질 수 있다. 때로는 이런 사실을 믿기 어려울 때도 있지만, 심령 깊숙한 곳에서 그들은 하나님의 뜻을 행하고 싶어한다. 그래서 우리는 그들의 육적인 삶을 지도하면서도 계속해서 이들 내면에 심겨진 새로운 기질의 실체에 대해 확신을 심어줄 필요가 있다. 우리는 "나는 네가 진심으로 신실한 사람이 되고 싶어한다는 것을 잘 알고 있단다"와 같은 칭찬이나, 또는 "네가 진심으로 원하는 것은 무엇이니?"라든가 "너는 그것을 정말 네 마음으로부터 즐거워하니?"처럼 그들이 소유한 새 마음의 열망을 불러일으킬 만한 질문들을 던짐으로써 이런 확신을 심어줄 수 있다.

이 모든 계명들에 대한 옛 언약의 접근 방법은 '해야 한다'는 의무감을 강조하고 여기에 '옳은 것을 행하라'는 권면을 덧붙이는 것이었다. 하지만 새 언약의 방법은 의무와 아울러 '행하고 싶다'는 열망을 제시하며, 이어 하나님의 능력으로 옳은 것을 실행에 옮김으로써 하나님을 영화롭게 할 때 얻는 심령의 깊은 즐거움을 강조한다.

이 같은 이유로 나는 설교와 가르침이 더 이상 성도들에게 전혀 열망하지도 않는 것을 행하라고 부담을 안겨주고 도전하는 시도라고 여기지 않는다. 대신 목회자로서의 내 역할은, 하나님의 거룩한 의도와는 정반대로 살아가는 어리석음과 외고집을 들춰내면서도, 그와 동시에 그들 내면 깊숙한 곳에 있는 열망을 건드려서 밖으로 이끌어내는 것이다.

당신은 하나님을 더 잘 알고 순종하고자 하는, 하나님이 주신 열망을 풍성하게 경험하고 있는가? 아니면, 어떤 면에서든 의무와 열망 사이의 적절한 균형을 잃어버리지는 않았는가? 만일 그렇다면 그 이유는 무엇일까?

영적인 훈련, 즉 하나님과 연결시키는 영적인 연결고리를 당신은 어떻게 이해하고 있는가? 하나님을 더욱 영화롭게 하고 그분의 성령을 더욱 의지하며 그분과의 교제를 더욱 즐거워하는 가운데 이런 훈련을 해나간다는 것은 당신에게 어떤 의미를 주는가?

주변의 다른 성도들과 어울릴 때 당신은 하나님을 향한 근본적인 열망이 그들의 심령 깊숙한 곳에 존재하는 감정적 실체라는 사실을 의식적으로 기억하는가?

새 언약의 네 가지 양식 가운데 마지막 사항을 살펴보기 전에 시편 63편과 84편을 읽으면서 하나님을 향한 간절한 열망에 대해 깊이 생각해 보라. 그 다음 주께서 이런 열망을 당신에게 허락해 주신 사실을 기억하면서 그분께 감사하는 시간을 가져보라.

11
새로운 능력

신약성경의 기독교는 믿음과 신앙에 관한 그저 형식적이고
공손하고 정확하고 정통교리를 따르는 종류의 종교가 아니다.
결코 그렇지 않다. 사랑과 열정, 영적인 요소들,
그리고 생명과 활력으로 충만한 것이 바로 이 종교의 특징이다.
_마틴 로이드 존스

어렸을 적 나는 하늘을 나는 공상을 종종 하곤 했다. 비행기에 타지 않고 그냥 혼자서 나는 것이다. 물론 비현실적이라는 것을 잘 알고 있지만, 나도 어쩔 수 없다. 그저 내 두 팔만을 사용해 둥둥 떠다니고 심지어는 높이 날아오르는 꿈을 꾸곤 했다. 그것은 굉장한 것이었지만 꿈에서 현실로 돌아오면 정말 실망스러웠다.

하지만 나의 간절한 바람과는 상관없이 그 일은 실제 일어날 수 있는 일이 아니었다. 날고 싶은 소망은 실제로 날 수 있는 능력에 필요한 자원과 연결되지 않았다. 그래서 지금의 내 희망은 천국에 가면 우리에게 날개가 생겼으면 하는 것뿐이다.

이와 마찬가지로 우리에게 있는, 하나님의 뜻을 행하고 싶다는

열망만으로는 충분하지가 않다. 우리의 최상의 의도와 단호한 결심은 우리의 육체가 아래로 끌어당기는 것을 극복하는 데 여전히 무기력하다. 그에 대해 다음과 같이 정리해볼 수 있을 것이다.

새로운 정결함 + 새로운 정체성 + 새로운 기질 = 좌절과 패배

이 등식에 새로운 능력이라는 양식 하나가 더해질 때 비로소 성도의 삶에 온전한 승리가 가능해진다.

방법을 말해 주라

스코틀랜드의 철학자 토마스 칼라일(Thomas Carlyle)이 부모와 함께 난롯가에 둘러앉아 교회와 설교자들에 대해 이야기를 나누고 있었다. "저는 이 한 가지만큼은 자신 있게 말할 수 있어요. 제가 설교하게 된다면 정말로 짧게 설교하겠어요. 강단에 올라가서 청중을 둘러보고는 이렇게 말할 거예요. '사랑하는 성도들이여, 여러분은 무엇을 행해야 하는지 잘 아실 것입니다. 이제 집으로 돌아가서 그대로 행하시기 바랍니다.'"

잠시 후 경건한 성도인 칼라일의 어머니는 그의 눈을 바라보면서 이렇게 대답했다. "아무렴 토마스야! 하지만 그들에게 방법을 말해 줘야 하지 않겠니? '어떻게' 행해야 하는지 말해 줘야 하지 않겠니?"

우리 각자가 직면해 있는 중대한 질문이 바로 이것이 아닌가? 무엇을 행할 것인가가 아니라, 우리가 알고 있는 그것을 어떻게 행할 것인가 하는 질문. 하나님이 새로운 기질을 통해 실행에 옮기도록 마련하신 것을 실제로 행할 능력을 우리는 어디에서 찾을 수 있을까?

하나님은 새 언약을 통해 이 질문에 대한 답을 주셨다. "또 내 영을 너희 속에 두어 너희로 내 율례를 행하게 하리니."(겔 36:27) 하나님은 우리의 새로운 기질이 새롭게 열망하는 것들을 실행에 옮길 수 있도록 하기 위해 성령님을 통해 새로운 능력을 우리에게 주신다. 그래서 하나님이 우리 안에 심어 놓으신 열망을 우리를 통해 성취하실 수 있는 분은 오직 하나님뿐이다.

하나님의 성령으로부터 말미암은 이 새로운 능력은 그리스도를 죽은 자들 가운데서 일으킨 능력과 동일하다. 또 이 능력만이 바로 우리의 육체가 우리를 속박시키려 하는 패배와 사망으로 얼룩진 삶으로부터 우리를 소생시킬 수 있다.

보트가 끌지 않는 수상스키

우리가 얼마나 간절히 하나님의 규범에 순종하려 하든 관계없이, 말씀 속에 표현된 하나님의 '규범 자체가' 생명을 주는 능력을 불어넣어주는 것은 아니다. 사실 이 규범들은 육체 안에 사망을 가져올 뿐이다. 앞에서 살펴본 것처럼 의문의 율법은 육체를 부추기며 범죄를 자극하고 죄책감을 불러일으키며 결국 저주를 가져온다. 바울이 말한 것처럼 "율법 조문은 죽이는 것"이다.(고후 3:6) 나 자신의 삶 속에서도 하나님의 계명에 대한 순종을 그저 '의무'로 간주하자 그 계명에 대한 내면의 저항감과 속박감이 즉시 솟구치는 것을 느꼈다.

오직 부활의 능력만이 이 굴레를 벗기고 예수님이 약속하신 영혼의 안식을 가져다 줄 수 있다. 그리고 이렇게 생명을 주는 능력은 어떤 계명 속에서가 아니라 다만 한 분 속에서만 발견된다. "율법 조문은 죽이는 것이요 영은 살리는 것이니라."(고후 3:6)

그리스도인의 삶에서 의무가 중요한 관심사로 부각될 때에는 언제든지 그 삶은 그분(성령)보다는 율법(의문) 아래로 귀속되고 만다. 하나님의 합법적인 계명이 초자연적인 양식과는 무관하게 우리를 짓누른다고 느낄 때면, 그렇게 감당키 어려운 하중 때문에 우리는 결국 영적으로 쇠잔해지고 만다.

이는 마치 호수에서 모터보트도 없이 수상스키를 타려고 하는 것이나 다름없다. (율법이 그렇듯이) 수상스키는 방향과 안정감을 제공한다. 하지만 스키만 갖고는 수면 위를 활주할 수 없다. 스키만으로는 심지어 당신이 가라앉는 것도 막을 수 없다.

오직 그리스도의 부활의 능력만이, 새 언약의 새로운 능력만이 우리가 사망의 시커먼 물 속으로 빠지지 않도록 지켜줄 수 있으며, 초자연적인 삶이라는 영광스러운 모험의 세계로 우리를 이끌 수 있다.

행위를 내세우는 육체

우리가 초자연적으로 앞으로 나가는 것을 방해하는 것은 무엇인가? 내가 앞에서 하나님의 관점에서 선한 것으로 인정받기 위해 필요하다고 했던 '무엇을 — 왜 — 어떻게'에 대한 요건들을 기억할 것이다. 하나님의 기준에 부합하는 행동을 하되, 하나님의 영광을 위한 것이어야 하며, 성령의 능력에 따른 것이어야 한다는 요건 말이다.

우리는 자연적인 상태로는 결코 이러한 요건을 달성할 수 없다. 바로 이런 이유로 사도 바울은 갈라디아서에서 이렇게 충고하고 있다. "너희가 이같이 어리석으냐 성령으로 시작하였다가 이제는 육체로 마치겠느냐?(갈 3:3) 본래 하나님에 대해 적대적인 것, 즉 육체의 능력으로 영적인 진보를 이루겠다는 생각은 잘못일 뿐만 아니라 말그대로 정신 나간 짓이다.

하지만 이 사실을 전적으로 인정하는 것도 그리 쉬운 일은 아니다. 우리 육체는 필사적으로 행위를 내세우려고 하며, 부분적으로라도 선하다는 신망을 얻고 싶어한다. 그리고 최소한의 통제권이라도 갖고 싶어하면서, 오직 하나님만 의지하는 것에 맹렬히 저항한다.

당신도 알다시피 우리의 문제는 하나님을 신뢰하는 것이 아니라, 오직 하나님만을 신뢰해야 한다는 데 있다. 하나님은 우리가 선택할 수 있는 많은 것들 가운데 하나가 아니시다. 그분은 우리가 선택할 수 있는 유일한 대안이시다. 그분이 계시므로 우리에게는 더 이상 선택할 수 있는 것이 없을 때라는 건 존재하지 않는다. 그분은 언제나 우리에게 항상 존재하는, 단 하나의 유일한 분이시다. 하지만 우리 육체는 우리의 유일한 선택사항이 그분뿐이라는 사실을 좀처럼 인정하려 들지 않는다.

걸어다니는 전쟁터

로마서에서 우리는 바울이 필사적으로 하나님을 위해 살고자 하면서도 육체의 권세에 질질 끌려다니는 모습을 보게 된다. "내가 행하는 것을 내가 알지 못하노니 곧 내가 원하는 것은 행하지 아니하고 도리어 미워하는 것을 행함이라."(롬 7:15)

바울은 육체의 소욕과 새로운 본성의 소욕 사이에 붙들린 걸어다니는 전쟁터였다. 그리스도인으로서 그는 좌절과 억눌림, 절망, 그리고 죄책감 등등을 경험해야 했는데, 그리스도인인 당신 또한 다르지 않을 것이다.

이것이 과연 정상적인 그리스도인의 삶일까? 그 해답은 '예'와 '아니요' 둘 다이다. 먼저 이 모든 것들이 그리스도인 누구에게나 해당한다는 의미에서 그 대답은 '예'이다. 정도의 차이는 있을지 모르나 당신이나 내가 이 지상에 사는 동안에는, 걸어다니는 전쟁터로부터 자유롭게 될 날은 결코 오지 않을 것이다. "육체의 소욕은 성령을 거스르고 성령은 육체를 거스르나니 이 둘이 서로 대적함으로 너희가 원하는 것을 하지 못하게 하려 함이니라."(갈 5:17) 천국에 가기 전까지 육체에 대한 우리의 투쟁은 결코 끝나지 않을 것이기 때문이다.

하지만 또 다른 의미에서 이 질문에 대한 대답은 분명 '아니요'이다. 하나님은 그 자녀들이 삶 속에서 영적인 패배를 당하는 것을 결코 원하지 않으신다. "항상 우리를 그리스도 안에서 이기게 하시… 는 하나님께 감사하노라."(고후 2:14) 우리 죄의 형벌을 없이하고자 그 아들을 보내신 하나님은, 우리 죄의 강력한 권세를 무너뜨리기 위해서도 그분의 하나뿐인 아들을 허락하셨다. 우리가 임하고 있는 죄와의 전투는 결코 사라지지 않겠지만 그 전투의 강도는 우리가 새 언약의 양식들, 특히 우리의 새로운 권능을 얼마나 온전히 활용하는가에 전적으로 달려 있다.

우리는 우리 내면에 거하시는 성령을 통해 이 능력에 접근할 수 있다. 그래서 바울은 이렇게 권면한다. "너희는 성령을 따라 행하라 그리하면 육체의 욕심을 이루지 아니하리라."(갈 5:16) 여기서 바울은 우리가 성령을 좇아 행하면 육체의 욕심을 결코 경험하지 않을 것이라고 말하지 않는다. 오히려 그가 강조하는 것은 성령 하나님이 허락하시는 부활의 능력을 의지하면 우리가 그러한 소욕에 넘어가지 않을 것이라는 점이다.

하지만 그리스도께서 우리 중심에 경건을 위한 능력을 베풀고 계시다는 것을 확신하기 전까지 우리는 자기도 모르게 육체를 의지함으로써 우리 내면에서 진행되는 하나님의 사역을 계속 방해할 수 있다.

부족함을 인정하기

내 부친은 내가 어렸을 적 돌아가셨다. 그래서 나는 커가면서 집을 수리하고 자동차를 정비하는 것과 같은 기본적인 일을 잘 배우지 못했다.

그런데 내가 배우지 못했던 가장 중요한 것 가운데 하나가 바로 리더십이다. 그 결과 나는 대부분의 인생에서 이것이 부족한 삶을 살 수밖에 없었다. 솔직히 말해, 집에서건 교회에서건 나는 리더십을 발휘하는 것이 두려웠다. 내 속에서는 항상 다른 사람을 따르고 싶어하고 또 누군가가 그 역할을 대신 맡아주기를 원했다. 하지만 하나님은 나에게 이것을 허락하지 않으셨다. 무슨 이유에선지 그분은 남을 지도해야 할 여러 상황으로 나를 밀어 넣으셨다.

그런데 리더십을 발휘함에 있어서 나에게 도움이 되었던 것은 무엇보다도 나의 부족함을 그대로 인정하는 법을 배우는 것이었다. 어려운 결정을 내려야 할 때나 심각한 상황을 다뤄야 할 때 나는 주께 나아가 이런 식으로 기도함으로 그 문제를 해결했다.

"주님! 저는 지금 어떻게 해야 할지 전혀 모르겠습니다. 정말 이런 상황이 두렵고 빨리 벗어나고 싶을 뿐입니다. 이제 정말로 주께서 해결해 주셔야만 할 때입니다.

만일 그렇게 하실 수 없다면, 이 과정 모두를 제가 잘 견뎌낼 수 있도록 인도해 주세요. 그 어떤 재간이나 힘도 쏟을 것이 전혀 없습니다. 제가 숨 쉬기 위한 공기만큼이나 정말로 간절히 주님의 지혜와 능력을 간구합니다.

제가 앞으로 나아갈 때 매 순간 주님만을 철저히 의지할 수 있도록 도와주세요. 저는 지도자가 아니라고 기쁘게 그리고 솔직히 고백합니다. 저 혼자 힘으로는 이 상황을 전혀 감당할 수 없습니다. 그리고 어떤 좋은 결과든 오직 주님께서 주시는 것이어야 합니다. 주 예수님! 제발 지금 저에게 오시옵소서. 그리고 제가 주님이 원하시는 길을 따라갈 수 있도록 도와주십시오."

이런 식으로 내 부족함을 인정하지 않으면 나는 결국 육체대로 인도하거나 완전히 일을 그르치고 만다.

'무엇'이 아닌 '누가'

자신의 부족함을 인정하는 자세를 묘사하는 또 다른 용어는 상한 심령이다. 이 단어로 내가 뜻하고자 하는 것은 마음의 고통이 아니라 (물론 이것 역시 동반될 수 있겠지만), 자기 확신의 부재를 말한다. 이것은 우리만의 힘으로 어떤 선한 것을 만들어낼 수 있다는 모든 희망을 배격하는 것이다. 진심에서 우러나오는 확신을 갖고 "내 속 곧 내 육신에 선한 것이 거하지 아니하는 줄을 아노니"(롬 7:18)라고 말하기 전까지 바울은 여전히 하나님이 도와주시기에는 너무나도 강한 존재로 남아 있었을 것이다.

우리는 영적으로 철저한 파산을 경험해 보아야 한다. "아! 나는 무력한 사람이로다. 누가 나를 도와주리요."라고 부르짖기 전까지, 우리는 여전히 하나님의 권능이 우리 삶에 온전히 간섭하기에는 너무나도 강한 존재로 남아 있을 것이다. 우리도 바울처럼 다음과 같이 절망 가운데 부르짖을 때에야 비로소 그리스도께서 우리를 승리로 인도하기 시작하실 것이다. "오호라 나는 곤고한 사람이로다 이 사망의 몸에서 누가 나를 건져내랴."(롬 7:24)

이것은 바울이 그랬듯 전혀 도움이 되지 않는 가짜 밧줄에 매달리는 것이 아닌 진정한 도움을 위해 올바른 방향으로 돌아서는 것을 뜻한다. 사도 바울은 "무엇이 나를 건져내랴"고 묻지 않고 대신 "누가 나를 건져내랴"고 했다. 그 다음에 이런 대답을 내놓고 있다. "우리 주 예수 그리스도로 말미암아 하나님께 감사하리로다."(롬 7:25) 오직 내주하시는 그리스도만이 우리 육체(죄)의 권세가 아래로 잡아당기는 것을 능히 이기실 수 있다.

그런데 비극적이지만 오늘날 그리스도인들이 추구하는 대부분의 성화를 위한 과정은 영적 훈련이나 상담, 기독교적 봉사 등등의 행위에 집중되어 있다. 물론 이런 것들은 우리를 성화라는 목표로 이끌어가는 데 도움이 될 수 있지만, 죄의 권세에서 우리를 끌어내는 데 그 자체만으로는 전혀 무기력하다.

스스로 하나님의 뜻을 행할 수 있다는, 자신의 능력에 대한 모든 낙관과 확신을 가차 없이 버리기 전까지, 성화에 대한 그 어떤 성경적 가르침이라도 우리 삶에서 전혀 실제적인 변화를 가져오지 못할 것이다. 우리에게 소위 '재회심'(reconversion)이 필요한 것도 이 때문이다. 즉, 구원을 위해 그리스도께 나올 때 가졌던 그 필사적인 의존감으로 성화를 위해서도 그리스도께 나와야 하는 것이다. 또 바울의 표현을 빌자면, "그러므로 너희가 그리스도 예수를 주로 받았으니 그 안에서 행"(골 2:6)해야 한다. 구원을 얻기 위해 당신이 시작했던 방식 그대로, 전적으로 갈급한 심령으로 그리고 철저하게 의존하는 심령으로 계속 나아가야 한다.

중요한 균형

그리스도 안에서 계속해서 이렇게 행하는 것은, 종종 간과되긴 하지만, 그리스도인의 삶에서 아주 중요한 균형을 유지하는 것을 의미한다.

타락한 육적 본성을 적절히 고려하지 않으면서 새 언약을 통해 주어진 우리 내면의 새로운 양식들에만 집중하게 되면, 우리는 근거 없는 낙관주의에 빠지고 만다. 그리고 우리 인간의 타락과 그 투쟁의 필연적인 실체를 올바로 알아보는 데 실패하고 말 것이다.

또 반대로 우리 내면의 새로운 양식들을 제대로 고려하지 않으면서 타락한 본성에만 관심을 기울이면, 부적절한 체념에 빠지게 되며, 하나님이 우리에게 베푸신 자원을 활용하는 데 실패하고, 불필요한 저급한 영성에 빠질 수밖에 없다.

그래서 성도들을 위한 현재의 위대한 소망은 사도 바울의 "너희 안에서 행하시는 이는 하나님이시니 자기의 기쁘신 뜻을 위하여 너희에게 소원을 두고 행하게 하시나니"(빌 2:13)라는 말씀에서 찾아볼 수 있다. 이 선언은 새로운 기질과 아울러 새로운 능력을 모두

지적하고 있다. 하나님이 그 뜻을 향한 열망을 우리에게 주시지도 않은 채, 그저 그 뜻을 행할 능력만 베푸시는 때는 단 한 번도 없다. 마찬가지로 능력을 주시지 않은 채 그저 그 열망만 심어주시는 때도 없다. 하나님은 그분의 뜻에 대한 열망과 아울러 그것을 달성할 능력도 동시에 초자연적으로 주신다. 이제 남은 일은 우리가 믿음으로 이 두 가지를 그대로 활용하는 것이다.

영향력을 위한 능력

성령의 임재를 철저하게 의존하는 가운데 이 새로운 능력을 누린다는 것은 실제로 우리에게 무슨 의미가 있는가? 하나님의 능력은 우리로 하여금 무엇보다도 그의 아들 예수 그리스도를 다른 사람들에게 증거할 수 있도록 하며, 이 세상에서 그의 나라의 목적을 증진시킬 수 있도록 해준다. 이와 관련해 예수님은 성령의 능력으로 제자들이 어떻게 될 것인지에 대해서, "너희가 권능을 받고 … 땅 끝까지 이르러 내 증인이 되리라"고 (행 1:8) 예언하셨다. 그리스도는 복음에 반응하는 사람들을 말씀으로 교화하실 뿐만 아니라 온 세상을 꿰뚫는 복음의 능력을 더욱 널리 퍼뜨리는 삶으로 당신과 나와 그리고 모든 성도들을 초대하고 계신다.

그것이 불가능해 보이는가? 그럴 만도 하다. 하지만 이것을 명심하라. 하나님은 당신이 할 수 있는 무언가를 하도록 당신을 부르시지 않는다. 더 말할 필요가 없다. 하나님만이 제공하실 수 있는 초자연적인 능력 없이도 하나님이 부르신 일을 행하고 있다는 생각이 들면, 사실 당신은 하나님이 당신을 어디로 부르셨는지에 대해 오해하고 있는 셈이다. 하나님은 다만 그분이 직접 나서주셔야 하는 현장으로 우리를 부르신다.

이것이 바로 사도 바울이 그리스도께서 바울 자신을 통해 역사하신 것 외에는 그 어떤 것에 대해서도 감히 말하지 않겠노라고 겸손하면서도 담대하게 선언했던 이유이다.(롬 15:18 참조) 바울이 당시 세상에서 엄청난 영향력을 발휘했던 비결은, 그리스도에 대한 철저한 의존 때문이었다. 이것은 또한 오늘날의 세상에서 우리가 영향력을 발휘할 수 있는 비결이기도 하다.

성령의 조명

성령 하나님에 대한 의존은 우리 내면에서 진리의 빛을 비추시는 성령의 역사를 위해서도 매우 중요하다. 이 역사는 하나님이 간섭하여 조명하심으로써 우리로 하여금 단순한 지적 차원을 넘어서서 영적 진리를 올바로 이해할 수 있도록 하는 것이다. 무디는 성령의 역사가 없는 성경 연구는 "달빛 아래 있는 해시계"와 같다고 말하곤 했다. 하나님 그분께서 직접 기록한 말씀을 영적으로 이해하기 위해서는 성령님이 인도해 주셔야만 한다. 그렇기에 성경을 읽고 묵상할 때에는 기도 가운데 어린아이처럼 성령에 의존하면서 하나님의 말씀을 읽는 것이 중요하다.

성령님은 또한 우리로 하여금 그리스도의 탁월하심과 그 아름다움을 분명히 믿을 수 있도록 하신다. 성령님이 하나님의 빛나는 진리를 가져다가 우리의 마음에 초자연적인 생생함으로 드러내 보여 주셨기에 우리는 "예수 그리스도의 얼굴에 있는 하나님의 영광을 아는 빛"을 실제로 볼 수 있게 되었다.(고후 4:6)

성령은 또한 우리 내면을 조명하여 삶 속에 숨어 있는 죄의 실상을 똑바로 볼 수 있도록 해준다. 모든 죄는 궁극적으로 나 자신과 그리스도와의 관계가 깨어졌기 때문에 발생한다. 우리 삶 속에 죄의 모습이 나타날 때마다, 그 배후에 그리스도에 대한 철저한 의존은 찾아보기 어렵다. 성령 하나님은 우리를 끔찍이도 사랑하시지만, 우리의 죄가 그대로 가려지는 것을 용납하시기에는 하나님의 영광을 향한 그의 시기심이 너무도 강렬하다. 그래서 성령님은 다른 사람들을 통해 또는 그의 말씀으로나 때로는 고요함 가운데 우리 심령을 찔러 쪼개는 역사로 우리의 숨은 죄악을 들추어내신다.

사도 요한의 표현에 따르면 죄는 그리스도 안에 거하기를 멈추는 순간 발생한다. "그 안에 거하는 자마다 범죄하지 아니하나니."(요일 3:6) '거한다'는 것이 무엇을 의미하든(나중에 더 자세히 살펴볼 예정이다), 이는 아주 강력한 결속으로서, 그 안에 거하면서 동시에 죄를 범한다는 것은 전적으로 불가능하다.

이제 당신에게 한 가지 질문하려고 한다. 당신은 자신의 부족함을 전적으로 인정하면서 하나님이 당신에게 은사로 주시는 새로운 능력만을 전적으로 의지할 수 있겠는가? 그리스도인으로 성장해

가면서 당신은 삶 속에서 성령의 능력 이외의 다른 어떤 것에 의지하고 있지는 않은가? 그리고 당신의 삶에서 주님이 당신을 부르셔서 오직 그분의 능력만으로 성취할 수 있도록 하신 것은 무엇인가?

이러한 질문을 염두에 두면서 로마서 8장을 읽는 가운데 우리의 새로운 정결과 새로운 정체성, 새로운 기질, 그리고 새로운 능력이라는 영적인 양식들이 어떻게 서로 작용하는지 살펴보라.

12
역동적인 의존

성령은 절대적으로 필요한 존재이다.
오직 영원한 성령만이 영원한 행위를 할 수 있다.
_A. W. 토저

당신에게 약간 어려운 질문을 하려고 한다. 그 질문에 대한 대답을 통해 우리가 새로운 권능의 결정적인 중요성을 어떻게 이해하고 있는지 가늠해 볼 수 있다. 당신이 바로 옆에 예수님을 모시는 것과 마음속에 성령을 모시는 것 가운데 한 가지를 택해야 한다면 어느 쪽을 택하겠는가?

한 번 생각해 보자. 육체적으로 당신 바로 옆에서 당신이 무엇을 해야 하는지 직접 말씀해 주시고 그 방법도 직접 보여주시는 그리스도와, 당신의 심령 깊숙한 곳에서 눈에 보이지 않게 신비하게 내주하시는 성령 중에서 어느 쪽을 택하겠는가? 어느 쪽을 택하든 분명 쉬운 선택은 아니다.

그렇지만 사실 그리스도는 당신을 위해 이미 선택을 내리셨다. 그 선택은 제자들을 향한 예수님의 말씀 속에서 찾아볼 수 있다. "내가 떠나가는 것이 너희에게 유익이라 내가 떠나가지 아니하면 보혜사가 너희에게로 오시지 아니할 것이요 가면 내가 그를 너희에게로 보내리니."(요 16:7) 예수님은 왜 자신이 떠나가고 대신 성령이 오시는 것이 우리에게 유익하다고 말씀하셨을까?

마이클 조던에게서 농구 훈련을 받는다고 해보자! 그는 공을 던지는 법부터 덩크슛을 하는 방법, 드리블 그리고 기술적으로 상대를 따돌리고 득점하는 방법까지 정확하게 시범을 보여준다. 그는 인내심을 가지고 경기의 모든 복잡한 내용들을 당신에게 자세히 가르쳐준다. 그러면 그렇게 대단한 선수가 자세하게 본을 보여주고 훈련을 시켰다고 해서 당신이 당장에 마이클 조던처럼 농구를 할 수 있을까? 당연히 아닐 것이다.

하지만 마이클 조던이 신비로운 방식으로 당신의 내면에 동화되어 당신의 몸이 마치 그가 입은 옷처럼 서로 일체가 되었다고 가정해 보자. 그러면 그는 당신의 몸을 이용해 도약할 수도 있고, 공을 던지고 덩크슛까지도 자유롭게 할 수 있을 것이다. 이쯤 되면 농구하는 것은 당신이 아니다. 당신을 통해 조던이 농구를 하는 것이다.

비슷하게 들리지 않는가? "그런즉 이제는 내가 사는 것이 아니요 오직 내 안에 그리스도께서 사시는 것이라."(갈 2:20) 정상적인 그리스도인의 삶이란 그리스도를 위한 우리의 삶이 아니라 우리를 통한 그리스도의 삶이다. 우리의 몸은 그분이 입은 옷으로 변화하여 그분이 우리 몸을 통해 사랑을 베푸시며, 우리를 통해 예배드리며 우리를 통해 증거하고 기도하며 우리를 통해 순수하고도 강력한 권능을 발휘하시는 것이다. 예수님은 성령을 통해 이렇게 역사하시며, 이 성령을 가리켜 그를 믿는 모든 성도들의 마음에서 흘러나오는 '생수의 강'으로 묘사하셨다.(요 7:38) 하나님이 우리에게 요구하시는 넘치는 삶을 만들어내는 분이 바로 우리 안에 내주하시는 하나님의 성령이시다.

그러면 우리 삶의 수문을 열어 그러한 생수의 강이 방해받지 않고 넘쳐나도록 하려면 어떻게 해야 할까?

생각해 볼 장면

새로운 권능을 발휘하는 것에 대한 성경의 가장 극적인 본문은 아마도 예수님이 포도나무와 열매 맺는 가지에 대해 묘사하신 부분일 것이다. "내 안에 거하라 나도 너희 안에 거하리라 … 나를 떠나서는 너희가 아무 것도 할 수 없음이라."(요 15:4-5)

이 비유에서 포도나무는 예수님 자신이며 우리는 그분의 가지이다. 하지만 그분이 없이는 우리가 아무것도 할 수 없다는 말은 정확히 무슨 뜻일까?

이에 대해 예수님은 이렇게 대답하신다. "과실을 맺으라." 즉 그분 안에 거하지 않고서 원래 창조된 목적을 결코 달성할 수 없다는 것이다. 물론 그리스도가 없이도 주제넘게 우리가 할 수 있는 것들은 많이 있으며, 또 그리스도를 위한다고 하면서 육체로 할 수 있는 것도 많이 있다. 하지만 영원히 가치 있는 것이라면 어떤 것이든 오직 그분 안에 거함으로써 그리고 오직 그리스도를 통해서만 할 수 있다.

내주하는 것은 분명 단순히 믿는 것 이상을 의미한다. 하지만 성경 그 어느 곳에서도 하나님은 내주의 여러 구성 요소들에 대한 자세한 분석을 우리에게 제시하지는 않으셨다. 그렇게 하셨다면 우리는 하나님과의 생생한 친교의 길을 내버리고 그런 분석적인 사항들을 그저 간단한 공식으로 바꾸어 기계적으로 적용시키려 했을 것이다.

하지만 주님은 그 대신 우리의 관심을 가지가 달린 포도나무로 돌리고서는 이 장면을 통해 전달되는 심오한 영적 실체를 곰곰이 묵상하라고 말씀하시며 우리도 그렇게 살라고 명령하신다. "나는 포도나무요 너희는 가지라."(요 15:5)

그리스도 안에 내주하는 삶을 살기 위해 포도나무와 그 가지 비유로부터 배울 수 있는 세 가지 중요한 교훈을 살펴보자.

친밀한 연결

포도나무와 그 가지는 서로 꽉 붙어 있으며 조금의 빈틈도 없이 단단히 연결되어 있다. 이와 마찬가지로 우리도 주님과의 관계에서 어떤 미세한 틈이라도 완전히 제거하고 긴밀한 연결 상태를 계속 유지해야 한다.

고백하지 않은 죄가 있다면 그런 틈이 벌어질 수 있다. 그리스도의 임재를 누리는 것보다 자신의 자존심을 그대로 지키는 것을 더 소중히 여긴다면, 우리는 자신의 죄를 정직하고도 겸손하게 고백하기를 거부하려고 할 것이다.

용서하지 않는 마음도 틈을 벌릴 수 있다. 예수님도 "너희가 사람의 잘못을 용서하지 아니하면 너희 아버지께서도 너희 잘못을 용서하지 아니하시리라."(마 6:15)고 하셨다. 이 말씀은 우리의 영원한 구원을 언급하는 것이 아니라 하나님에 대한 현재적 경험과 관련된 것이다.

고의로 다른 성도를 실족케 하고 이것을 제대로 해결하지 않을 때에도 하나님과의 관계에서 분열이 일어난다. 그래서 예수님은 다른 형제와 화해하지 않은 상태에서 하나님께 나아오려는 사람들에게 이렇게 말씀하셨다. "예물을 제단 앞에 두고 먼저 가서 형제와 화목하고 그 후에 와서 예물을 드리라."(마 5:24) 이 말은 모든 형제자매들이 적극적으로 나서서 화해를 원할 것이라는 뜻은 아니다. 하지만 우리는 먼저 우리의 책임을 감당해야 한다. 그럴 때 비로소 하나님과 우리 사이를 가로막는 담이 무너진다.

그러한 장애물을 허무는 것 이외에 예수님은 하나님과의 관계를 더욱 강화할 두 가지 중요한 방법에 대해서도 말씀하셨다. "너희가 내 안에 거하고 내 말이 너희 안에 거하면 무엇이든지 원하는 대로 구하라 그리하면 이루리라."(요 15:7) 기도를 하는 것과 하나님의 말씀에 푹 잠기는 것 두 가지는 모두 매우 강력한 상호 관계가 있다. 이 두 가지는 모두 하나님의 임재 속으로 우리 자신을 깊숙이 끌어들이도록 의도된 것이므로, 진정한 내주를 위해 이 두 가지는 필수적인 방편이다.

열매 맺기

포도나무 가지는 공급과 생존을 위해 계속해서 그리고 전적으로 포도나무에 의지한다. 하지만 이것만으로는 가지에 열매가 맺히지 않는다. 가지가 만들어내는 모든 선한 것들은 포도나무의 생명을 주는 수액을 빨아들인 결과이다.

예수님도 성부 하나님을 철저히 의지하는 삶을 유지하셨기에 이 땅에서 가장 역동적인 삶을 사실 수 있었다. 예수님은 "아들이 … 아무것도 스스로 할 수 없나니"(요 5:19)라고 말씀하셨다. 그분의 삶은 마치 육체의 생명 유지를 위해서 공기가 반드시 필요하듯이 영적인 생명을 위해서는 우리 역시 철저하게 하나님만을 의지해야만 한다는 사실을 모범적으로 가장 잘 보여주고 있다.

그러면 불신자들이 구원을 위해 그리스도께로 나오지 않는 근본적인 이유는 무엇일까? 그것은 이들이 그럴 필요를 못 느끼기 때문이다. 같은 맥락에서 성도들이 성화를 위해 그리스도께로 나아오지 않는 근본적인 이유는 무엇일까? 이 역시 마찬가지다. 그 필요를 철저히 인정하지 않기 때문이다.

"나를 떠나서는 너희가 아무것도 할 수 없음이라."(요 15:5) 이 말씀은 우리에게 조금도 과장된 표현이 아니다. 하지만 우리 육체는 스스로의 힘으로 가치 있는 무언가를 성취해 보려는 희망을 계속 고수하고 있다. 보통 우리는 자신이 능력 있다고 여기는 분야, 즉 지적인 분야나 인격 훈련, (만일 우리가 그럴 만한 복을 받았다면) 경건한 가정교육, 개인적인 자질, 또는 종교 교육과 같은 분야에서 스스로의 힘으로 무언가를 달성해 보려 한다.

하지만 최고의 지성이라도 성령의 조명하시는 은혜에 대한 간절한 필요를 대신 해결하거나 그 필요를 줄이지는 못한다. 그럼에도 불구하고 우리가 성령의 조명을 간구하지도 않고, 성경을 읽거나 하나님으로부터 음성을 듣기 위해 순종하는 마음으로 기다리지도 않은 채 어떤 계획을 세우고 결정을 내린다면, 이는 독단적인 지성이야말로 우리에게 필요한 모든 것이라는 평상시의 확신을 그대로 증명하는 셈이다.

경건한 그리스도인 가정이라면 인생의 바른 길을 가르치고 보여 줄 수 있을 것이다. 하지만 그리스도에 대한 철저한 의존이 생략된 것이라면 그것은 육체의 개선에 불과할 뿐이다. 또 어린이를 종교적으로 고상하고 사회적으로 존경할 만한 사람으로 훈육할 수 있지만, 그 아이의 육체는 거리에서 자라난 누군가의 육체만큼이나 여전히 참된 진리를 혐오하고 거부할 수도 있다. 우리의 육체는 기독교적 문화의 이름으로 형성된 것은 무엇이든 그대로 수용할 수 있으며, 마약이나 불륜에 대해서도 여전히 혐오감을 드러낼 수 있다. 하지만 아무리 완벽한 가정교육이라도 성령이 본질적인 역할을 차지하는 그러한 선을 결코 육체에게 불어넣을 수 없다.

육체로부터 비롯된 인격적인 수련이나 의지력은 매우 엄격하고 관계적으로도 냉담하며 무언가 달성하더라도 상당히 독선적이다. 하지만 성령의 열매로 말미암은 절제에는 여유가 있으며 관계 면에서 서로를 세우고 하나님이 이루신 것에 대해 겸손한 마음으로 기뻐한다.

인격적인 수련이 성령의 열매인 절제의 모조품일 수 있는 것처럼, 우리가 인지하는 인격적인 장점도 성령의 열매로 오해될 수 있다. 예를 들어 호감이나 동정심은 사랑의 모조품이 될 수 있으며, 쾌활한 면이 기쁨으로, 무난한 성격이 화평으로 오인될 수 있다. 물론 성격 자체에 무슨 잘못이 있는 것은 아니다. 하나님은 이것들을 우리 모두에게 골고루 베푸셨다. 하지만 이 때문에 성령의 도우심은 도외시하면서, 하나님과의 관계에서 우리가 주로 의지하는 대상으로 이런 성품들이 대신할 수도 있다.

심지어는 기독교 교육과 목회 훈련도 우리를 하나님에 대한 철저한 의존에서 멀어지게 할 수 있다. 하나님보다는 이런 것들을 의지하는 것이 훨씬 매력적으로 보이기도 한다. 기독교적인 훈련 프로그램들도 목회에 유용한 도구가 될 수 있지만, 목회를 위한 생명력은 결코 제공해 줄 수 없다.

최근에 나는 바로 얼마 전 불의의 사고로 대학생 아들을 잃은 부모를 만나야 했다. 이들을 만나기 전 내 머릿속에는 '이 상황에서 나는 뭐라고 말해야 할까?'라는 질문이 떠나지 않았다. 그 질문 자체로는 잘못된 것이 전혀 없었지만, 당시 나에게는 이 질문에 대한 마땅한 답이 떠오르지 않았기 때문에 상당히 긴장되고 불안했다. 그래서 나는 그리스도보다는 목회적인 기교를 의지하고픈 마음이 강했다. 그러다가 순간 주께서 무엇을 말해야 할지 직접 내게 알려 주실 것이라는 확신을 갖고서야 비로소 안식을 얻을 수 있었다. 그들을 만나기 전까지 마음은 여전히 부담을 안고 있었지만, 나의 중요한 책임은 새로운 마음으로, 그 순간 하나님이 나에게 주실 힘으로 이 엄마와 아빠를 사랑하는 것이었다.

결론적으로 주님은 그들을 위한 여러 가지 많은 말들을 나에게 알려주지는 않으셨다. 하지만 주님은 그 순간 이들에게 가장 필요하다고 믿었던 것을 나에게 주셨다. 내 눈 가득한 눈물과 그들의 어깨를 따스하게 감싸 안은 팔이 바로 그것이다.

하나님의 술에 취하기

가지는 전적으로 그 가지를 타고 흘러들어오는 포도나무의 생명력에 의지하며, 그 가지를 지탱하고 있는 나무에 조용히 굴복한다. 오직 그런 가지만이 결실을 맺을 수 있다.

이 과정을 묘사하는 또 다른 장면에서 사도 바울은 "술 취하지 말라 이는 방탕한 것이니 오직 성령으로 충만함을 받으라"고 말하고 있다.(엡 5:18) 여기에서 '충만'이 의미하는 바를 이해할 수 있는 가장 좋은 방법은 이것과 대비되는 것, 즉 술 취한 상태를 살펴보는 것이다. 얼핏 보기에 불쾌한 이 은유를 통해 바울이 묘사하려고 하는 것은 무엇일까?

이에 대한 가장 적절한 단어는 '지배를 받다'일 것이다. 누군가가 술에 취했을 때 그는 알코올의 지배를 받으며 외부의 힘의 통제를 받게 된다. 그래서 그는 정신을 차리면 결코 하지 않을 행동들을 하게 된다. 성령으로 충만해진다는 것은 외부의 영향력에 굴복한다는 의미이다. 즉 우리로 하여금 그리스도의 인격과 그 영광에 취하도록 하여 우리의 본래적인 자아와는 이질적인 것을 감행하도록 하는 성령의 영향력에 굴복한다는 의미이다.

성령의 통제에 이렇게 굴복하기 위해서는 그의 지시에 복종해야 한다. 같은 맥락에서 사도 바울은 "하나님의 영으로 인도함을 받는" 존재에 대해 언급한다.(롬 8:14, 갈 5:18) 성령은 계속 역사하고 계신다. 따라서 우리 책임은 그대로 따라가는 것이다.

적극적인 수동성

우리는 주께서 부어주신 새로운 권능을 프란시스 쉐퍼 박사가 말한 '적극적인 수동성'(active passivity)을 통해 활용할 수 있다. 내가 보기에 이것이 바로 내주의 핵심인 것 같다. 여기에서 우리는 적극적인 역할을 맡고 있다. 우리 쪽에서 행할 것을 명령받았는데, 바로 내주하라는 것이다. 그러나 역설적이게도 우리의 역할을 적극적으로 감당하기 위해서는 철저하고 수동적이며 끈질긴 순종이 뒤따라야 한다.

수년 전 내가 테니스 강사였을 때 어떤 엄마가 자기의 두 아들에게 테니스를 가르쳐달라고 나에게 요청해 왔다. 당시 나는 돈이 필요했기 때문에 아이들의 나이도 묻지 않고 덥석 요청을 받아들였다. 다음 날 그 엄마는 두 아들을 데리고 왔는데 글쎄 다섯 살짜리와 여섯 살짜리였다. 두 녀석은 성인 사이즈의 라켓을 쥐고 있었다. 하마터면 나는 이 아이들은 곤란하다고 말할 뻔했다.

나는 라켓을 어떻게 쥐고 스윙은 어떻게 하는지 보여준 다음 아이들에게 공을 토스해 주기 시작했다. 그런데 아이들은 번번이 공을 놓치고 말았다. 라켓을 휘두를 즈음에는 이미 공은 저만치 지나가 버리고 있었다. 연습을 더 이상 계속할 수 없었다.

그래서 나는 공을 토스하는 것을 다른 친구에게 맡기고서는 이 아이들 뒤에 서서 라켓을 쥔 손을 직접 내 손으로 감쌌다. 그러고는 아이들에게 힘을 빼라고 말한 다음 그들과 함께 그러나 그들 대신 공을 받아치기 시작했다. 아이들이 힘을 빼고 몸을 맡기는 동안에는 나는 그들과 함께 공을 잘 쳐서 네트를 넘길 수 있었다.

그 중 한 녀석이 말했다. "좋았어. 이제 나도 할 수 있었어요." 나는 뒤로 물러서서 직접 쳐보라고 했다. 그러나 결과는 참담했다. 아이는 다시 내게 도움을 요청했고 나는 기꺼이 수락했다. 그런데 이번에는 힘을 빼고 내 힘과 기술에 완전히 맡기지 않고, 오히려 아이가 나를 도와주려고 기를 썼다. 아이가 부분적으로라도 자기 실력으로 공을 쳐보려고 힘을 주고 긴장하는 동안에는 나는 전혀 공을 쳐낼 수가 없었다. 내가 아이를 통해 공을 치도록 놔주기에는 그 꼬마는 너무 힘이 셌다.

결국 아이는 다시 힘을 뺐다. 그러자 비로소 우리는 다시 공을 받아쳐서 네트를 잘 넘길 수 있었다. 비결은 무엇일까? 그 조그만 녀석은 나와 긴밀한 관계를 유지하고 나에게 철저히 복종하며 자기 힘을 완전히 빼고 나에게 몸을 맡겨야만 했다. 내가 없이는 아이는 아무것도 할 수 없었으며 나를 도와준다고 해서 될 일도 아니었다. 아이는 단지 자기를 통해 움직이고 있는 나에게 모든 것을 맡기고 협력했던 것이다. 한 마디로 아이는 나와 함께 내주하고 있었다.

내주의 본질은 우리 자신의 힘으로는 결코 맺을 수 없는 열매를 맺는 분의 생명과 온전히 협력하는 것이다. 그리고 참으로 경건한 성품, 즉 성령의 열매는 하나님이 우리 안에서 기적적으로 역사하는 능력을 보여주시는 가장 위대한 증거이다.

하나님은 무엇보다 그분의 영광에 온전히 도취된 삶의 지속적인 발현을 통해 가장 온전히 영광을 거두신다. 그리고 다른 성도들 역시 자신의 삶 속에 이러한 새로운 능력을 지니고 있기 때문에 나는 그들 모두를 더 놀라운 능력이 발현되기를 기다리는 존재로 바라보아야 한다.

당신은 이 새로운 능력을 당신의 삶 속에 어떻게 온전히 끌어들이겠는가? 주님과 당신의 친밀한 관계를 가로막고 있는 장애물은 무엇인가? 그리고 이러한 새로운 능력의 실체가 다른 성도들을 바라보는 당신의 관점에 올바른 영향을 주도록 하려면 어떻게 해야 할까?

예수님을 더욱 철저히 의지하기 위해 요한복음 15장의 말씀을 읽고 묵상해 보라.

13
새로운 관점 : 하나님과의 교제

내 영혼을 뜨겁게 하는 이 불꽃은 무엇인가? ...
영원히 타오르며 결코 사그라지지 않고 나를 불태우는 불이여!
오, 영원히 빛나며 결코 어두워지지 않고 나를 비추는 불빛이여 ...
이 얼마나 아름답게 타오르는가!
_어거스틴

어린 시절 내 우상은 로이 에머슨(Roy Emerson)이라는 유명한 호주 테니스 선수였다. 최근에 피트 샘프라스(Pete Sampras)가 그의 기록을 깨기 전까지, 에머슨은 테니스 역사상 가장 많은 그랜드슬램 챔피언 기록을 보유하고 있었다.(33년 동안 12개의 메이저 단식 타이틀을 보유함 ― 옮긴이) 삶이 온통 테니스로 가득 차 있던 나는 에머슨에 관한 것이라면 뭐든지 구해서 읽었다. 그가 나오는 텔레비전 방송은 죄다 보았고, 그리 성공적이진 못했지만 내 테니스 경기에서도 그를 모델로 삼아보려고 무진 애를 썼다. 덕분에 나는 그에 관한 시시콜콜한 이야기까지 모두 알게 되었다. 그를 직접 만나기 위해서라면 무엇이든 했을 것이다. 하지만 그런 기회는 전혀 오지 않았다.

1974년 봄에 상황이 달라졌다. 우연한 기회에 테니스 대회장에서 몇 주간 에머슨과 함께 지낼 수 있는 일자리를 얻게 된 것이다. 마침내 전설적인 인물을 만나게 되었다는 흥분과 전율, 그리고 실제로 그와 만난 후에는 그가 얼마나 인간적으로 따뜻하고 관대하며 격려할 줄 아는 사람인지 알게 된 기쁨을 수십 년이 지난 지금도 고스란히 기억하고 있다.

나는 대회가 치러지는 몇 주 동안 적지 않은 시간을 그와 함께 보내는 특권을 누렸다. 테니스 레슨을 하는 그를 바로 옆에서 지켜보고 가끔은 그와 함께 식사도 하고 훈련도 하며 생각지 못한 골프도 쳤다. 또 그는 몇몇 시범경기에 나를 초청해서 함께 친선경기를 할 수 있도록 배려해 주었으며, 내 경기에서도 여러 모로 도움을 주었다.

테니스 잡지에서만 보았던 그의 활짝 웃는 모습을 직접 보니 생각보다 훨씬 커다란 미소로 다가왔고, 특히 나를 완전히 기진맥진하게 만들었을 때는 더욱 그랬다. 예전에 그의 가공할 만한 백핸드 발리에 대한 기사를 읽었는데, 그것이 왜 그렇게 대단한지 몸소 알게 되었기 때문이다.

그는 내가 불쑥불쑥 던지는 온갖 질문에 거짓 없는 진심 어린 관심으로 대해 주었으며, 오랜 테니스 선수 생활을 통해 경험했던 일들에 대해서도 한 번도 싫은 내색 없이 세세히 들려주었다. 내가 자라오면서 꿈꿨던 것이 기대 이상의 현실로 일어난 것이다.

그 봄에 나는 매우 중요한 교훈을 배웠다. 어떤 사람에 대해서 아는 것과 그 사람을 개인적으로 직접 아는 것은 전혀 다르다는 사실이다.

▸ 불길을 직접 느끼기

이 교훈이 하나님을 알아갈 때만큼 확실하게 적용되는 경우가 또 있을까? 결코 없을 것이다. 무한히 위대하신 하나님, 영원 전부터 영원까지 계신 하나님, 그분을 그저 지식적으로 아는 것이 아니라 직접 체험하도록 우리에게 열정적으로 초청하고 계시는 하나님은 얼마나 불가해한 분인가? 그분은 그 광대하심과 탁월하심을 목격하며, 그 음성을 듣고, 우리 영혼을 만지시는 그 손길을 느껴보라고 우리를 손짓해 부르고 계신다. A. W. 토저는 "하나님은 우리가 그분을 알기를 바라시며, 그와 함께 살며 그의 미소로 우리의 삶을 지탱해 가기를 바라신다"고 적고 있다.

하나님의 속성에 대해 묘사하는 신학적인 범주들을 아는 것과 그러한 속성들을 직접 경험하는 것은 완전히 별개다. 하나님을 아는 데는 그분의 존재와 의지에 관한 진리들을 지적으로 파악하는 것이 포함된다. 하지만 그것만으로 결코 충분치 않다. 부지런한 연구와 신중한 사고를 통해 성경에서 쏠쏠한 이득을 얻는 것도 가능하지만 성경이 언급하는 하나님의 성령의 불길을 우리 내면에서 결정적으로 체험하는 데는 여전히 실패할 수도 있다.

당신은 코카콜라를 전혀 맛보지 않은 사람에게 어떻게 그 맛을 설명해 주겠는가? 이 맛을 어떻게 비유해서 그들이 그 맛을 온전히 이해할 수 있도록 하겠는가? 그것은 전혀 불가능하다. 그 맛을 진정으로 알기 위해서는 직접 마셔봐야 한다. 하나님을 알기 위해서도 우리는 그분을 직접 맛보아야 한다. 스코틀랜드의 오래된 속담에서 표현하고 있는 것처럼, "듣는 것보다는 직접 느끼는 것이 더 낫다." 우리 영혼에서 타오르는 하나님의 불 같은 임재를 알지 못하다면 우리는 학자가 될 수 있을지는 몰라도 결코 예배자는 될 수 없다.

모두 위로부터 오나니

새 언약에서 가장 매력적인 약속 가운데 하나가 바로 이것이다. "그들이 다시는 각기 이웃과 형제를 가리켜 이르기를 너는 여호와를 알라 하지 아니하리니 이는 작은 자로부터 큰 자까지 다 나를 알기 때문이라."(렘 31:34)

옛 언약 아래에서 하나님의 백성들은 오늘날 우리와 마찬가지로 '하나님을 알라'는 명령을 받았다. 하지만 당시에는 오직 선택된 몇몇 사람(주로 선지자나 제사장, 혹은 왕들)만이 하나님께 가까이 나아갈 수 있었다. 다른 사람들은 그저 제사장이나 장로들에게 다가가서 하나님 대신 어떤 교훈이나 또는 기록된 율법만을 받을 뿐이었다. 외부적인 방편만이 필요할 뿐이었다.

하지만 새 언약 아래에서 이 모든 것이 근본적으로 바뀌었다. 모든 성도는 한 사람도 예외 없이 하나님과 그분의 지혜로 직접 나아갈 수 있게 되었다. 하나님이 당신이나 나보다 특별히 마르틴 루터에게 더 많은 것이 알려지도록 조치하신 것은 티끌만큼도 없다. 하나님은 누군가 좀더 중요한 사람을 만나시는 동안 우리에 대해서는 문을 닫아 놓으시는 분이 결코 아니다.

그분은 그 영원한 지혜를 당신의 간절한 마음에 계시하시며 그 황홀한 광채를 당신의 영혼에 드러내기를 기뻐하신다. 그리고 그분은 성령이라는 내면적인 수단을 통해 이 모든 일을 진행하신다.

하나님은 스스로 알려지셔야 하기 때문에 그분이 직접 우리 가운데에서 이 일을 행하신다. 그래서 우리 혼자만의 힘으로는 하나님에 관한 지식을 얻을 수도 없고, 영원한 운명에 관한 어떤 것도 배울 수도 없다는 사실을 인식하는 것이 얼마나 중요한가? 참된 영적 이해는 오직 위로부터 성령을 통해 주어지기 전까지는 결코 이루어질 수 없다.

가이사랴 빌립보에서 예수님은 베드로에게 이렇게 말씀하셨다. "네가 복이 있도다 이를 네게 알게 한 이는 혈육이 아니요 하늘에 계신 내 아버지시니라." (마 16:17) 과학이나 수학, 철학, 그리고 역사와 같은 주제들을 이해하기 위해서는 '혈육', 즉 자연적인 인간의 자원이 필요하다. 하지만 그리스도와 관련된 것을 이해하기 위해서는 주께서 베드로에게 말씀하셨듯이 하늘에 계신 우리 아버지께서 직접 우리에게 계시해 주셔야만 한다. 그런데 새 언약 안에서는 이러한 은혜의 계시가 모든 성도들에게 제한 없이 주어지고 있다.

춤

하나님은 우리 내면에 새로운 기질의 일부로서 위를 향한 새로운 열정, 즉 그분을 경배하려는 끝없는 열망을 심어 놓으셨다.

사마리아 여인과 대화하시던 예수님은 성령의 역사로 말미암은 이 열정을 가리켜 "영생하도록 솟아나는 샘물"로 묘사하셨다.(요 4:14) '솟아나다'는 단어는 신약성경의 다른 곳에서는 '뛰어오르다'는 뜻으로 번역된다.(행 3:8) 그리고 이 단어의 시제는 지속적이고 반복적인 것을 암시한다. 다시 말해 회심한 성도의 심령에서 역사하는 하나님의 성령은 하나님과 하나되며 그분을 예배하기 위해 끊임없이 하늘을 향해 뛰어 오르고 있다.

성경에서 성령님은 결코 수동적인 모습으로 등장하시지 않는다. 그분은 항상 위로 그리고 밖으로 움직이면서 여기저기를 운행하신다. 그래서 하나님을 향한 우리의 참된 예배는 성령께서 끊임없이 성부 하나님을 향해 도약하는 가운데 그 성령의 도움만으로 이뤄질 수 있다.

우리가 이런 것들을 느끼지 못할 때, 물이 솟구치는 것은 잊어버리고 그저 졸졸 흐르는 것만으로도 다행이라는 생각이 들 때, 하나님께로 나아가기 위한 출발점은 우리 내면에 역사하고 계시는 성령의 무한한 충만함에 관심을 기울이는 것이다. 우리가 하나님을 추구하려고 해도 막상 냉담하고 무미건조한 느낌이 들 때 과연 그것은 성령께서 그의 도약을 스스로 줄이셨기 때문일까? 결코 그렇지 않다. 성부 하나님을 향한 성령의 열정은 결코 우리의 반응에 달려 있지 않다. 성령은 우리가 그 옆에 있든 그렇지 않든 관계없이 계속해서 하나님을 향해 춤추며 기뻐하신다.

(항상 그런 것은 아니지만) 대체적으로 하나님을 향한 우리의 열정이 식은 것 같을 때, 그것은 우리가 같이 춤출 파트너를 잘못 골랐기 때문이다. 성경은 이것을 가리켜 우상이라고 한다. 이 우상은 분명 경건한 열망을 쏟아버리는 일종의 배수관이나 마찬가지다.

성령님은 하나님을 향한 자신의 춤에 우리가 동참하기를 간절히 기다리고 계신다. 회개만으로 옳은 것을 행하려는 새로운 열망이나 헌신을 만들어낼 수 없는 것도 이 때문이다. 우리를 원래의 파트너 되시는 하나님으로부터 멀어지도록 유혹했던 것들을 단호히 버리고 그의 춤에 다시 동참할 때 비로소 이 열망은 새롭게 꿈틀대기 시작할 것이다 우리가 거룩한 관현악이 울려 퍼지는 영적 친교와 예배에 다시 한 번 격하게 동참할 수 있는 방법은 오직 그의 팔에 안기어 그의 인도를 따라 함께 춤을 추는 것뿐이다.

잃어버린 통제력

우리를 부르신 하나님은 결코 우리가 중립적으로 살거나 진공 속에 존재하기를 바라지 않으신다. 앞에서 살펴본 바와 같이 그분은 술 취한 것과 비슷한 방식으로 "성령의 충만을 받으라"고 말씀하신다. (엡 5:18) 즉 하나님의 영광에 도취한 성도가 되라는 것이다. 본질적으로 그분은 "네 스스로 통제하려 하지 말고 성령의 지배에

맡기라"고 말씀하신다. 그러면 이것은 어떤 삶일까?

우리는 이에 대한 해답을 술 취함과 성령 충만에 대해 언급하는 구절 바로 다음에서 찾을 수 있다. "시와 찬송과 신령한 노래들로 서로 화답하며 너희의 마음으로 주께 노래하며 찬송하며 범사에 우리 주 예수 그리스도의 이름으로 항상 아버지 하나님께 감사하며."(엡 5:19-20)

위를 향한 열정과 감사, 그리고 예배는 성령께서 주관하시는 개인과 공동체의 필연적인 산물이다. 우리는 천국을 우리 영혼 속으로 끌어내리기 위해서가 아니라 이미 천국이 우리 영혼으로 내려 임했기 때문에 소리 높여 찬송을 부르는 것이다.

예배는 우리의 공허한 마음을 음악으로 가득 메우는 것이 아니라, 무엇보다 하나님으로 흠뻑 취한 성도들이 그분과 그분께서 행하신 것들에 대한 거부할 수 없는 감사로 소리 높여 찬양하는 현장이다. 그래서 예배는 우리가 하나님을 위해 행하는 어떤 것이 아니라, 이미 하나님이 우리와 함께하시는 자리이다. 이것이 바로 히브리서 기자가 "그러므로 우리는 예수로 말미암아 항상 찬송의 제사를 하나님께 드리자 이는 그 이름을 증언하는 입술의 열매니라"고 권면하는 이유이다.(히 13:15) 하나님은 마땅히 경배 받으셔야 한다. 그리고 우리가 이러한 현실을 빨리 배우면 배울수록, 우리의 삶과 입술은 원래 지음 받은 목적과 의도를 그만큼 빨리 반영할 수 있다.

하나님을 향한 외침과 하나님으로부터의 외침

성부 하나님을 향한 우리의 사랑은 강압에 의한 두려움에서 나온 감정이 아니라, 성령께서 공급하시는 활력에 의해 자녀다운 애정(효심)을 표출하는 것이다. 그래서 사도 바울은 우리가 받은 양자의 영의 인도를 따라 아바 아버지라고 부르짖는다고 말한다.(롬 8:15, 갈 4:6) 여기서 '부르짖다'로 번역된 단어는 매우 강력한 의미를 담고 있는 것으로 신약성경의 대부분의 용례에서는 큰 소리로 외치는 이미지를 전달하고 있다.

이렇게 강력한 사랑은 도대체 어디로부터 비롯된 것일까? 그것은 오직 하나님뿐이다. 하나님을 향한 우리의 기도와 그러한 기도에 담긴 열정 역시 하나님께로부터 비롯된 것이다. "우리는 마땅히 기도할 바를 알지 못하나 오직 성령이 말할 수 없는 탄식으로 우리를 위하여 친히 간구하시느니라."(롬 8:26)

때로는 우리의 간구에 담긴 표현할 수 없을 정도의 강렬함과 열정은 하나님께로부터 말미암은 것이며 하나님이 공급해 주신 능력 때문이다. 그래서 성령이 인도하지 않은 기도는 수많은 이교도들이 매일 같이 뱉어내는 것과 별반 다르지 않다. 하지만 하나님은 그 자녀들에게 성령을 보내서서 이들의 기도가 하나님 존전에 아름다운 향기로 피어오를 수 있도록 하신다.

기독교 신비주의

참된 기독교적 영성에는 부정할 수 없는 신비주의가 깃들어 있다. 하나님의 성령은 우리 내면의 자아로 꿰뚫고 들어와서 빛을 비추며 영적인 실체에 불을 붙이면서 우리더러 위를 향해 성부 하나님과 성자 하나님을 올바로 알고 경배하도록 촉구하신다. 기독교 신비주의에 대해 프란시스 쉐퍼 박사는 이렇게 적고 있다.

> 기독교 신비주의는 그리스도와의 연합이다. 이것은 그리스도께서 그리스도인인 나를 통해 열매를 맺으시는 것이다 … 여기에는 매 순간 체험할 수 있는 현실이 자리하고 있다. 그리고 빈약한 현재적 경험이나 동방의 종교적 체험들과는 대조적인, 그리스도의 경험적 실체의 영광은, 우리가 지성적인 문과 창문을 활짝 열어놓고서도 직접 맛볼 수 있는 것이다. 이를 위해 캄캄한 방이 필요한 것도 아니고 환각제가 필요한 것도 아니며, 특정 종류의 음악을 들어야 할 필요도 없다. 우리는 바로 지금 이 자리에서 초자연적인 현실을 직접 맛보아 알 수 있다.

이러한 현실을 조명하는 성령의 역사가 없다면 마치 우리는 캄캄해진 미술 박물관의 방문객이나 다름없다. 전등이 꺼졌을 때나 다시 켜졌을 때나 전시품들은 그대로이다. 어두워졌다고 해서 이것들이 달라지는 것은 아니다. 하지만 빛이 사라졌다가 다시 켜질 때 관람객이 느끼는 차이는 얼마나 큰가? 빛이 있을 때 관람객은 직접 자기 앞에 놀라운 작품이 놓여 있음을 알 수 있다. 하지만 빛이 사라지면 그는 그 아름다움을 발견할 수도, 감상할 수도 없다.

마찬가지로 성령께서 빛을 비추실 때, 우리는 다음과 같은 어거스틴의 기도를 이해할 수 있다.

> 주께서 빛을 발하시고 비추심으로
> 내 무지를 내어쫓으셨나이다.
> 주께서 불꽃이 되셨기에
> 나는 주님을 들이마시고 그리워합니다
> 그렇게 맛보았던 주님을
> 이제 주림과 목마름으로 찾나이다
> 주께서 나를 만지셨으니
> 나는 당신의 품을 간절히 기다리나이다.

권능의 실체

다음 두 가지 탐구적인 질문에 대해 함께 생각해 보자! 첫째, 주께서 그의 성령을 이 지상에서 거두신다면 나의 영적인 삶은 얼마나 심각하게 바뀔까? 모든 것들이 파격적으로 중지될까 아니면 아무런 영향도 받지 않고 모든 것이 예전처럼 계속 이어질까?

둘째, 내 삶 속에는 불신자들이 아무리 노력하더라도 복제할 수 없는 영적 실체가 들어 있는가? 하나님이 나를 통해 역사하심을 증명할 수 있는 분명한 초자연적 증거는 무엇인가?

홍해를 가르고 그의 아들을 무덤에서 일으키신 바로 그 동일한 하나님이 당신과 내 안에 내주하고 계시다. 우리의 삶에는 홍해와 그리스도의 무덤에서 일어났던 사건을 그대로 반복하려는 하나님의 의지와 목적이 있다. 그래서 우리 삶 속에서 일어나는 기적은 덜 기적적인 것도 아니고 이 일을 이루시는 하나님의 능력을 덜 의지하는 것도 아니다. 제대로 살아가는 그리스도인의 삶은 모두가 기적의 연속, 즉 하나님을 참되게 알아감으로써 권능이 발휘되는 기적의 연속이다.

이제 이러한 사실을 염두에 두고 요한복음 17장을 읽고 묵상하면서 예수 그리스도와 성부 하나님 사이의 친밀한 관계를 자세히 살펴보라.

14
새로운 관점 : 그리스도 안에서의 자유

그리스도인은 그 누구에게도 종속되지 않고
완전히 자유로운 주인인 동시에,
모든 것에 종속되고 모든 것에 온전히 충성해야 하는 종이다.
_마르틴 루터

유진 피터슨은 '그리스도인'이라는 용어에 대해 이렇게 설명한다.

그리스도인이라는 말은 각 사람에게 각기 다른 의미를 갖는다. 어떤 사람에게 이 말은 완고하고 엄격하며 아무런 개성도 없고 고지식한 삶의 방식을 가리킨다. 또 다른 사람에게 이 말은 위험하면서도 긴장과 기대감으로 가득한 일상과 놀라움으로 점철된 모험을 뜻한다.
　두 개의 이미지가 언뜻 모순되는 것처럼 보이지만 전혀 근거 없지는 않다 … 하지만 그 근거를 성경 안에서만 찾는다면 오직 두 번째 모습만이 진짜라고 할 수 있다. 성경 자료에서 얻어진 그리스도인이라는 말의 의미는 모든 경험, 즉 고통과 기쁨, 불가사의한 일과 통찰, 성취와 좌절 등을 인간의 자유의 한 측면으로서 탐구해 가며, 각각의 경험을 통해 의미와 은혜를 찾으며 열심히 사는 사람의 모습이며, 그들의 삶은 의심할 여지없이 춤추고 뛰어오르고 용감하게 직면하는 삶이다.

여기에서 피터슨은 이번 장의 핵심을 정확히 언급하고 있다. 성도로서 우리는 그리스도께서 우리에게 허락하신 자유를 누리며 굳게 서는 삶으로 부름 받았다. 그래서 우리의 삶이란 '춤추고 뛰어오르 용감하게 직면하는 삶' 이어야 한다. 하지만 우리 가운데 많은 사람들이, 그리스도의 내주하시는 삶으로 말미암은 폭발적인 기쁨과 자유로부터 완전히 차단된 채, 도덕적인 의무만 집요하게 붙잡으면서 '우울한 도덕주의' 라 불리는 종교적 수렁에 빠져 있다.

새 언약 아래서 하나님이 의도하신 결과 가운데 하나는, 성령에 의존하면서도 자유로운 삶의 방식이다. 그렇지 않으면 율법에 대한 순종의 강요를 받든 육체가 이끄는 욕망에 속박되든, 어딘가에 구속되게 되어 있다.

성도의 자유에 대해 예수님은 이렇게 약속하셨다. "아들이 너희를 자유롭게 하면 너희가 참으로 자유로우리라."(요 8:36) 하나님이여, 우리에게 은혜와 용기를 베푸사, 율법주의의 족쇄나 방종은 모두 뒤로하고 당신이 우리를 빚으신 대로 검독수리와 같이 날아올라 초자연적인 삶이라는 영광스러운 모험의 세계로 이끄시는 성령의 기류를 타고, '행복'이라는 천박하고 속된 모조품은 결코 도달할 수 없는 즐거움을 누리게 하소서!

오직 그럴 때라야 비로소 우리는 '참으로 자유' 할 것이다.

극단은 피하기

자유라 불리는 이것은 정확히 무엇이며 우리는 이것을 어떻게 발견하고 잘 유지할 수 있을까? 진짜 그리스도인의 자유가 무엇이든 여기에는 하나님의 성령의 임재와 권능이 절대적으로 필요하다. 사도 바울은 "주는 영이시니 주의 영이 계신 곳에는 자유가 있느니라"고 말한다.(고후 3:17) 성령의 임재는 우리로 하여금 어떤 수고를 해서라도 반드시 피해야만 하는 두 가지 극단적인 입장에 대해 조심하도록 해준다.

첫 번째 극단적인 경우는 자유의 잠재적인 오용에 대해 지나치게 걱정하다보니 고삐를 너무 죄어 하나님의 자녀로서 날 때부터 부여된 권리인 합법적이고도 경건하며 충만한 기쁨을 잃고 마는 경우이다. 오늘날 상당수의 설교자와 교사들은 하나님이 준비하신 초자연적인 삶 속으로 성도들을 자유롭게 풀어주기보다는 계속해서 이들을 도덕적으로 점검하는 일에 더 많은 관심을 갖고 있다. 자유를 남용하는 것은 물론 잘못이다. 하지만 자유는 성도를 변화시키며 활력 없는 율법 준수로는 결코 도달할 수 없는 경지까지 하나님과 동행하도록 성도의 삶을 고양시킨다. 이와 관련해 라인홀드

니버는 참으로 적절하게 언급하고 있다.

> 당신은 의무를 강조함으로써 사람들에게 최소한의 기준을 유지하라고 강요할 수 있다. 하지만 최고의 도덕과 영적인 성취는 억지로 미는 것이 아닌 끌어당기는 데 달려 있다. 사람이란 잘 달래어 의로움으로 이끌어야 한다.

이것이 바로 사도 바울이 열정적인 필치로 "그리스도께서 우리를 자유롭게 하려고 자유를 주셨으니 그러므로 굳건하게 서서 다시는 종의 멍에를 메지 말라"(갈 5:1)고 적고 있는 이유이다.

첫 번째와 정반대의 극단은 자유를 육적인 방종에 대한 면죄부처럼 이용하는 것이다. 사도 바울은 이 점에 대해서도 경고하고 있다. "그 자유로 육체의 기회를 삼지 말고."(갈 5:13) 이렇게 잘못 이해한 자유는 설교자나 교사들이 하나님의 사랑에서 거룩함을 제거할 때 나타난다. 그렇게 할 때 우리 육체는 그리스도 안의 자유를 자기중심적이며 죄를 합리화하는 삶을 위한 면죄부로 재빨리 이용하려 든다. 이것은 결코 참된 자유가 아니며, 나름대로 합리화했지만 또 다른 영적 구속에 불과하다.

목적이 이끄는 방종

나는 그리스도 안의 참된 자유를 목적이 이끄는 방종(purpose-driven unrestraint)이라고 정의하고 싶다. 새 언약으로 말미암아 우리에게 하나님의 뜻을 향한 열망과 그 뜻을 행할 능력이 주어졌기 때문에 이러한 자유가 가능한 것이다. 이 두 가지의 열망과 능력이 결합될 때 비로소 우리는 가장 완전한 의미에서 자유하다고 말할 수 있다. 열망이 없는 능력은 기껏해야 마지못해 하는 순종으로 이어질 뿐이다. 마찬가지로 능력이 결여된 열망은 절망스러운 의지로 귀결될 뿐이다. 능력과 열망 두 가지를 모두 구비할 때 비로소 우리는 우리 마음속에서 간절히 열망하는 것을 실행할 수 있는 자유로운 성도가 될 수 있다.

한 유명한 성경 교사는 자유를 가리켜 "원하는 것을 행할 권리가 아닌 마땅히 행해야 할 것을 할 수 있는 능력"으로 정의했다. 당신은 이런 설명에 어떤 문제가 있다고 생각하는가? 사실 이것은 이야기의 절반에 불과하다. 이 말은 우리의 원하는 것과 하나님이 바라시는 것이 항상 서로 대립하고 있음을 전제한다.

하지만 새 언약의 놀랄 만한 아름다움은 하나님이 그 말씀의 의무사항들을 우리의 회심한 마음으로 원하게 만드셨다는 사실과 아울러 부활의 능력으로 우리 내면이 충만케 하셔서 결국 우리로 하여금 그런 열매를 맺을 수 있도록 하셨다는 것이다. 이것이 참된 자유이다.

그럴 때 비로소 우리는 우리를 향한 하나님의 계획에 기쁨으로 순종할 수 있으며 우리를 위한 하나님의 목적에 '예'라고 답할 수 있다. 이것이 바로 존 파이퍼가 말한 것처럼 "삶의 전 영역에서 하나님의 영광의 빛을 굴절시키는 프리즘"으로서 예수 그리스도를 통해 그분을 영화롭게 하는 삶이다.

열광적인 기쁨

자유라는 단어는 오늘날 우리보다는 신약성경의 원래 독자들에게 더 풍부한 의미를 전달했다는 사실을 알고 있을 것이다. 당시 로마 세계에서 절반 이상의 사람들은 노예였다. 이들에 대한 아리스토텔레스의 다음과 같은 입장은 아주 보편적이었다. "도구가 생명이 없는 노예라면 노예는 살아 움직이는 도구이다."

그래서 자유를 체험한다는 것은 단지 풀려난 것 그 이상으로서 피터슨이 말한 것처럼 춤추고 뛰어 오르는 열광적인 기쁨을 의미한다.

그리스도 안에 있는 자유는 영적으로 취하게 만드는 술이자, 창공으로의 가슴 떨리는 비상(飛翔)이며, 영혼이 전율하는 적진으로부터의 탈출이다. 이 자유는 또한 하나님이 가능케 하시는 고도의 모험을 향해 마음껏 나아가는 영적 희열이다.

참된 주인

그런데 역설적이지만 궁극적인 자유는 참된 주인에게 구속되는 것을 의미한다. 신약성경에서 자유에 대해 언급하는 거의 모든 구절들은 즉시 이어서 노예에 대해서도 언급한다. 이것은 결코 놀랄 만한 일이 아니다. 사실 절대적인 자유는 결코 없으며, 사람이 누리는 유일한 진짜 자유는 그 주인을 선택할 자유뿐이다.

우리 모두는 하나님이 아니면 죄나 우상에게 노예로 사로잡혀 있다. 우리 모두는 조종 받는 사람으로서 살아가고 있다. 그래서 우리가 던질 수 있는 유일한 질문은 '누구를 운전석에 앉힐 것인가' 하는 것이다. 우리는 안락이나 명성, 안전, 성공, 부, 외모, 건강이나 사역으로 하여금 우리의 삶을 운전하게 할 수도 있으며, 반대로 그리스도께서 이끄시도록 할 수도 있다. 우리는 결코 혼자서 인생을 운전할 수 없다.

사도 바울은 성도들에게 이렇게 선언한다. "너희는 죄로부터 해방되어 의에게 종이 되었느니라."(롬 6:18) 그리스도인으로서 자유를 경험하는 것은, 우리가 의로움이라는 새로운 속박 아래 머물러 있기로 할 때에만 계속 유지된다. 의와 죄 사이를 오가는 이중국적 시민이란 것은 없다. 중생으로 우리 내면 깊숙한 곳에 자리한 의에 대한 열망이 항상 샘솟아 오르기 때문에 우리에게는 더 이상 죄를 즐길 자유가 없다.

예수님은 "아들이 너희를 자유롭게 하면 너희가 참으로 자유로우리라"라고 말씀하신다.(요 8:36) 그분의 주권과 그분의 임재, 그리고 그분의 권능에 복종할 때 비로소 우리는 참 자유를 누리게 된다. 우리가 의로우신 참된 주인에게 자신을 철저히 내어 맡길 때 비로소 우리는 기쁨 어린 속박 아래 있는 자신의 모습을 발견할 것이며 우리 영혼은 안식처를 찾아 기쁨으로 노래할 것이다. 그리고 하나님이 요구하시는 기준과 이에 대한 우리 내면의 거부감과 무능력 사이의 긴장도 사라지는 것을 목격하게 될 것이다. 예전에 우리 외부에서 부과되었던 것들이 이제는 새로운 기질과 권능이라는 새 언약의 양식으로 우리 내면에 초자연적으로 심겨진 것이다.

내가 지금 육체대로 살아가는지 아니면 성령을 따라 살아가는지 분간하는 데 이 진리가 얼마나 큰 도움이 되는지 모른다. 내 육체로 하나님의 뜻을 행하려고 노력할 때에는 내면에 항상 팽팽한 긴장감이 감돈다. 그것은 내면의 짐이며 결코 청량감을 주지 못한다. 하지만 성령께서 통제할 때면 내면에 느긋한 여유가 생긴다. 내가 일할 필요가 없다는 느낌, 나의 정결함이 나로 인한 것이 아니라는 즐거운 담대함이 생기는 것이다.

참된 자유를 향해

자유에는 항상 다음과 같은 두 가지가 뒤따른다. 무엇으로부터 자유를 얻었으며 무엇을 위해 자유를 얻었는가?

먼저 우리는 무엇으로부터 자유를 얻어야만 하는가? 이 질문에 대한 예수님의 대답은 죄이다. "진실로 진실로 너희에게 이르노니 죄를 범하는 자마다 죄의 종이라."(요 8:34) 그리고 이제 새 언약 때문에 우리는 사도 바울처럼 이렇게 선언할 수 있게 되었다. "그리스도 예수 안에 있는 생명의 성령의 법이 죄와 사망의 법에서 너를

해방하였음이라."(롬 8:2)

종교는 그 누구라도 죄에서 벗어날 수 있도록 도와주지 못했고, 오히려 삶에 실존하는 죄에 대한 사람들의 인식을 왜곡시키고 말았다. 오직 그리스도만이 죄의 위험한 늪에서 우리를 건져내실 수 있으며, 오직 그분만이 진정 자유로운 성도들을 만드실 수 있다.

하지만 성경적인 자유는 영적 무질서도 아니고 금지된 것을 마구 즐길 수 있는 새로운 능력도 아니다. 우리는 죄와 죽음과 율법의 속박으로부터 자유를 얻었지만, 그와 동시에 성령 안에서의 순종을 위해 자유를 얻었다. 즉 저급한 속박으로부터 고귀한 속박을 위해 자유를 얻은 셈이다.

이것이 바로 성경에서 그리스도 안에서의 자유가 타인을 진정으로 사랑하는 것과 연결되고 있는 이유이다. 사도 바울은 "그 자유로 육체의 기회를 삼지 말고 오직 사랑으로 서로 종 노릇 하라 온 율법은 네 이웃 사랑하기를 네 자신 같이 하라 하신 한 말씀에서 이루어졌나니"(갈 5:13-14)라고 권면하고 있다.

우리는 자유를 얻은 사람들의 공동체이다. 그 자유는 엄격하고 의무가 주도하는 영성으로부터의 자유이며, 다른 사람들의 인정을 필요로 하는 압박으로부터의 자유이고, 우리 영혼을 뒤덮는 검은 죄책감으로부터의 자유, 그리고 죄의 권세의 늪으로부터의 자유이다. 그러므로 이제 나팔을 불며 소고를 치며 함께 춤을 추자! 하나님은 그리스도로 말미암은 모든 자유를 온전히 만끽하라고 우리를 부르고 계신다. 하지만 그분은 이러한 즐거운 마음에 또 다른 과제를 주신다, 즉 그분의 사랑을 다른 사람들의 삶에도 나눠주기 위해 자발적으로 밖으로 나아가라는 것이다. 우리가 새로 얻은 자유의 무도회 바깥에는 아직도 깨어지고 상처받아 우리가 누리고 있는 것을 절실히 필요로 하는 사람들의 세상이 있음을 기억하라. 우리 모두는 은혜로 솟아나는 긍휼의 마음과 아울러 하나님의 종으로서 사랑으로 이들을 섬기는 삶으로 초대를 받았다.

성숙한 자유

어설픈 자유와 성숙한 자유의 차이점은 극명하게 차이를 드러낸다. 어설픈 자유는 '나는 무엇으로부터 자유를 얻었는가?'라고 묻는다. 반면 성숙한 자유는 '나는 무엇을 위해 자유를 얻었는가?'라는 질문을 던진다.

어설픈 자유는 '이것은 금지된 것인가'라고 묻는 반면에, 성숙한 자유는 '이것이 유익한가'라고 묻는다.

어설픈 자유는 '나 자신의 일만 하려고' 하지만, 성숙한 자유는 '그리스도의 일을 하려고' 한다. 어설픈 자유는 종종 율법주의와 순종을 혼동하지만, 성숙한 자유는 그 차이점을 잘 알고 있다.

성숙한 자유는 잘못된 주인으로부터 풀려난 말할 수 없는 기쁨을 알 뿐만 아니라 참된 주인의 노예가 되는 더 큰 기쁨도 잘 안다.

성숙한 자유는 루터가 주목한 것처럼 자유를 얻음과 동시에 또 다른 것의 종이 된다는 사실을 잘 알고 있다. 그리스도인이란 "모든 것에서 완전히 자유로운 주인인 동시에 모든 것에서 온전히 충성해야 하는 종"이다.

성숙한 자유는 다른 사람들의 견해로부터의 자유뿐만 아니라 연약한 자들에 대한 염려를 동시에 고려할 줄 안다. 그래서 성숙한 자유는 참된 자유를 누리면서도 그것을 증명할 필요를 전혀 느끼지 않는다.

참된 자유를 방해하는 장애물

그러면 우리가 새 언약의 자유로 말미암은 충만한 기쁨을 온전히 누리는 것을 방해하는 것은 무엇인가? 그리고 우리가 옛 언약의 속박으로 되돌아가면 무슨 일이 발생하는가?

사도 바울 당시에 갈라디아 교회 성도들은 그리스도로 말미암아 새 언약 백성으로서의 삶을 잘 시작했다. 그러나 얼마 지나지 않아 율법에 매여 살아가는 옛 언약의 입장으로 돌아서고 말았다. 이들은 유혹에 빠져 그만 영성을 위해 오직 그리스도만 의지하기를 그만두고 여기에 율법주의를 덧붙였다. 하지만 그리스도에게 무언가를 덧붙인다는 것은 그분의 충만한 은혜를 체험하는 것을 방해하며 우리의 자유 역시 질식시켜 버린다. 갈라디아서에서 우리는 그들의 기쁨이 사라져버렸으며, 그들의 사랑도 식어버렸고, 그 영혼에 평정을 잃어버리고 모두가 압박으로 짓눌리게 되었으며, 죄책감에 사로잡혔고, 그들의 관심사 역시 왜곡되고 말았음을 볼 수 있다. 갈라디아 사람들은 우리가 하나님의 아들로 충만해지고 그분을 철저히 의지하면, 하나님이 요구하시는 기준은 자연히 해결된다는 사실을 이해하는 데 실패하고 말았다.

목록을 따라 사는 삶을 통해서는 새 언약의 자유를 결코 누릴 수 없다. 우리 가운데 많은 사람들은 유익한 삶을 위해 처리해야 할 것들을 마음속이나 종이에 기록해 둔 것을 갖고 하루를 시작한다. 이것 자체로는 그리 잘못된 것이 전혀 없다. 목록은 하나님이 우리에게 맡기신 것들로 여겨지는 것을 체계적으로 정리하고 우선수위를 정하는 데 유용한 도구이다. 하지만 그 목록이 오히려 도구가 아닌 주인 노릇을 하려고 할 때 문제가 발생한다. 목록이 있다고 자유가 사라지는 것은 아니지만, 목록 그대로 살고자 할 때 자유는 누릴 수 없다.

우리는 목록 달성이라는 우상이 하루 동안의 활동과 인간관계들을 주도하도록 내버려 두고 있다. 우리의 성공 여부도 가능한 많은 항목들을 처리해 내는 능력에 달려 있다. 사람들도 (우리의 목록에 포함되지 않았다면) 모두가 귀찮은 존재일 뿐이다. 하나님께 드리는 기도도 우리가 완수해야 할 항목들을 달성하는 데 유익한 하나님의 도움을 끌어내기 위해 드려질 뿐이다.

그리고 하루 일과가 끝나고 잠자리에 들 무렵이면 다음과 같은 느낌이 들 것이다.

먼저, 우리 대부분은 사람이라면 결코 완수할 수 없는 항목들을 정했기 때문에, 결국 이를 달성하지 못했다는 생각에 최소한은 낙심하거나 아니면 매우 지친 느낌이 들 것이다.

아니면 염두에 둔 항목들을 모두 성취했다면 우리는 다소 독선적인 생각으로 잠자리에 들 것이다. "주님! 저는 자기 목록을 다 해내지 못한 사람들과 같지 아니한 것을 인해 감사합니다." 그러고는 스스로 정한 의무를 완수한 것에 대한 거짓된 안정감을 느끼게 될 것이다. 아내와 아이들은 이런 것에 전혀 신경을 쓰지 않는다는 것, 사무실에 있는 사람들은 나에게서 전혀 따스한 온기를 느끼지 못했다는 것, 그리고 내 계획이 방해받아 헝클어질 때마다 내가 화내는 것을 모든 사람들이 알게 된 것에 대해서는 전혀 걱정하지 않는다. 내가 해야 할 목록을 해치웠다는 점, 그것이 옛 언약에서 중요할 뿐이다.

하지만 우리가 새 언약의 접근방식으로 살아간다면 이 하루는 어떻게 달라지겠는가?

우리의 목록 그 자체는 전혀 변함이 없을 수 있다. 목록 그 자체는 중립적이며 새 언약의 삶이라는 것은 책임과 목적 있는 삶으로부터의 도피처가 결코 아니다. 하지만 새 언약 아래에서 우리는 그 목록을 놓고 기도할 수 있다. 목록을 놓고 기도할 때 우리가 던져야 할 중요한 질문은 '오늘 이것을 해치우기 위해서는 무엇이 필요할까요?' 가 아니라 '주님! 주께서 오늘 나를 통해 하시려는 것이 무엇인가요?' 이다.

일과가 진행될 때 우리는 우리 앞에 놓인 임무를 완수하기 위해 열심히 일할 것이다. 하지만 이것이 우리에게 근본적으로 중요한 목표는 아니다. 우리의 최고 목적은 포도나무와 잘 붙어 있으면서 그분의 생명력이 막힘 없이 뿜어나오도록 해서, 그분이 나를 통해 일하시며 나를 통해 말씀하시고 무엇보다도 나를 통해 사랑하시도록 하는 것이다.

새 언약 안에서 우리는 우리가 만나는 사람들을 훼방거리가 아닌 하나님의 사랑으로 다른 사람들을 사랑하라는 고귀한 소명을 완수할 적절한 기회로 간주할 것이다. 그리고 하나님은 어느 때든지 우리의 목록을 중단하고 개입할 권리가 있음을 인정할 것이다. 그리고 하루가 끝나 잠자리에 들 때면, 우리의 새 언약의 하루는 다음 두 가지 감회를 가져다줄 것이다.

첫째는 겸손한 감사이다. 오늘 우리가 행한 가치 있는 일이 무엇이든, 그 모든 것을 내가 한 것이 아니라 나를 통해 이뤄졌음을 분명히 깨닫는다.

둘째로 우리는 큰 기쁨, 즉 하나님이 나를 통해 이루신 것에 대한 즐거움, 그리고 그날 우리의 불순종 때문에 이뤄지지 않은 것이 있다면, 어린 양의 보혈로 모두 씻겨졌다는 확신으로 말미암은 기쁨을 맛보게 될 것이다. 물론 우리가 그날 삶 속에서 하나님을 방해하고 막아섰다면 성령께서 즉시 그 죄를 깨닫게 하실 것이다. 그러나 우리가 이런 죄를 정직하게 고백한다면 범죄에 대해 그 어떤 목록도 만들지 않으시는 하나님께 감사하면서 잠들 수 있을 것이다.

당신은 보통의 일과를 마치고나서 어떤 느낌이 드는가? 머릿속에 적었든 종이에 적었든 여전히 해야 할 항목들에 대해 부담감을 느끼고 있는가?

이 장 앞부분에서 어설픈 자유와 성숙한 자유를 비교했던 부분을 다시 살펴보라. 성숙한 자유의 관점이 아직도 전적으로 당신의 자유가 되지 못한 이유는 무엇인가? 특히 하나님이 당신의 삶 속에 심어 놓으신 사람들을 전적으로 사랑하는 데 당신은 얼마나 자유로운가?

당신의 사고를 자극하기 위해, 자유에 대한 사도 바울의 확신과 헌신을 당신의 것과 비교하면서 사도 바울은 자신의 자유를 어떻게 사용했는지를 중심으로 갈라디아서 5장과 6장을 읽고 묵상하며 고린도전서 9장을 연구해 보라.

15
새로운 관점 : 공동체

> 우리가 무력한 사람들을 돌보고 인자를 베푸는 모습은 우리를 대적하는 수많은 대적자들의 눈에 강한 인상을 심어준다. 이것을 보고 그들은 "보라, 저들이 얼마나 서로 사랑하는지! 저들은 서로를 위해서라면 죽을 준비가 되어 있다!"라고 말한다.
> _터툴리안

그날 그곳에 있었던 사람들은 아직도 그 사건에 대해 이야기한다. 그 일은 몇 년 전 시애틀에서 개최된 장애인 올림픽 때 100미터 육상 경기에서 일어났다. 신체의 장애뿐만 아니라 정신 지체를 함께 가진 아홉 명의 어린 선수들이 출발선에 섰다. 출발을 알리는 총성이 울리고 모든 선수들은 일제히 앞으로 내달렸다. 그러다 한 소년이 넘어지고 말았다. 그러고는 울기 시작했다. 나머지 여덟 명의 선수들은 소년의 울음소리를 듣고선 달리는 것을 멈추고 뒤를 돌아보았다. 거기서 끝난 게 아니다. 바닥에 주저앉아 울고 있는 소년에게로 돌아왔다. 여덟 명의 선수들 모두가 말이다.

다운증후군이 있는 한 소녀가 몸을 굽히더니 소년의 다리에 키

스를 하면서 말했다. "이렇게 하면 훨씬 나을 거야." 그러고는 잠시 후 아홉 명의 선수들 모두가 서로 팔짱을 낀 채로 결승선까지 함께 걷기 시작했다. 경기장에서 그 장면을 지켜보던 모든 사람들이 자리에서 일어나 박수갈채를 보냈고, 그들의 환호는 몇 분간 계속되었다.

시간이 흘러 지금 이 글을 쓰는 순간에도 그날의 일을 생각하면 눈물이 흐를 만큼 감정을 주체하기가 힘들다. 내 마음속 깊은 곳을 자극할 뿐만 아니라 그날 경기장을 메운 사람들을 감동의 도가니로 몰아넣었던 이 이야기가 말하려는 것은 무엇일까?

아마도 이 이야기는 인생에 개인적인 성공보다 더 중요한 무언가가 있다는 우리 내면의 분별력을 일깨워주는 것 같다. 그리고 우리는 서로 의지하도록 만들어졌으며 인생이란 결코 혼자서가 아니라 서로 협력하면서 살아야 한다는 것을 상기시켜 준다. 하나님의 형상으로 지음 받은 인간으로서 우리는 참되신 삼위 하나님이 끊임없이 누리시는 하나됨을 열망한다. 삼위 하나님이 성부 하나님과 성자 예수님, 그리고 성령 하나님 사이의 완벽한 일치와 역동적인 공동체성, 그리고 만족할 만한 교제를 누리시는 것처럼, 우리 역시 그와 같은 하나됨을 갈망한다. (물론 하나님과 똑같아지겠다는 것은 아니다.)

서로 팔짱을 끼고 결승점까지 함께 걸어갔던 아홉 명의 장애인 아이들의 모습은 우리 내면에 있는 신성한 흔적을 반영하는 것으로 우리로 하여금 일어서서 이렇게 선포하도록 재촉한다. "그래,

이것이 바로 내가 살아가야 할 진짜 모습이야!"

또 이 이야기는 우리가 위험한 이 세상에서 장애를 가진 순례자로 함께 여행하는 동안에 서로 팔짱을 꽉 끼고 살아가야 한다는 사실도 상기시켜 주는 것 같다.

우리의 관계 회복하기

프란시스 쉐퍼는 타락으로 말미암아 모든 인류는 하나님뿐만 아니라 자기 자신으로부터 그리고 서로간에 관계가 끊어지고 말았음을 지적한다. 아담과 하와 사이에 자연스럽게 그리고 손쉽게 유지되던 하나됨도 파괴되고 말았다.

타락에도 불구하고 하나님의 형상을 간직하고 있는 우리는 아직도 타인과의 교제를 향한 열망을 완전히 버리지 못했다. 우리는 이 열망을 다른 곳으로 돌리거나 아니면 부인하곤 했다.

수십 년 전 폴 사이먼은 세상의 부조리에서 자신을 보호하고자 방 안의 책 속으로 숨고 싶다는 내용을 노래했다. 그런데 나 역시 그런 가사에 끌리곤 한다. 내버려둔다면 내 육체는 정확히 그 방향으로 가고자 했을 것이다.

그로부터 수년 후 그리스도를 영접한 이후에도, 책 속으로 숨는 것과 사람들과 관계를 맺으면서 살아가는 것 가운데 하나를 선택하라고 한다면 아마도 나는 매번 책을 택했을 것이다. 물론 이 방면에서는 아직 갈 길이 멀지만, 그러나 이제는 책보다는 사람을 선택하겠다고 솔직히 말할 수 있게 되었다(이것이 항상 올바른 선택이라는 의미는 아니다). 그리고 이러한 변화는 오직 내 마음속에서 일어난 하나님의 은혜의 초자연적인 역사로 말미암은 것이라고 진정 말할 수 있다. 이런 고백은 새 언약의 실체들이 진리일 뿐만 아니라 삶을 변화시키는 능력을 지녔음을 나 스스로 확신하는 데 도움이 된다.

타락으로 말미암아 우리가 잃어버렸던 모든 관계와 마찬가지로 하나님을 영화롭게 하는 일체감과 심령 깊숙이 만족감을 주는 공동체도 오직 새 언약의 영적 양식들을 통해서만 올바로 회복될 수 있다.

이상이 아닌 현실이다

하나님은 새로운 언약을 주시면서 자기 백성들에게 "내가 그들에게 한 마음을 주리라"고 약속하셨다.(렘 32:39) 타락으로 인해 근본적인 분열을 일으킬 수밖에 없었던 우리 서로간의 관계에 대한 유일한 해결책은 '내가 하리라'는 하나님의 단호한 결심과 '내가 거저 주리라'는 그분의 은혜뿐이다. 오직 하나님만이 우리의 새로운 공동체를 세우는 기초이자 근원이시다.

우리 사이의 진정한 연합은 오직 하나님으로부터 비롯되며, 그것을 위해 그리스도가 희생을 치르시고 성령님께서 굳게 붙잡아주신다. 우리가 누릴 수 있는 가장 진실한 유대 관계의 기초는 같은 소속이나 교단, 신학적인 동질성, 동일한 영적 체험, 또는 동일한 목회 방식이 아닌 한 분 그리스도에게 있다. 그분이 우리의 하나된 교제의 기초가 되시며, 그분의 죽음과 부활에 대한 연합만이 이를 가능케 한다. 우리 안에는 동일한 성령이 내주하시며 또 우리는 동일한 목적으로 부름을 받았다.

이런 이유에서 본회퍼는 "기독교의 형제애는 우리가 실현해야 할 이상이 아니다. 오히려 이것은 우리가 동참하게 된, 그리스도 안에서 하나님에 의해 창조된 현실이다"라고 적고 있다. 하나됨은 이루어야 할 어떤 것이 아니라 그대로 유지해야 할 것이다. 사도 바울도 "성령의 하나 되게 하신 것을 (이루거나 만들려고 하지 말고) 힘써 지키라"고 말하고 있다.(엡 4:3) 이미 가지고 있는 것이라면 그대로 지켜내는 것이 우리의 목표가 될 것이다. 이러한 연합은 결코 인간적인 힘으로 가능하지 않고 오직 하나님만이 하실 수 있으며, 성령으로 말미암아 유지될 수 있다.

우리는 너무나도 자주 옛 언약의 관점에서 공동체를 이루려고 하고, 아직 존재하지 않는다고 생각하는 무언가를 만들어보려고 애쓴다. 하지만 공동체에 대한 움직이지 않는 진실은 두 성도가 만날 때면 언제든지 그 가운데 공동체가 세워진다는 사실이다. 그렇기에 우리가 던져야 할 유일한 질문은 이미 세워진 공동체가 잘 돌아가도록 '그것을 실행시킬 것인가?' 하는 것이다.

사랑 아니면 조작?

공동체의 실행이란 무엇인가? 나는 그것을 사랑이라고 부른다. 이 사랑은 아가페의 사랑이며 우리의 이기적인 성향과는 전혀 반대되는 타인 중심성이 너무나도 철저한 까닭에 오직 하나님만이 가능한 사랑이다.

"주께서 우리가 너희를 사랑함과 같이 너희도 피차간과 모든 사람에 대한 사랑이 더욱 많아 넘치게 하사"(살전 3:12)라고 간구하는 바울의 기도는 "사랑으로 가득 차고 넘쳐흐르게 하사"라고 번역하는 편이 나을 것이다. 우리의 삶은 사랑이 다른 사람들에게로 흘러가는 통로로서의 물길이어야 한다.

이 사랑은 천국의 창고로부터 흘러나온 것이며, 오직 성령을 통해 우리에게까지 부어진다. 우리는 이 사랑을 가능한 충만하게 누려야 하며 그런 다음에 가능한 풍성하게 나누어주어야 한다.

우리는 사랑의 제작자가 아닌 분배자이며, 우리가 사람들에게 나누어줄 수 있는 가장 중요한 양식은 구원받지 못한 이 세상에서는 결코 얻을 수 없는 사랑이다.

하지만 우리가 이 사랑을 효과적으로 나누어주기 전에 먼저 우리 자신이 이 사랑에 압도되어야 한다. 그래서 사도 바울은 우리가 먼저 사랑으로 '가득 차고' 그 다음에 그 사랑이 '흘러넘치게' 해달라고 기도하고 있다. 가지고 있지 않은 것을 나누어줄 수는 없는 노릇이다. 우리 영혼이 내면에 궁핍함을 느낄 때 다른 사람을 사랑하는 것은, 마치 자본이 넉넉하지 않음에도 불구하고 무리한 사업을 감행하려는 것과 같다. 그렇게 되면 대부분은 중도에 포기하고 말 것이다. 사랑해야 하는 우리의 책임이 우리가 가진 자원에 비해 상당히 과중한 것 같이 느껴지면, 내면의 분열 때문에 결국은 이 책임을 회피하고 말 것이다.

그와 동시에 우리 자신의 공허한 마음과 바짝 타들어간 영혼은 도리어 구원을 간구하게 될 것이다. 머지않아 우리는 다른 사람들을 마치 우리의 목마름을 해갈해 줄 수도꼭지로 간주하게 될 것이고 그들의 애정과 배려는 더 이상 우리가 가끔 즐길 만한 것이 아닌 진정 간절히 필요한 것으로 우리를 사로잡을 것이다. 즉 우리는 오직 하나님께만 속한 우리 마음의 성전으로 진입할 권리를 그들에게 주는 셈이다. 이런 일이 발생할 때 이들은 더 이상 사람이 아닌 우리의 우상이 되고 만다.

래리 크랩이 언급한 것처럼, 타인에 대한 우리의 접근 방식은 섬김에서 조작(manipulation)으로 미묘하게 바뀔 수 있다. 섬김은 대가를 전혀 바라지 않고 그냥 베푸는 것이다. 조작 역시 주는 것이지만 여기에는 항상 무언가를 끌어오려는 갈고리가 달려 있다. 또 조작은 받으려는 목적으로 주는 것이며 타인 역시 우리에게서 그 동기를 본능적으로 간파하고 무언가를 되돌려주려 한다. 하지만 그들이 우리의 기대에 미치지 못했을 때 그 결과 분노와 절망감이 우리를 지배하게 되는 것이다.

성도들이 초자연적인 자원을 누리고 이를 활용하는 데 실패하는 곳에서는 결코 진정한 공동체가 유지될 수 없다. 하나님은 그의 새로운 공동체를 만드실 계획을 갖고 계시지만 성공적인 공동체를 건설하기 위해서는 반드시 그분이 필요하다. 그분이 베푸는 자원을 거절하여 우리 심령이 메마르고 우리 자신의 육적인 자원도 빈곤해지면 그 결과 서로 간의 관계는 깨어지고 있는 자원마저 고갈되고 말 것이다.

그렇다고 해서 우리가 삶에서 다른 성도로부터 어떤 유익을 얻거나 이를 누리는 것이 잘못됐다는 뜻은 아니다. 또 서로에 대한 참된 필요를 무조건 무시하고 하나님과의 개인적인 관계만이 영성에 필요한 모든 것으로 생각하라는 뜻도 아니다. 이 문제와 관련해 본회퍼는 균형감각을 갖고 있었다. "홀로 있을 수 없는 사람은 공동체를 경계하라. 공동체 안에 있지 않은 사람은 홀로 있기를 경계하라."

각자의 영역

사실 모든 성도는 참된 공동체를 세우는 데 필요한 하나님의 자원을 풍성히 갖고 있다. 우리 모두는 "하늘에 속한 모든 신령한 복"(엡 1:3)을 받았으며, 그 복의 목록의 맨 위에는 삼위 하나님으로부터 끊임없이 흘러나오는 사랑이 자리하고 있다.

두 형제 농부에 관한 유대교의 우화가 있다. 이들은 한 동네에 서로 가까이에서 살고 있었다. 어느 해 풍년이 들자 두 형제는 남은 소출을 가지고 무언가를 하기로 결심했다.

형은 속으로 이런 생각을 했다. "나에게는 아내와 자식들이 있지만 동생은 혼자 쓸쓸히 살고 있잖아. 내가 수확한 것 중 일부라도 그 밭에 가져다놓아서 동생을 놀라게 해줘야지."

동생도 속으로 생각했다. "나는 혼자 살고 있지만 형은 돌봐야 할 아내와 자녀가 있어. 나는 필요한 것 이상을 가질 필요가 없잖아. 내 수확물을 좀 가져가서 형을 놀라게 해줘야지."

그래서 두 형제는 한 밤중에 자기가 받은 축복을 형제의 밭에 몰래 가져다 놓으려다, 서로 만나고 말았다.

새 언약의 공동체는 성령의 넘치게 하시는 은혜로 우리가 받은 초자연적인 은사들을 나누어주기 위해 서로의 밭으로 달려가는 무리들이다.

그로 말미암은 차이점

하나님이 그의 자녀들이 서로 친밀하게 결속하고 역동적으로 하나 되는 것에 그토록 관심을 갖고 계신 이유는 무엇일까?

첫째로 우리가 생각해 볼 해답은 성도의 하나됨은 서로를 격려하고 굳세게 하여 더 큰 신앙을 이루는 데 도움이 된다는 사실이다. 그래서 우리는 공동체를 기독교 발전을 위한 일종의 실험실로 간주하는 경향이 있다. 하지만 하나님은 우리의 신앙 공동체를 실험실보다는 일종의 전시장으로 간주하신다. 성령으로 충만한 공동체의 하나된 모습은 하나님의 영광과 위엄을 이 세상에 드러내는 데 가장 중요한 방편이다.

초대교회 안에서 성도들 사이에 실제로 발현되었던 이러한 하나됨은 당시의 세상을 뒤흔들어 놓았다. 그래서 2세기의 작가인 루키아노스는 이렇게 적고 있다. "그 종교를 믿는 사람들끼리 서로의 필요를 채워주는 열정은 정말 믿을 수 없을 정도이다. 이 종교의 창시자(예수)는 그들이 서로 형제라는 사실을 그들의 머리에 각인시켜 놓았다."

성도가 된 우리의 연합된 관계는 단순히 교제를 즐기는 것보다 더 중요한 무언가가 있다. 하나님은 각자의 삶이 너무나도 아름답게 연결되어 놀라운 능력을 발휘하는, 다양한 개인들의 연결망을 이 세상에 전시하기를 바라신다. 이 연결망의 이름이 바로 하나님이 세상으로부터 불러 낸 '교회'이다. 우리의 재능은 삼위 하나님 안에서 충만한 사랑을 분명하게 반영하는 관계적 탁월성(a relational excellence)으로 발휘되어야 한다.

로마의 성도들을 위한 바울의 기도에서 우리는 성도의 하나됨을 향한 그의 열정을 느낄 수 있다. "이제 인내와 위로의 하나님이 너희로 그리스도 예수를 본받아 서로 뜻이 같게 하여 주사 한마음과 한 입으로 하나님 곧 우리 주 예수 그리스도의 아버지께 영광을 돌리게 하려 하노라."(롬 15:5-6)

그 다음 바울은 또 이런 권면을 덧붙인다. "그러므로 그리스도께서 우리를 받아 하나님께 영광을 돌리심과 같이 너희도 '서로 받으라' (이 구절은 '따뜻하게 환영하라'로 번역될 수 있다.)"(롬 15:7) 우리가 서로를 그리스도처럼 따뜻하게 환영해야 하는 중요한 이유는, 다른 사람을 위해서 또는 우리 자신을 위해서가 아니라 바로 하나님을 위해서이다. 그분의 사랑이 성도들 사이에 풍성하게 흘러 넘쳐날 때보다 더 세상이 그리스도를 분명하게 보게 되는 때는 없기 때문이다.

예수님이 당신과 나 그리고 우리 모두를 위해 다음과 같이 기도하실 때에도 그분 마음에 이와 같은 목적이 담겨 있었다. "아버지께서 내 안에, 내가 아버지 안에 있는 것 같이 그들도 다 하나가 되어 우리 안에 있게 하사 세상으로 아버지께서 나를 보내신 것을 믿게 하옵소서."(요 17:21) 프란시스 쉐퍼에 따르면 우리의 하나됨은 우리의 '최후 변론'과 같다고 한다. 불신자들은 무엇보다 바로 이것으로 기독교가 진짜인지 아닌지에 대한 최종 판정을 내릴 것이다.

내가 오랫동안 보아온 수많은 성도들은 한 번의 복음 제시나 메시지로 그리스도를 의지하게 된 것이 아니었다. 그들 대부분은 성도들의 모임 주변을 어슬렁거리다가 그리스도를 향한 순례를 시작했다. 그리스도를 믿는다는 성도들이 어떻게 그토록 서로를 돌보는지에 대해 관심을 갖게 되었다. 예전에 그와 같은 것을 전혀 접해 본 적이 없었기에 호기심이 일었던 것이다. 그리고 이들이 결국 그리스도께로 나아오게 된 것은 2천 년 전 그리스도의 대제사장적 기도에 대한 직접적인 응답이나 마찬가지였다.

'우리가 베푸는 사랑으로 그들은 우리가 그리스도인이라는 것을 알게 되리라'는 찬양 가사는 너무나 맞는 얘기다.

집단 프로젝트

성도의 공동체가 최고의 목적으로 얘기하는 하나님의 영광 속에는 그 밖의 다른 목적들도 포함되어 있다. 하나님은 자신의 영광뿐만 아니라 우리를 위해, 즉 서로 경멸하고 싸우는 게 아니라 서로 유익을 얻도록 하기 위해 다른 지체들을 우리에게 주셨다.

C. S. 루이스는 그가 처음으로 그리스도인이 되었을 때를 이렇게 회상하고 있다.

처음에 나는 방에 들어가서 신학서적을 읽으면 혼자서도 기독교를 믿을 수 있을 거라고 생각했다. 그래서 교회나 복음전도회관에는 가지 않았다. 나는 그들의 찬송도 매우 싫어했다. 내가 보기에 5등급쯤 되어 보이는 가사와 6등급 정도의 저급한 선율에 맞추어 부르는 것 같았다. 하지만 교회에 나가면서, 그리고 어쩔 수 없이 따라 부르면서, 어느 날 불현듯 그런 찬송에도 커다란 장점이 있다는 걸 깨달았다. 고무 장화를 신은 연세 지긋한 옆자리 성도님이 진심과 정성을 다해 그 (6등급밖에 안 되는) 찬송을 부르는 모습에 내가 그분의 장화를 닦기에도 부족한 사람이라는 것을 깨달았다. 그리고 그것은 나를 그 유아독존식의 교만에서 건져내주었다.

그리스도인의 성숙은 '유아독존식의 교만'이 아닌 집단 프로젝트로 이뤄내는 것이다. 또 공동체는 성도가 가장 쉽게 자라갈 수 있는 토양이다.

우리 모두는 함께 "서로 돌아보아 사랑과 선행을 격려하며 모이기를 폐하는 어떤 사람들의 습관과 같이 하지 말고 오직 권하여 그 날이 가까움을 볼수록 더욱 그리하자"라는 명령을 받았다.(히 10:24-25) 우리의 공동체는 하나님을 영화롭게 하는 삶을 향해 서로를 자극하는 내면의 열기를 만들어내야 한다.

하나님은 우리에게 다른 성도들을 허락하셔서, 우리가 죄로 말미암아 기만당할 때, 그리스도 안에 있는 진정한 친구로서 사랑으로 지적해 주게 하셨다.

참된 우정은 초자연적으로 감당해 내는 역할을 고려할 때 단순한 인간적 우정과는 전혀 다르다. 참된 우정은 성도들을 서로 가깝게 할 뿐만 아니라 서로가 하나님께로 더 가까이 나아가도록 인도한다. 당신에게는 하나님을 향한 당신의 마음이 더욱 불타오르게 하는 친구가 있는가? 최근에 다른 성도와 대화를 마치고서는 "이제 그리스도를 더욱 깊이 알아야겠다"거나 "하나님이 나에게 소명으로 맡기신 것을 이제 기꺼이 감당해야겠다"라고 다짐하면서 헤어졌던 때가 언제인가? 지금 나는 나와 함께 이런 교제를 지속적으로 나누고 있는 몇몇 친구들을 당장 떠올릴 수 있으며, 그들과의 우정은 내 인생에 참으로 귀중한 보화나 마찬가지다.

다윗이 어려움에 처했을 때 요나단이 찾아와 "하나님을 힘 있게 의지하게" 해주었다.(삼상 23:16) 이렇게 요나단은 다윗을 격려하여 그의 길을 꾸준히 지켜갈 수 있게 해주었다. 당신에게는 "하나님을 힘 있게 의지하게" 해주는 누군가가 있는가? 항구에 안전하게 정박해 있는 삶의 밧줄을 끊고 위험이 도사리고 있지만 그리스도께서 당신을 부르신 소명의 바다를 향해 닻을 올리도록 재촉하는 누군가가 당신에게는 있는가? 또 당신은 누군가를 위해 그런 사람이 되어주고 있는가?

모든 겸손과 온유

에베소서에서 사도 바울은 우리에게 "부르심을 받은 일에 합당하게 행하"라고(엡 4:1), 다시 말해 이 세상을 살 때에 그리스도 안에서 우리가 누리는 하나님의 유업에 걸맞게 행동하라고 권면한다. 억만장자이면, 그에 합당하게 살라는 이야기이다.

사도 바울은 그리스도 안에서 우리에게 허락된 영적 자원을 실제적으로 풍성하게 누리는 것에 대해 언급하면서, 가장 중요한 문제는 우리가 서로 어떻게 관련을 맺고 있는가에 달려 있다고 말하기라도 하듯, 먼저 공동체에 관심을 기울이고 있다. 바울은 하나님이 우리에게 허락하신 하나됨의 실체를 그대로 유지하기 위해 필요한 결정적 태도로서 "모든 겸손과 온유"(엡 4:2, 여기에서 온유는 관대함으로도 번역될 수 있다)를 제시한다. 과연 우리의 삶은 이러한 상한 심령과 서로에게 겸손하게 복종하는 모습을 보여주고 있는가?

18세기의 위대한 설교자 존 웨슬리와 조지 휫필드는 (알미니안주의와 칼빈주의의) 서로 든든한 후원자로 지내다가 교리적인 차이 때문에 헤어진 적이 있었다. 나중에 마음을 돌이켜 서로 화해하고 좋은 친구 관계를 회복했지만, 이들의 추종자들은 상대방 진영에 대해 그렇게 호의적이지 못했다.

전하는 이야기에 따르면 횟필드가 죽고 나서 웨슬리의 추종자 가운데 한 여성도가 웨슬리에게 이런 질문을 했다고 한다. "목사님은 천국에서 횟필드 씨를 다시 만날 수 있을 거라고 생각하세요?" 횟필드가 진짜 성도가 아니라고 단정하고 있음을 간파한 웨슬리는 거기서 횟필드를 볼 수 있을 거라는 기대를 하고 있지 않다고 대답했다.

그러자 이 여성도는 웨슬리를 조르듯이 재차 물었다. "그렇다면 목사님은 그가 정말로 회심했다고 믿지는 않으시는군요?"

"회심이라구요? 물론 그는 회심했지요." 웨슬리가 대답했다. "하지만 내가 그를 천국에서 다시 만날 것이라고 기대하지 않는 이유는 그는 하나님의 보좌로 너무 가까이 다가간 반면에 나는 너무나도 멀리 떨어져 있어서 과연 그를 볼 수 있을지 의문이 들기 때문입니다."

이러한 "겸손과 온유"만이 오늘날의 그리스도인들 사이에 더 널리 퍼져야 할 것이다.

바울이 언급한 '겸손'과 '온유'라는 두 개의 헬라어 단어는 예수님이 "나는 마음이 온유하고 겸손하니"라고 말씀하시는 구절에서도 나란히 나타난다. 즉 그리스도는 이미 우리 안에 심어 놓으신 그분의 성품을 이 세상에 나타내도록 우리를 부르고 계신다. 이 사실을 한 번 더 강조하고자 한다. 우리 가운데 나타내야 할 영적인 하나됨은 분명 은사이지만, 쟁취할 것이 아닌 지키고 유지해야 할 은사이다. 이제 그리스도 안에서 우리의 하나됨을 지키고 유지하기 위해 경계해야 할 다섯 가지를 제시하고자 한다.

1. 상대방을 용서하지 않는 마음
2. 우리에게 범죄한 사람들과 더 이상 대면하려고 하지 않는 모습
3. 우리가 고의로 해를 끼친 사람들과 화해하려고 하지 않는 모습
4. 남에 대한 험담을 말하거나 듣는 것
5. 중요하지 않은 문제로 다른 성도들을 판단하는 일

새 언약 안에서 우리에게 주어진 모든 신령한 양식들과 자유를 누린다는 것은, 중요한 것은 중요한 것으로 여기며 아울러 비본질적인 것에 마음을 빼앗기거나 그 때문에 우리가 서로 나뉘지 않는 것을 의미한다. 이는 또 성경적으로 중요한 것과 (예배 형태나 정치 참여문제, 자녀 교육 방식과 같은) 개성과 문화, 또는 비본질적인 문제들을 서로 구분하는 법을 배워가는 것을 의미한다. 사도 바울이 로마서 14장에서 분명하게 천명하고 있듯, 똑같이 헌신된 성도임에도 불구하고 그러한 문제에 대해서는 정확히 정반대의 입장을 취할 수 있음을 인정할 때 비로소 우리는 긴장을 풀고 여유로워질 수 있다.

바로 이런 이유 때문에 다른 영역에서도 마찬가지겠지만 특히

그리스도의 몸에서 가장 필요한 것, 그리고 그 몸의 하나됨을 유지하는 데 가장 중요한 것이 바로 서로를 향한 상호 존중이다. 한 세기 정도 오래된 기독교 격언은 이 진리를 압축적으로 표현하고 있다. "본질적인 것에는 일치를, 비본질적인 것에는 자유를, 모든 것에는 사랑을!"

기도하는 가운데 이 부분에 대해 마음으로 스스로를 평가하면서, 에베소서 4장을 읽고 하나 되게 하는 진리에 대해 더 깊이 묵상해 보라.

16
새로운 관점 : 섬김

세상을 향한 하나님의 가장 간절한 열망은
새로운 인류의 삶 속에서 그의 영광이 가득히 울려 퍼지는 것이다.
_존 파이퍼

19세기 영국의 목회자였던 프레드릭 윌리엄 파라(Frederic William Farrar)는 모든 성도의 영혼을 가리켜 "보석으로 가득 찬 동굴"로 묘사했다.

어떤 구경꾼이 우연히 갈라진 틈으로 안을 들여다보았지만 보이는 모든 것은 어두컴컴하고 음침하고 헛된 것뿐이다. 하지만 그 안에 빛을 비추면, 오 놀랍게도 수정과 자석영이 빛을 발하면서 눈부신 자태를 드러낼 것이다.

당신의 눈앞에 영혼이 빛나지 않는다면 그 이유는 여기에 아무런 빛을 비추지 않았기 때문이다. 비참하게 들끓어 오르는 자만심과 증오심의 횃불을 내던져버리고, 사랑의 빛으로 밝게 비추어보라. 그러면 오, 그 영혼은 일어나 빛을 발할 것이며 꿈에도 생각지 못했던 영광으로 불타오를 것이다.

하나님의 빛을 성도들의 감추어진 보석에 비추어 그들이 하나님의 영광을 위해 불타오르도록 섬긴다는 것은 도대체 무슨 의미일까?

대조

사도 바울은 "우리의 만족은 오직 하나님으로부터 나느니라 그가 또한 우리를 새 언약의 일꾼 되기에 만족하게 하셨으니"라고 말한다.(고후 3:5, 6) 새 언약의 관점에서 다른 사람들을 섬기는 직분은 어떤 모습일까?

같은 구절에서 사도 바울은 또 "율법 조문은 죽이는 것이요 영은 살리는 것이니라"고 말한다.(엡 3:6) 옛 언약에서의 섬김은 죽음을 가져온다. 사람들 앞에 그저 어떻게 살아야 하는가에 대한 율법만 제시한 채 이를 지키기 위해 훈련받지도, 헌신하지도 않는다고 책망하는 것은, 활력과 기쁨, 그리고 희망을 모두 빼앗아버리는 것이다.

하지만 새 언약에서의 섬김은 그리스도의 탁월하심과 아울러 그분이 우리를 위해 베푸신 하늘의 신령한 양식들을 돋보이게 하는 가운데 성도에게 생명력을 불어넣어준다. 왕 중의 왕을 위해 최선을 다해 살아가는 고귀한 모험의 세계로 우리를 초대하시는 그분은 이런 양식들을 베풀어 주셨다.

사도 바울은 이 구절에서 옛 언약의 '정죄의 직분'(ministry of condemnation, 고후 3:9)에 대해서도 언급하고 있다. 옛 언약의 직분은 우리가 하나님의 기준에서 무엇이 부족한가에 집중하기 때문에 수치심과 죄책감을 가져다준다.

반면 새 언약의 직분은 소망, 즉 확고한 기대와 불타는 낙관주의를 불러일으킨다. 물론 직면한 죄악과 불순종을 간과하는 것은 아니지만, 새 언약은 항상 이런 실패를 넘어서 새로운 가능성으로 나아간다. 또 새 언약은 모든 성도의 마음속에 있는 경건한 성향, 즉 하나님을 더욱 깊이 알고자 하며, 그분의 최선을 갈망하며, 그분의 능력 안에서 새로운 마음을 진정으로 만족시킬 유일한 길로 나아가고자 하는 경건한 성향을 더욱 자극한다.

그래서 새 언약의 섬김은 새 언약 자체와 마찬가지로 전적으로 새로운 것이며, 성도의 삶에서 영적 성숙을 자극할 더 나은 방법이다. 이것은 다른 성도들로 하여금 그리스도 안에서 자신들의 모든 잠재력을 최대한 발휘하도록 도우면서 하나님과 함께 동행하는 것이다.

당신 안에 있는 열망

그리스도인 친구가 찾아와 더 기도하지 않는 것에 죄책감을 느낀다고 털어놓았다고 가정해 보자. 옛 언약의 입장에 서서 대답을 한다면 아마 그 답변은 이런 식이 될 것이다.

"존, 너도 알다시피 하나님은 우리가 기도해야 한다고 명령하셨어. 사실 그분은 쉬지 말고 기도하라고 하셨지. 내가 보기에 기도가 정말 너에게 중요한 문제라면 너는 이를 위한 시간은 충분히 마련할 수 있을 거야. 그렇게 생각하느냐 마느냐는 별로 중요하지 않아. 중요한 것은 네가 정말로 그분께 순종하려 하는가 하는 거야. 네가 헌신적인 성도가 되고자 한다면, 기도는 네가 실행해야 할 가장 중요한 규칙 가운데 하나야."

이와 달리 새 언약의 접근 방식은 아마 이러한 것일 것이다.

"존, 네가 성도가 되었을 때 너에게 일어난 여러 가지 엄청난 사건들 가운데 하나는 바로 하나님이 네 마음에 그분과 대화를 나누고 싶은 열망을 심어놓으셨다는 것이지. 하나님이 그분을 아는 마음을 그 백성들에게 주겠다고 약속하셨기 때문에, 결국 이 열망은 결코 없어지지 않아. 이 열망이 지금 너에게는 그렇게 실감나게 느껴지지 않는다는 것은 나도 잘 알아. 하지만 이 열망은 아직도 여전히 네 마음속에 있다고 나는 확신할 수 있어.

사실 내가 추측하기에 우리가 지금 이야기를 나누는 순간에도 너는 이 열망이 네 속에서 꿈틀거리는 것을 느끼기 시작했을걸. 기도는 우리가 하나님과 의사소통하고 그분과의 친밀한 교제를 경험할 수 있는 가장 중요한 방법이지. 나는 네가 그분을 더 알기를 원한다는 것을 알고 있어. 이제는 그분과 이야기를 나누고픈 네 열망을 채워가야 하지 않겠니? 그게 바로 기도를 통해 해결할 수 있는 것들이잖아. 그리고 너 이거 아니? 하나님은 너에게 기도할 힘과 또 어떻게 기도할지 지혜도 주실 거야.

너는 지금보다 더 풍성하게 하나님과의 관계를 증진시키고 싶어 한다는 것을 잘 알아. 바로 기도가 너에게 네 삶 속에 하나님의 최선을 경험할 수 있는 놀라운 기회를 가져다줄 거야."

새 언약의 목회를 위한 기초

이제 당신은 새 언약의 섬김에서 절대적으로 필요한 것은, 앞에서 살펴본 새 언약의 실체들에 전적으로 우리가 사로잡히는 것이라는 점을 깨달았을 것이다. 다른 사람들이 미처 꿈꾸지 못했던 보화를 발견하고 이를 얻도록 돕기 위해서는 먼저 우리가 이 보화를 발견하고 소유해야 한다.

새 언약의 섬김을 위해서는 먼저 무엇보다 새 언약의 전문가여야만 한다. 또 우리의 삶 속에는 오직 성령님만이 발산할 수 있는 하나님의 향기가 있어야 한다.

새 언약의 섬김은 또 하나님이 허락하신 모든 성도들에 대한 긍정적인 전제들 위에 기초해야 한다. 섬김에 대한 새 언약의 접근 방식은 모든 성도들을 철저하게 낙관주의적인 관점으로 바라본다. 이런 맥락에서 사도 바울은 "우리가 이제부터는 어떤 사람도 육신을 따라 알지 아니하노라 … 그런즉 누구든지 그리스도 안에 있으면 새로운 피조물이라 이전 것은 지나갔으니 보라 새 것이 되었도다"라고 말씀하신다.(고후 5:16-17) 또 달리 표현하자면 우리는 성도들을 더 이상 그들이 가진 문제에 근거하여 이해하지 않고 성령님이 그들 안에 내주하시기 때문에 그들의 잠재적 가능성에 근거하여 이해한다.

그리스도 안에 있는 형제, 자매들은 그저 용서받은 죄인이 아니다. 그들은 타락한 본성의 오점 깊숙한 곳에 참으로 놀랄 만한 것을 지니고 있는 은백의 성자들이다. 왜냐하면 모든 성도들 내면 깊숙한 곳에는, 비록 당장은 희미하다 하더라도, 그들의 죄 이상의 것이 자리하고 있기 때문이다.

당신이 확신할 수 있는 것

모든 성도들에 대해 가질 수 있는 긍정적인 전제로는 어떤 것이 있을까?

첫째로 당신은 주위에서 만나는 모든 성도가 무한히 귀하고 소중한 존재라는 사실을 확신해야 한다. 그리스도께서 이들을 위해 죽으셨기 때문만이 아니라, 하나님이 이들을 그분의 놀라운 솜씨를 온 세상에 드러내는 도구로 삼으셨기 때문이다. 이것은 모든 성도에게 해당하는 것이며 그러므로 무가치한 성도는 하나도 없다. 우리 모두는 "그가 만드신 바라 그리스도 예수 안에서 선한 일을 위하여 지으심을 받은 자니 이 일은 하나님이 전에 예비하사 우리로 그 가운데서 행하게 하려 하심이니라."(엡 2:10) 이 선한 일을 이루도록 돕기 위해 하나님은 각각의 성도들에게 영적 은사들을 골고루 나누어주셨다.

따라서 우리의 사명은 성도들을 도와 그들의 삶을 향한 하나님의 뜻이라 여겨지는 것을 이루도록 하는 게 아니다. 우리의 사명은 그들 스스로 하나님의 음성을 듣고 하나님이 그들만을 위해 독특하게 계획하고 은사로 주신 소명을 발견하도록 돕는 것이다.

둘째로 우리는 또 우리가 만나는 모든 성도들에 대해 하나님이 독특하게 계획하신 목적에 전적으로 동참하기 전까지는 그들이 결코 참된 만족을 얻지 못할 것이라 확신할 수 있다. 그가 성도의 삶을 사느냐와 관계없이 그 내면의 불만은 결코 해소되지 않을 것이다. 가끔 나는 주위의 그리스도인 형제에게 이렇게 묻곤 한다. "당신의 삶이 지향하는 목표에 비추어볼 때, 당신은 영적으로 전속력을 내고 있다고 느낍니까?" 또는 "당신이 내일 죽는다면 마지막으로 보낸 몇 년간의 삶에 대체적으로 만족할 수 있겠습니까?" 대체적으로 사람들은 '아니요'라고 대답한다. 그러면 나는 그들이 그 이유를 찾을 수 있게 도와주기 시작한다.

셋째로 우리는 또 우리가 만나는 모든 성도들이 밖으로 쏟아내야 할 거룩한 영적 자원을 소유하고 있음을 확신할 수 있다. 우리의 소명은 그들의 삶 속에서 무언가가 시작되도록 하는 것이 아니라, 하나님이 이미 그들 안에 베푸신 것들을 밖으로 뿜어내도록 그저 도와주는 것이다.

예수님은 모든 성도들에 대해 "그 배에서 생수의 강이 흘러나리라"고 약속하셨다.(요 7:38) 모든 성도의 내면에서는 그리스도의 생명수가 계속해서 흘러나오고 있다. 일부 성도는 이 사실을 전혀 모를 수도 있지만 그 실상을 가릴 수는 없다. 그 생수가 밖으로 풍성하게 흘러나오지 않는다면 생수가 없어서가 아니라 그 성도가 이런저런 이유로 생수가 흘러나갈 수문을 닫아버렸기 때문이다. 이럴 때 우리의 책임은 그 생수를 밖으로 내보내는 것이 아니라 그 수문이 다시 열리도록 돕는 성령의 역사에 동참하는 것이다.

전달할 메시지

성도를 섬기는 데 있어서 능력의 근원은 그리스도를 닮은 사랑에 있다. 왜냐하면 그리스도가 제정하신 새 언약은 그분이 우리를 사랑하신 것처럼 우리도 서로 사랑할 것을 명하고 있기 때문이다. 우리가 이런 방식으로 다른 성도를 사랑하려 할 때 그 사랑은 어떤 메시지를 전달하게 될까?

첫째로 '당신을 향한 나의 사랑은 끈질기고도 무조건적이다. 당신은 당신을 향한 내 사랑을 결코 소멸시킬 수 없다'는 메시지가 전달된다.

우리의 사랑은 제자들이 그리스도를 부인하고 버렸음에도 불구하고 이들을 '끝까지' 사랑하신 예수 그리스도의 사랑과 같아야 한다.(요 13:1) 그 사랑은 "모든 것을 참으며 모든 것을 믿으며 모든 것을 바라며 모든 것을 견디"는, "언제까지나 떨어지지 아니하"는 사랑이다.(고전 13:7-8) 그래서 이 사랑은 "당신이 변화되지 않는다고 해도, 당신을 향한 내 사랑은 언제까지나 유지된다"는 메시지를 분명하고도 크게 외친다.

때로는 과격한 사랑이 필요할 때도 있다. 정말 필요하다면, 사랑하는 사람과의 교제를 단절해야 할 때도 있다. 물론 이는 사랑의 마음에서 비롯되어야 하지, 결코 사랑이 부족해서 일어나서는 안 된다. 결정적으로 중요한 문제는, 우리의 섬김이 하나님이 우리에게 영향력을 미치라고 허락하신 사람들을 향한 초자연적이고 차별 없는 사랑에 기초해야 한다는 점이다.

(나중에 내 처남이 된) 데이브 앤더슨(Dave Anderson)은 나를 영적으로 연단시킨 첫 번째 인물이다. 그는 나의 영적 성장과 목회를 위한 기초를 마련함에 있어서 하나님이 누구 못지않게 훌륭하게 사용하신 성도이다. 데이브를 처음 만났을 당시 나는 이제 막 그리스도인으로 자라는 단계에 있었다. 나는 그가 하나님의 말씀에 대해 얼마나 지혜롭고 총명한지 잘 몰랐다. 솔직히 말해 나는 그 문제에 별 관심이 없었다. 하지만 하나님이 나를 위해 데이브를 예비하셨다고 확신할 수 있는 것은, 그는 나를 참으로 세심하게 돌보고 있음을 느끼게 해준 최초의 사람이다. 그는 나를 위해서라면 항상 시간을 아끼지 않았다. 하나님과 동행하는 비결에 대해 더 많이 배우고픈 열망이 내 마음에 생길 수 있도록 하나님이 사용하셨던 것이 바로 이러한 무조건적이고 전폭적인 사랑이었다. 그의 신학교 학위

같은 것은 나에게 아무런 의미가 없었다. 하지만 그리스도에게 흠뻑 젖은 그의 관심은 거부할 수 없는 매력이었다.

우리의 사랑이 전하는 또 다른 메시지는 이런 것이다. "나는 하나님나라를 위한 당신의 잠재력을 보고 있으며 그것이 내 마음을 들뜨게 한다. 이 목적이 달성되도록 돕는 데 내가 할 수 있는 최선을 다하겠다."

새 언약의 사랑은 무조건적일 뿐만 아니라 고귀한 목적을 지니고 있다. 나는 이 점을 이런 식으로 생각하고 싶다. "진정한 사랑은 안식처와 일거리를 제공한다." 먼저 사랑받는 사람이 안전한 곳에서 무한한 애정을 누린다는 의미에서 볼 때, 참된 사랑은 안식처를 제공한다. 그리고 사랑받는 사람이 그의 소명을 발견하며 그것을 이루는 삶을 살도록 격려를 받고 결국은 원래 지음 받은 목적을 달성하게 된다는 의미에서 참 사랑은 일거리도 제공한다.

우리의 사랑이 보여줄 수 있는 마지막 메시지는 이런 것이다. "당신의 새로운 본성이 주님을 향해 불타오르도록 하기 위해 내가 할 수 있는 최선을 다하겠다. 또 필요하다면 나는 당신의 육체에 맞서는 태도를 취할 것이다."

다시 한 번 강조하지만 사랑의 두 가지 측면이 모두 중요하다. 진정한 사랑을 위해서는 건강한 조직이 더욱 튼튼히 자라게 할 때와 암 덩어리와 투쟁해야 할 때를 잘 분간할 줄 아는 현명한 의사가 되어야 한다.

하나님의 임재 또는 부재

새 언약에서의 섬김은 무엇보다도 하나님과 동행하는 것, 즉 하나님을 위해 걷는 것이 아니라 그분과 함께 걷는 것이다. 이 두 가지의 차이는 말 그대로 사역 현장에서 하나님이 임재하고 계신가 아니면 부재하신가에 달려 있다.

그분은 자신의 사역처럼 아주 중차대한 일을 당신이나 나처럼 무능력한 사람의 손에 무책임하게 위임해 버리신 것이 결코 아니다. 그분은 우리를 위해 착수하신 것을 전적으로 홀로 이루실 계획을 갖고 계신다.

그런데 신비하게도 그분은 이 일을 당신과 나처럼 전혀 가당치 않은 혈육의 수단을 통해 이루기로 하셨다. 주께서는 스가랴 선지자를 통해 이렇게 말씀하셨다. "이는 힘으로 되지 아니하며 능력으로 되지 아니하고 오직 나의 영으로 되느니라."(슥 4:6) 스가랴 때와 마찬가지로 우리의 사역 역시 처음부터 끝까지 성령의 도우심으로 이뤄져야 한다.

우리는 주님께서 이 진리를 자신의 생애를 통해 놀라울 정도로 모범을 보이셨음을 볼 수 있다. 그분의 말씀을 주의 깊게 들어보자.

"내가 진실로 진실로 너희에게 이르노니 아들이 아버지께서 하시는 일을 보지 않고는 아무 것도 스스로 할 수 없나니 아버지께서 행하시는 그것을 아들도 그와 같이 행하느니라."(요 5:19)

"내 아버지께서 이제까지 일하시니 나도 일한다."(요 5:17)

"내가 아무 것도 스스로 할 수 없노라 … 나의 뜻대로 하려 하지 않고 나를 보내신 이의 뜻대로 하려 하므로."(요 5:30)

"내가 아버지 안에 거하고 아버지는 내 안에 계시도다."(요 14:10)

예수님은 아무것도 자신의 일을 행하려 하지 않으셨고 하나님이 이미 행하고 계시는 일에 동참했다. 항상 성부 하나님이 앞서가셨다. 예수님은 아무것도 자신의 계획대로 하지 않으셨다. 그분은 성부 하나님의 모범에 전적으로 의지하셨으며 그 아버지께서 하고 계신 것을 그대로 반영하려 했다. 예수님은 아무것도 자신의 뜻대로 하지 않으셨다. 그분은 자신의 독단적인 사역을 시작하거나 완수하려고 오지 않으셨고 다만 성부 하나님이 그에게 명하신 것을 완수하러 오셨다. 예수님은 아무것도 자신의 능력으로 하지 않으셨다. 그분이 이 세상에서 수행하신 사역은 전적으로 그 안에 내주하시는 하나님의 능력으로 이루어졌다.

이상의 특징들은 새 언약의 섬김에서 우리에게도 그대로 해당된다. 예수님은 "아버지께서 나를 보내신 것 같이 나도 너희를 보내노라"고 말씀하셨다.(요 20:21) 예수님의 사역이 성부 하나님에게 꼭 매여 있었던 것처럼 우리의 사역 역시 그리스도께 꼭 매여 있다.

지도자를 따르라

구약성경에서 이스라엘 백성들은 불기둥과 구름기둥 가운데 임재하시는 하나님의 인도를 따라 광야를 헤쳐 나갔다. 그들은 주께서 명하시면 언제든지 행진을 시작하거나 가던 길을 멈출 준비가 되어 있어야 했다. 그들의 특권은 스스로 행진을 시작해 혼자서의 힘으로 하나님의 축복을 얻어내는 데 있지 않았다. 그들이 하는 일이라고는 그저 하나님이 주권적으로 인도하시는 대로 보조를 맞추는 것이었다. 또 하나님의 임재라는 축복은, 그들이 기도로 얻어낸 게 아니었다. 그들은 단지 하나님과 계속해서 교제하기만 하면 되었다.

이는 우리에게도 마찬가지다. 새 언약의 일꾼들은 하나님의 음성을 듣고 성령의 인도하심을 따라 각자의 전투장으로 나갈 준비가 되어 있어야 한다. 이를 위해서는 먼저 하나님 앞에 잠잠해야 하며, 소란스러운 삶으로 하나님의 음성을 놓치지 않도록 해야 한다. 이는 그분의 음성을 듣기까지 기다리는 것을 의미한다. 이는 그분이 말씀하신 것에 겸손히 반응하여 그분이 움직이실 때 우리도 그 뒤를 따르는 삶을 요구한다.

우리는 어떻게 그분의 음성을 듣고 그분의 인도를 분별할 수 있을까? 우리는 그분의 음성을 무엇보다 성경에서 들을 수 있으며 여기에 기도가 결합되어야 한다. 그 음성은 또한 성령의 내적인 자극을 통해, 또는 새로워진 마음의 열망을 통해, 내적인 평안을 통해, 경건한 성도들의 조언을 통해, 그리고 주위의 상황을 통해서도 들려올 수 있다. 그런데 이처럼 다소 주관적인 수단들은 오용되거나 오해될 수 있기에 항상 성경의 빛에 비추어 판단해야 한다. 그럼에도 불구하고 하나님은 인격적이시며 소통하는 아버지로서 자녀들을 인도하기를 기뻐하신다는 사실에 대해 확신할 수 있다. "그가 자기 양의 이름을 각각 불러 인도하여 내느니라 자기 양을 다 내놓은 후에 앞서 가면 양들이 그의 음성을 아는 고로 따라오되."(요 10:3-4) 우리는 하나님의 인도하시는 역사를 소멸하지 않도록 주의해야 한다.

새 언약에서 사역의 목표는 그리스도 안에서 성도들이 온전한 잠재력을 충분히 발휘할 수 있도록 하나님과 함께 이들을 돕는 것이다. 이를 위해서는 다음 세 가지 중요한 문제를 고려해야 한다.

새로운 본성 양육하기

우리는, 다른 성도들의 내면에 있는 새로운 정결을 확인시키고 새로운 정체성을 확증해 주며 새로운 기질을 자극하고 새로운 능력을 깨닫게 해주는 말과 행동을 통해 그들의 새로운 본성을 양육하고 불지필 수 있다. 적절한 기회에 전달되는 다음과 같은 표현들은 성도들이 새 언약의 실체에 집중할 수 있도록 도와줄 수 있다.

"그것은 당신의 인격에 어울리지 않아요."
"제가 알고 있는 당신의 진짜 모습이 아닌 것 같군요."
"이것은 당신의 육체가 보여주는 허상일 뿐입니다."
"당신이 진정 원하는 게 무엇입니까?"
"그것이 정결하다고 생각합니까?"

"그 사역을 하면서 어떤 즐거움을 누렸나요?"

"당신이 선한 마음을 가졌으며 … 하고 싶어한다는 것을 저도 잘 알고 있습니다."

이러한 표현들은 성도의 새로운 정체성을 확증하거나 새로운 기질을 활성화시키는 데 도움이 된다.

성도들 내면에 자리한 새로운 권능을 일깨워주는 사람은 아마도 이런 모습일 것이다. "하나님이 당신을 통해 이루실 일을 생각하면 정말 기대가 됩니다." 하지만 성도에게 "당신은 해낼 수 있을 겁니다"라고 말하는 것은 무의미하고 또 사실상 틀린 말이다. 왜냐하면 우리 혼자만의 힘으로는 아무것도 이룰 수 없기 때문이다. 우리 삶 속에서 선한 것이 온전히 이루어지기 위해서는 반드시 성령이 필요하다. 그러므로 삶에서 이 성령님을 잊지 않고 날마다 생각하도록 돕는 친구를 둔 사람은 참으로 복이 있다.

죄를 노출시키기

새 언약에선 결코 죄를 용납지 않는다. 사실 새 언약은 죄의 심각성을 오히려 더 부각시킨다. 그 이유는 하나님이 성도로 하여금 의로운 삶을 열망하도록, 또한 그것이 가능하도록 하기 위해 모든 것을 마련해 놓으셨기 때문이다.

따라서 죄는 결코 사소한 실수나 연약함이 아니다. 죄는 우리의 참된 본성으로부터의 고집스러운 일탈일 뿐 아니라 말할 수 없이 선하고 거룩하신 하나님에 대한 반역이다. 그리고 죄는 바로 이런 입장을 고수한 채 맞서야 한다. 사도 바울은 고린도교회 성도들의 죄악과 맞서서 그 어떤 불분명한 말로 이를 얼버무리지 않고 그 죄의 끔찍한 실상을 적나라하게 노출시켰다.

> 너희 몸이 그리스도의 지체인 줄을 알지 못하느냐 내가 그리스도의 지체를 가지고 창녀의 지체를 만들겠느냐 결코 그럴 수 없느니라 창녀와 합하는 자는 그와 한 몸인 줄을 알지 못하느냐 일렀으되 둘이 한 육체가 된다 하셨나니 주와 합하는 자는 한 영이니라.(고전 6:15-17)

사실 사도 바울은 여기에서 이렇게 말하고 있다. "너희가 창기의 집을 방문할 때 현관에 외투와 함께 예수님도 맡겨 놓았다가 그곳을 나와서 집으로 갈 때에는 아무 일도 없었다는 듯 다시 그분과 동행할 수 있다고 생각하지 말라. 결코 그럴 수는 없다. 너희가 창기와 같이 있을 때 네가 좋아하든 싫어하든 상관없이 예수님도 여전히 너와 같이 계신다. 결국 너는 예수님이 그 창기와 한 육체가 되도록 강요하는 것이나 다름없다. 이보다 야비한 짓을 생각할 수 있겠느냐?"

성도들로 하여금 죄의 심각성을 깨닫도록 돕는 방법 가운데 하나는, 다윗이 밧세바와 연루된 죄를 범한 직후 나단 선지자가 그랬던 것처럼 그들의 죄를 비유적으로 설명해 주는 것이다.

나는 전에 거의 매일 자녀들을 말로 학대하는 남자를 상담한 적이 있었는데, 그는 자기가 하는 행동이 잘못되었다는 사실을 전혀 모르고 있었다. 그래서 나는 그에게 간접적인 이미지를 사용해 이야기해 주었다.

"한 남자분이 있습니다. 이 사람은 저녁에 직장에서 돌아오면 꼭 애들을 뒷마당으로 데리고 나가 한 줄로 세운 다음 돌덩어리를 이들에게 한두 개씩 던지곤 합니다. 돌에 맞아 상처가 나고 피가 흐르면 비로소 애들은 집안으로 들어가서 나머지 저녁 시간을 보내곤 합니다. 선생님은 그 남자의 행동에 대해 어떻게 생각하시나요?"

그 사람은 아주 화가 난다고 대답했다. 하지만 자신이 지금 애들한테 바로 이렇게 행동하고 있다고 말해 주기 전까지 그는 이야기의 요점을 전혀 깨닫지 못하고 있었다. 그의 말이 아이들한테 마치 바윗덩어리로 때리듯 그 마음에 깊은 상처를 주었던 것이다. 나는 마지막으로 그에게 이런 말을 해주었다. "선생님 마음속에서는 사실 아이들을 그런 식으로 대하고 싶어하지 않는다는 것을 잘 압니다." 이런 이미지가 그로 하여금 자신의 행동의 심각성을 인식하도록 하는 데 도움이 되었다.

앞에서 살펴본 것처럼 새 언약에 비추어볼 때 죄라는 것은 비열한 짓일 뿐만 아니라 정신 나간 짓이다. 사실 나는, 성도들이 죄가 잘못된 것일 뿐 아니라 어리석은 것임을 깨닫기 전까지 변화하려하지 않는다는 사실을 확신하게 되었다. 이것이 내가 죄를 초콜릿 입힌 알포와 비교하는 이유다. 죄로 말미암은 쾌락은 한때뿐이고 그 이후 남는 것이라고는 끈적거리고 더럽고 불쾌한 뒷맛뿐이라는 사실을 우리는 너무나 자주 잊어버린다.

잡초를 깎아낸 땅인가, 정원인가?

셋째로 새 언약의 섬김은, 하나님을 더 영화롭게 하고 개인적으로도 만족을 누리는 삶으로 성도들을 불러들이는 것이다. 그런데 앞에서 살펴본 것처럼 하나님을 영화롭게 하는 것과 만족을 누리는 것은 사실상 서로 동일한 것이다. 새 언약 때문에 성도들은 자기 삶의 전 영역을 통해 하나님을 가장 영화롭게 할 때 자신의 존재에 대해 가장 깊은 만족감을 느끼게 된다.

새 언약의 영성은 그저 잘못을 범하지 않는 정도의 도덕주의의 한계를 넘어서도록 인도한다. 무엇보다 새 언약은 경건의 세계로, 즉 초월적인 선이 충만한 세계로 우리를 인도한다. 비유하자면, 도덕 그 자체는 잡초를 깎아낸, 볼품없는 땅에 불과하다. 하지만 경건의 세계는 활짝 만발한 꽃들로 가득 찬 정원이나 마찬가지다.

경건은 율법주의가 멈춘 지점으로부터 항상 2마일 정도 더 나아간다. 사도 바울은 도적질하는 자들에게 "다시는 도적질하지 말라"고 권면한 다음 이렇게 덧붙인다. "돌이켜 가난한 자에게 구제할 수 있도록 자기 손으로 수고하여 선한 일을 하라."(엡 4:28) 한때 다른 사람의 주머니를 노렸던 동일한 손이 이제는 도움이 필요한 사람들의 주머니에 돈을 넣어주기 위해 당당히 일하라는 것이다.

새 언약에 따른 섬김의 모든 영역에서 우리는, 절대적으로 하나님이 필요한 삶으로 사람들을 초청하고 있음을 기억해야 한다. 이러한 삶은 처음부터 끝까지 전적으로 성령에 의존하는 삶이다. 그래서 겉으로 보기에는 도덕적으로 아무리 바람직하다 하더라도 결코 성령을 소멸해서는 안 된다.

새 언약을 적용하는 모든 영역에서의 최종 결론은 바로 이것이다. 삶의 현장에서 하나님이 좀더 분명하게 보이도록 하려면 어떻게 해야 할까?

당신의 삶과 당신의 섬김, 두 영역을 생각해 보면서, 고린도후서 4장과 5장, 그리고 6장에서 발견할 수 있는 진리와 본보기들을 깊이 묵상해 보고 이를 적용시켜 보라.

나가는 글
혁명을 위한 시간

마지막으로 나의 간절한 소망이 있다면, 당신이 이 책에서 깨달은 진리를 통해 영광스러운 모험의 세계로 나아가 초자연적인 삶을 사는 것이다. 그것은 날마다 하나님의 은혜로 성령님의 역사하심을 힘입어 이제까지와 전혀 다른 차원의 경건함과 영향력을 발휘하는 삶으로 날아오르는 것이다.

이러한 비상은 우리를 필연적으로 고난과 시련, 그리고 번민이라는 거칠고 사나운 바람 속으로 끌고 가기 마련이다. 이 책에서는 이런 사실들을 다루지 않았지만, 경건한 삶에서 상당 부분 그리고 아주 중요한 부분을 차지하고 있다. 성경은 우리가 애매히 당하게 될 고난에 대해서도 언급하고 있으며, 이를 소명의 일부분으로 받아들이라고 권면하고 있다. 하지만 성경은 그저 그 고난을 감당하는 것이 아니라 잘 감당하라고, 즉 그러한 시련 속에서 초자연적인 능력을 드러내어 하나님을 영화롭게 하는 방식으로 감당하라고 한다. 이를 위해서는 새 언약의 자양분들이 절대적으로 필요하다.

이제 이 책을 마치면서 내 마음속의 간절한 확신 한 가지를 이야기하고자 한다. 그것은 새 언약의 성화에 기초한 영적인 혁명이 일어날 때가 되었다는 것이다. 나는 이것을 그저 가볍게 또는 쉽게 말하고 싶지 않다. 이 혁명은 단 하룻밤 사이에 아무런 저항 없이 일어나지는 않을 것이다. 하지만 이 혁명은 절대적으로 일어나야만 한다. 오늘날의 교회를 바라보면서 무언가 빠져 있다고, 여러 면에서 아주 비참한 지경에 이르렀다고 느끼지 않을 사람은 한 사람도 없을 것이다. 오늘날 사람들은 계속해서 교회 때문에 식상해 하거나 지루해 하고 있다. 그래서 많은 사람들은 이제 기독교에는 두 번 다시 눈길을 주려고 하지 않는다.

우리는 이에 대해 하나님 앞에 책임을 지고 있다. 우리는 우리 삶을 통해 죽어가는 이 세상이 다시 한 번 참된 그리스도를 바라볼 수 있게 해야 한다. 이런 일이 일어나기 위해 새 언약의 자양분은 그저 바람직한 선택사항이 아닌 절대적으로 필수불가결한 것이다.

나는 여러 방면에서 이 혁명이 시작되고 있음을 알리는 고무적인 신호들을 감지하고 있다. 그것은 여러 가지 다른 이름으로 불려질 수 있겠지만 다음과 같은 한 가지 핵심적인 메시지를 담고 있다. 그리스도 그분은 칭의의 열쇠일 뿐만 아니라 성화의 열쇠이기도

하다는 것이다. 점점 더 많은 갈급한 심령들이 새 언약의 삶이라는 새로운 포도주를 맛보고 있으며, 그 결과 그들은 이제 더 이상 진부한 종교나 무미건조한 율법 지키기에 안주하지 않을 것이다.

　주의 영광을 위해 이들의 숫자가 더욱 많아지게 하소서. 그리고 당신도 그들 가운데 포함될 수 있기를 간절히 기도한다.

REVOLUTION WITHIN

Originally published in the U.S.A.
Under the title *Revolution Within : A fresh look at Supernatural living*
Copyright ⓒ 2001 by *Dwight Edwards*
Translated and used by permission of Dwight Edwards

Korean translation Copyright ⓒ 2005 by GoodSeed Publishing,
through the arrangement of K.C.B.S., Inc
Seoul, Korea

본 저작물의 한국어판 저작권은 알맹이 에이전시를 통해
저자와 독점 계약한 좋은씨앗에 있습니다.
신저작권법에 의하여 한국 내에서 보호받는 저작물이므로
무단전재와 무단복제를 금합니다.

내면의 혁명

초판 1쇄 발행 | 2006년 11월 10일
재판 1쇄 발행 | 2013년 2월 25일
지은이 | 드와이트 에드워즈
옮긴이 | 이승진
펴낸이 | 신은철
펴낸곳 | 좋은씨앗
주소 | 서울시 서초구 양재동 2-30번지, 덕성빌딩 4층 (우137-886)
편집부 | 전화 02) 2057-3043
영업부 | 전화 02) 2057-3041 / 팩스 02) 2057-3042
홈페이지 | www.gsbooks.org
출판등록 | 제4-385호(1999.12.21)

ISBN 978-89-5874-201-2 03230
■ 책값은 뒤표지에 있습니다.